U0915997

“亚东教育基金”资助项目　　策划人：许嘉

2011年世界重要安全文件汇编

潘蔚娟◎主编

时 事 出 版 社

编者序

《2011年世界重要安全文件汇编》一书延续《2010年世界重要安全文件汇编》的选材理念，选录并翻译了2011年度美国、英国、日本以及北约等几个主要国家及军事集团发布的10份与安全事务密切相关的官方文件和报告。需要说明的是，韩国在2010年最后一天发布了两年一度的《国防白皮书》，由于对朝鲜半岛以及我国周边安全形势具有重大影响，因此也将其收入这一年度的安全文件汇编中。

为了保证本书的可信度和精准度，译者在每份译文的开头均以脚注形式标出了原始文件出处，在翻译过程中不仅酌情保留了原文中的脚注和旁注，还以“译者注”的形式提供了若干背景知识，从而使读者可以更加清晰地理解文件的内容。在本书结尾，译者不辞辛苦地汇编了英语、日语和韩语的专业术语对译表，目的是方便读者查阅、掌握国际安全领域的新生词汇。译者为此付出的种种努力相信会使读者更好地把握相关国家与军事集团的战略发展趋势和政策调整内容。

需要强调的是，本书译文中涉及的所有数据、事实及观点均来自对原始文件的忠实翻译，旨在客观反映相关国家政府和军事集团在国际安全领域的认知和行为，并不代表我们同意原文件的观点。在部分地理和事件名称上，其表述与我国也存在差异，我们会在首次译介时依据我国的习惯称法予以注明。

编者

2012年2月于洛阳谷水西

目 录

美国《国家安全太空战略》*

公开概要

2011 年 1 月

在过去的 50 年，美国在太空活动中的领导作用使全球经济获益，增强了我们国家的安全，加强了国际联系，促进了科学发现，改进了我们的生活方式。

在国家决策、军事行动以及国土安全方面，太空能力赋予美国及其盟友前所未有的优势。太空系统能够有针对性地对全球挑战作出快速反应，从而为国家安全的决策者们提供了全球自由进出能力，创造了决策优势。此外，太空系统在监控战略与军事的发展动向以及监督条约履行和军控核查方面都至关重要。在应对天灾人祸以及监控长期环境趋势方面，太空系统也非常关键。太空系统使世界人民和各国政府能够看得清晰、沟通顺畅、导航精确、行动有保障。

维持太空赋予美国的利益对于我们国家的安全非常重要，但是变化中的战略环境正日益挑战美国的太空优势。作为一个不被任何国家拥有却被所有国家依赖的领域，太空正变得日益拥挤，越来越具有对抗性和竞争性。然而，这些挑战也给美国提供了发挥领导作用与发展伙伴关系的机会。正如美国在 20 世纪曾帮助促进了太空安全那样，我们将在此基础上把握机遇，迎接新世纪的挑战。

《国家安全太空战略》为未来 10 年如何应对当前及未来太空战

---

* 原文出自 http://www.defense.gov/home/features/2011/01 11_ nsss/docs/NationalSecuritySpaceStrategyUnclassifiedSummary_ Jan2011. pdf。

略环境指明了道路。充分利用当前机会将会强化美国的国家安全太空态势，同时也能维持并加大太空赋予美国的优势。

我们的战略要求我们更新、平衡和整合美国的所有权力手段，积极发挥美国的领导作用。国防部和情报界将与其它部门、机构协作，并将这一战略落实到规划、立项、采购、作战和分析等活动中去。

罗伯特·M. 盖茨　　詹姆斯·R. 克拉珀

国防部长　　*国家情报总监*

一、战略环境

"太空能力无处不在和相互联系的特性，以及全世界对太空能力的日益依赖，意味着不负责任的太空行动将给我们所有人带来破坏性的后果。"

——2010年《国家太空政策》

太空对于美国国家安全以及我们了解当前威胁、向全球投送力量、实施军事行动、支持外交努力、保持全球经济活力都至关重要。由于有更多的国家及非国家行为体也认识到这些利益并寻求发展它们自身的太空或反太空能力，我们在太空领域正面临着新的机会与挑战。

当前及未来的战略环境受三种趋势的驱动——太空正变得日益拥挤，越来越具有对抗性和竞争性。

太空正变得日益拥挤。不断增加的全球太空活动及中国对破坏性"反卫星"（Anti-satellite，ASAT）系统的测试加剧了太空重要区域的拥挤状况。国防部监测到大约2.2万个在轨人造物体，其中

1100个是现役卫星。此外，太空还有成千上万的碎片，它们小到无法用现有的传感器跟踪。然而，这些小碎片却能损害在轨卫星。

今天的太空环境迥异于太空时代的早期阶段，当时仅有为数不多的国家需要关注太空拥挤问题。现在却有近60个国家及政府财团拥有和运营卫星，此外还有无数商业与科研卫星运营商。对于所有那些寻求从太空中获益的相关主体而言，这样的拥挤状况，加上运营使用、结构性故障、太空系统事故及对于能产生碎片的破坏性反卫星系统不负责任的测试或运用等造成的后果，将使得太空行动更为复杂。

2009年俄罗斯政府的“宇宙”卫星与美国的商业“铱”卫星相撞，凸显了日益严重的太空拥挤状况。在2007年中国反卫星测试产生3000多个碎片后，这次相撞又新产生了大约1500个可跟踪的太空碎片。这两次事件极大地增加了在轨碎片的在编数目。

另一个日益拥挤的领域是无线电频谱。为保障世界范围内的卫星服务，无线电频谱需求将与快速扩张的卫星服务与应用保持同步增长。预计到2015年，将有多达9000个卫星通信转发器在轨道上运行。随着用户对带宽需求的增长以及更多的转发器投入运行，无线电射频干扰的可能性也将增大，为消除这一干扰而进行的国际磋商将承受更大压力。

所有太空轨道上的对抗性都在日益增强。今天的太空系统及其辅助性基础设施正面临一系列人为的威胁，这些威胁有可能阻止、防碍、误导对太空资产的使用，或是破坏、摧毁太空资产。潜在的对手们正寻求利用这些已知的太空弱点。未来十年里，随着更多国家及非国家行为体发展反太空能力，美国太空系统所面临的威胁以及太空安全与稳定所面临的挑战将会增多。对太空系统采取不负责任的行为可能会产生超出太空领域之外的影响，这些行为将使全球范围内的相关服务受损，而这些服务则是民用及商业部门所赖以生存的。

太空领域的竞争性正日益加剧。尽管美国在太空能力上仍保持全面优势，但其竞争优势已随着市场准入门槛的降低而下降。随着其他国家太空技术的发展，美国在若干领域的技术领先优势正逐渐消失。鉴于国际太空技术的进步以及与之相关的外国对元部件获取能力的增加，美国需要更加重视出口管制审查程序，以确保美国太空工业基础的竞争能力，同时也能满足国家的安全需求。

由于开发周期漫长、采购率与生产率不匹配、第一层级以下的承包商经常合并以及国外市场更具竞争力等原因，美国的供应商们，尤其是那些处于第二和第三层级的供应商们正面临风险。专业供应商的减少使得美国在确保获取关键技术、避免产生关键性依赖、鼓励创新以及维持领先优势等方面，面临更加严峻的挑战。所有这些问题又因技术人才的招募、培训及留用有困难而变得更为棘手。

二、战略目标

在落实《国家太空政策》方面，《国家安全太空战略》在努力应对和塑造战略环境、强化事业基础的同时，维持并加强那些由太空活动及太空能力所带来的国家安全利益。美国防务界与情报界将在军事行动、情报收集及相关活动中继续依赖太空系统，为此我们必须确保获取这些能力。我们必须应对日益拥挤、对抗性和竞争性并存的太空环境所带来的挑战，并继续保持我们在太空的领导地位。

我们的战略源自《国家太空政策》所确立的原则与目标，建立在《国家安全战略》所明确的战略途径之上。具体而言，我们的国家安全太空目标是：第一，加强太空的安全、稳定与可靠性；第二，维持并加大太空赋予美国的国家安全战略优势；第三，强化保障美国国家安全的太空工业基础。

我们寻求一个安全的太空环境，在此环境中，所有相关主体在运行时发生事故、出现解体或遭受故意干扰的风险都将降至最低。我们寻求一个稳定的太空环境，在此环境中，各国都能各负其责，充当太空领域的管理者并遵循共同的行为规范。我们寻求一个可靠的太空环境，在此环境中，负责任的国家无需行使各自固有的自卫权利便能进入太空，并从太空行动中获益。

我们致力于确保太空服务于国家安全，并能在和平、危机或冲突期间进入太空并利用太空能力。我们致力于满足国家领导人及情报与军事人员的需求，即便是在太空环境恶化、特定系统或卫星受到攻击的情况下也是如此。这就需要我们改进国家安全太空事业的基础性活动，而我们的国家安全太空事业包括太空系统、采购程序、工业基础、技术创新以及太空专业人才。

一个能快速恢复、灵活、健康的太空工业基础必将是我们所有太空活动的基石所在。我们将努力培育由训练有素的专业人员所组成的太空工业基础，由他们进行技术创新和系统改进，从而确保我们的竞争优势。我国太空系统的开发、操作和分析人员必须为21世纪提供、部署并维持太空能力以维护国家安全。

三、战略途径

> “为促进太空安全与稳定，我们将继续开展旨在自我防御的太空活动。我们将深化与盟友和朋友的合作，并愿与所有国家一道，为和平、负责任地利用太空而努力。”
>
> ——2010年《国家安全战略》

《国家安全太空战略》需要利用国家权力的所有要素，并要求美国在太空领域积极发挥领导作用。美国将采取一系列相关的战略途径以满足我们的国家安全太空目标：

——促进负责任、和平与安全地利用太空；
——不断改进美国的太空能力；
——与负责任的国家、国际组织及商业公司合作；
——预防并阻止针对保障美国国家安全的太空基础设施的侵害；
——准备击败进攻并确保能在恶化的太空环境中采取行动。

（一）促进负责任地、和平地、安全地使用太空

“所有国家都有权使用和探索太空，但与此权利相伴而生的还有责任。因此，美国呼吁所有国家一道努力，以负责任的太空行为行使这一权利，以使子孙后代得以永享这一权利。”

——2010年《国家太空政策》

正如《国家太空政策》所指出的，美国将促进负责任地、和平地、安全地使用太空，这是应对拥挤、对抗的太空领域的基础性步骤，也使我们战略途径的其他方面成为可能。我们将鼓励盟友、伙伴及其他行为体采取同样行动。当更多的国家、国际组织及商业公司部署或意欲部署太空能力时，他们在太空采取负责任的、和平而安全的行为将变得日趋重要。与此同时，他们必须得到美国也将这么做的保证。我们将鼓励负责任的太空行为，并将率先垂范。此外，美国的外交接触将提高我们与盟友、伙伴合作的能力以及在所有太空国家（space-faring nations）间寻求共同利益的能力。

美国将支持建立数据标准、最佳太空实践、透明政策和建立信任的措施，并支持确立负责任太空行动的行为规范。我们将考虑军控措施方面的建议和构想，只要它们是公正、可有效核查的并能提升美国及其盟友的国家安全。我们相信为太空安全活动确立切实的指导方针将有助于避免碰撞及其他产生碎片的事件，同时也有助于

减少无线电射频干扰，从而促进太空领域的安全与稳定——所有这些都符合所有国家的利益。

为促进全球太空飞行的安全性、防止歪曲、误解及猜疑，我们必须改进太空飞行活动的相互告知制度。美国是“太空态势感知”（Space Situational Awareness，SSA）的领军者，能运用自身知识去促进合作性太空态势感知关系的发展，支持安全的太空行动，保护美国及其盟友的太空能力与行动。

国防部将继续改进其所获太空态势感知信息的数量与质量，并将飞行安全服务拓展到美国政府各机构、其他国家及商业公司。国防部将鼓励其他太空运营者分享他们的太空飞行安全数据。国防部将与其他政府机构协作，致力于与其他国家、商业公司签订协议，维护并完善太空目标数据库，推行通用国际数据标准及数据整合措施，提供各项服务，发布包括太空目标会合在内的轨道跟踪信息，提升所有参与者太空飞行的安全性。

（二）不断改进美国的太空能力

“在需要时能提供费效比高的能力将增强任务效果，为领导层作出投资决策提供灵活性，填补必备能力的差距。”

——2009 年《国家情报战略》

太空能力将依旧是美国国家安全的基础所在。国防部与情报界将确定、改进并优先投资那些具备最大优势的能力。我们将开发、采购、部署、运转并维持这些太空能力，确保为下至士兵上到国家决策者的各类用户提供及时、准确的太空服务。我们将提高现有国家安全系统、跨作战领域和任务区域的互用性和兼容性，使国家安全系统的功效最大化。我们将确保互用性、兼容性等特征融入未来的系统建设中。我们将确保数据收集和产品以尽可能低的密级发布，以最大限度地发挥其对用户群的效用。

确保美国的能力得以及时、可靠并快速地开发和部署，这对国家决策者根据及时、精确的信息采取行动，军事力量策划并实施有效行动，情报界以及时地指示与预警使上述行动成为可能，都是至关重要的。改进我们的采购程序，加强美国的太空工业基础，加大技术创新，有意识地培养太空专业人才，这些都是维持美国太空领导地位的关键所在。

在与我们的工业基础伙伴合作时，国防部与情报界将重新验证当前的各项措施并实施可行的新措施，从而更有效地保证采购项目的稳定性并改进我们的太空采购程序。我们将通过改进后的需求管理来降低项目风险。在系统工程、任务保障、签订合约、技术成熟度、成本估算及财政管理方面，我们将采用经过验证的最佳做法，降低任务失败的风险，增加太空系统发射和运行的成功率。

只要任务许可，我们将使主要采购项目的规划、立项及实施与国防部和情报界的其他程序保持同步，提高采购系统和工业基础的效率及整体业绩。国防部和情报界将对需求程序及备选方案分析程序进行评估，确保各种可行方案均得以考虑，并确定可能进行调整的需求。这一需求程序必须能生成物化与非物化解决方案的多种组合。实际的成本与进度估算必须体现在总统的年度预算申请中。人力资源程序必须为成功实施计划提供合适的人力。

我们致力于培育一个强大、有竞争力、灵活和健康的太空工业基础，它能按时并按照预算为美国提供可靠的太空能力。国防部和情报界与民用太空部门进行协作，将能更好地管理投资组合，确保我们的工业基础能继续保留那些能生产出我们所需系统的关键性技术与技能。此外，我们将以更短的研发周期继续探索各项能力的组合，尽可能地减少延误并抑制成本增长，加快技术成熟、创新与利用的速度。

加强美国太空工业基础的关键之一是，通过改革美国的出口管制体制处理技术安全和全球竞争问题。出口管制对国家安全利益影响深远，因为它有助于阻止其他行为体通过非法途经获取并使用那些对我们国家安全至关重要的材料、技术及知识。然而，出口管制也会影响工业基础的繁荣兴旺，对第二与第三层级供应商的影响尤为明显。改革出口管制体制将增强美国公司的竞争能力，使其在提供那些已经或即将在全球获得广泛应用的太空能力时，能在国际市场上赢得客户，与此同时，改革出口管制体制还有助于提高美国保护其最重要技术优势的能力。特别是随着国际合作新机会的出现，对出口管制体制进行改革将更有助于美国公司赢得合同。改革调整后的出口管制政策将在遵循美国政策及国际承诺的前提下，使美国公司有能力出口那些可在国际市场正常购买的太空相关产品。

我们将继续研究、改进并发展那些赋予美国太空战略优势的独特技术、创新性探索技术及多样化应用。美国致力于保持并强化那些国家安全太空系统所必需的全球及国内技术的获取途径。为此，我们将依照美国的政策、技术转让对象规定及相关国际承诺，扩展与学术界、工业界、美国及伙伴国政府、任务用户及其他技术卓越的创新中心的技术合作伙伴关系。为发展那些赋予美国太空能力的科学技术，我们将继续评估全球技术发展趋势，以便发现新兴技术及可能的技术突破口。我们将开发现有技术的新用途，研发独特的创新性技术及能力。我们将改进科技研发向运营用户及主要系统采购的过渡与转换，尽可能使这些能力与技术融入国内适当的太空项目。

人是我们最重要的资产。为保障国家安全太空活动，我们将培养当前及未来所需的国家安全太空专业人才——我们的“太空骨干”(Space Cadre)。他们能在拥挤、充满对抗及竞争的太空环境中获得相关能力、操作系统、分析信息并取得成功。我们将在军事、文职和合同人员中构建一支更加多元且均衡的人才队伍。无论是在规划、立项、采购、制造、操作或分析领域，这些专业人才都必须受过最好的教育、具有丰富的实践经验并接受过最佳做法的培训。

我们将继续鼓励各年级学生攻读技术类课程，为未来从事太空领域的相关工作打下基础。我们将与其他部门和机构共同努力，使科学、技术、工程及数学（Science，Technology，Engineering and Mathematics，STEM）的教育计划与合理的教育投资保持同步，确保拥有合适技术及能力的太空专业人才供应充足。我们将鼓励太空专业人才参与科学、技术、工程与数学等领域的推广与指导项目。

我们将继续开发组织严密的人才培养项目，发展、跟踪并维持我们的太空技术，进行目标明确的教育和培训并有目的地为专业人员提供广泛的实习机会。我们将通过培育、奖励及保留科技专业人才与具备专业知识的领导层，推进专业化发展。我们将通过鼓励主动性、创新性、协作性、机敏性及适应性来扶持企业家精神。随着国家安全太空优先顺序的变化，我们将继续教育、培训劳动力以适应新的变化。

（三）与负责任的国家、国际组织及商业公司合作

“寻找机会，利用日益增长的国际及商业太空技术，提升美国能力并减少美国太空系统及其辅助性地面基础设施的脆弱性。”

——2010 年《四年防务评估》

不断演变的战略环境为我们与负责任的国家、国际组织及商业公司合作提供了额外的机会。国防部和情报界将继续与其他行为体合作以增强美国在诸多任务领域的国家安全太空态势。这其中就包括寻找机会利用或协调美国政府民用太空机构所发展的合作关系。通过共享或交换能力、数据、服务、人员、行动和技术，我们能够确保从一个更为多样化的系统中获得信息与服务，而这在充满竞争

的太空环境中将是一个优势。我们将发展合适的分担成本与风险的伙伴关系，开发并共享相关能力。进行合作决策时，我们将遵循美国的政策及国际承诺，同时也将考虑成本、对资源与方法的保护以及对美国工业基础的影响。

美国与其他政府的合作，对于全球获取无线电频谱及相关的轨道分配，对于促进负责任地、和平与安全地使用外太空，都是极其必要的。通过国际电信联盟，各国获得对其使用无线电频谱及卫星轨道的国际认可。国际电信联盟对卫星网络的登记有助于预防并在必要时处理无线电射频的干扰问题。

美国将在建立志同道合的太空国家联盟上发挥领导作用，在合适的时候，美国将与国际机构一道采取行动。我们将与盟友一起探索制订联合太空条令，明确相关原则、目的与目标，尤其是要确保在危机和冲突发生时也能合作共享太空能力。我们将寻求与重要伙伴扩展双边互惠协议，利用现有及规划中的能力，增强美国的国家安全太空能力。我们将提升伙伴国与适合美国国防部与情报界网络之间的互用性、兼容性与一体化程度，以支持信息共享与集体行动，同时考虑到可行性及双边的利益。与此同时，美国军方与情报人员将确保对秘密信息进行适当评估与发布，增加伙伴国获取太空信息的途径。

我们将积极向伙伴国推销美国研发的能力，并将这些能力与美国现有的太空体系与网络进行整合。而调整我们国内工业以开发这些太空系统也能增强美国工业基础的竞争能力。

我们将把太空信息作为“全球公共事业”（Global Utilities）并尝试与伙伴国共享。正如我们今天通过全球定位系统提供定位、导航、计时服务那样，我们将通过特定的太空系统提供相关服务，并通过伙伴关系强化这些服务。我们将继续分享太空态势感知信息，促进负责任和安全的太空行动。我们也将加强对其他太空服务的共享力度，例如导弹预警和海域感知。我们可能会寻求建立合作的导弹预警网络，以监测那些针对我们及盟友、伙伴利益所发起的攻击。

与商业公司的战略伙伴关系将使我们继续获得更为多样、强大和分散分布的太空系统，同时也能提供易于发布的数据。在那些既能控制成本又能改善我们所依赖的太空系统的恢复能力的领域，我们将寻求与商业公司建立战略伙伴关系。我们将探索创新的方法，利用这些系统高效、及时地满足政府的业绩需求。我们将尽可能地依靠经过验证的商业能力，同时，我们也将调整这些商业能力以满足政府需求，如果对于政府而言，这种做法更高效、更及时。只有在没有合适、高效的商业替代品或是在国家安全需要的时候，我们才会自己开发太空系统。

（四）预防并阻止针对保障美国国家安全的太空基础设施的侵害

> “美国的武装力量必须能阻止、抵御并击败那些由潜在的敌对国家所实施的侵袭。这一能力是美国保护自身利益并在关键地区提供安全的能力基础。”
>
> ——2010年《四年防务评估》

鉴于美国在国家安全方面对太空系统及其辅助性基础设施的依赖程度，我们必须实施一种多层次方针以预防并阻止侵害。我们致力于强化我们的国家能力，劝阻并慑止反太空系统的开发、试验及运用，预防并慑止那些针对保障美国国家安全的太空系统以及辅助性基础设施的侵害。

本战略的诸多要素都涉及这一多层次方针。我们将支持外交努力，促进太空负责任行为规范的形成；建立国际合作关系，鼓励潜在对手自我克制；增强我们追踪攻击源的能力；强化我们太空系统的恢复力以使攻击无利可图；保留反击的权利以防威慑失败。

国防部与情报界将支持国务院的外交努力与公共外交努力，促进负责任地使用太空，阻挠那些威胁太空安全与稳定的活动。我们还将与国务院及其他合适的美国政府机构合作，强化与其他太空国家间的联盟，寻求与商业公司、国际组织建立伙伴关系。

我们将改善我们的情报态势——预测感知、特征描述、预警及追查，从而更好地监测并追查太空领域的各项活动。由此，太空态势感知及基础性情报将继续成为最优先考虑事项，因为它们加强了我们对自然干扰及其他行为体的能力、活动与意图的感知能力。我们还将培养专业情报人才，他们将能提供范围更广、层次更深、质量更高的情报收集与分析服务。

我们将通过提高防护措施的费效比、强化太空系统的恢复能力，使对手无法获得有意义的进攻效果。一旦我们的太空系统遭受攻击，我们与其它国家、商业公司和国际组织的合作伙伴关系，以及美国政府诸如跨域解决方案、加装载荷、响应方案及其他创新性解决方案之类的备选措施都可以提供我们所需能力。这也将使我们能在恶化的太空环境中采取行动。

最后，一旦威慑失败，美国将保留自卫反击的权利与能力。我们将秉持国际法的一贯原则、根据美国所签署的条约及固有的自卫权而使用武力。

（五）准备击败进攻并在恶化的环境中采取行动

> “商用航天器、民用航天器、科学航天器与国家安全航天器及其辅助性基础设施使那些对于完成任务不可或缺的功能得以实现，而我们必须提高这些功能的可靠性及恢复能力，避免其遭受来自环境、机械、电子或对手的破坏、降效或摧毁。”
>
> ——2010 年《国家太空政策》

我们相信，避免太空中的对抗是所有太空国家的共同利益所在。尽管如此，一些行为体可能仍然相信，反太空行为能为其带来军事优势。我们的军事和情报能力必须做好准备，在恶化的环境中进行战斗并击败针对我们太空系统及其辅助性基础设施的攻击。我们必须阻止并挫败对手实现其目标的能力。

当我们投资下一代太空能力并填补当前能力差距时，我们将把恢复能力作为评估备选系统的重要标准。恢复能力可以通过多种方式获得，其中包括：费效比高的太空系统防护措施，跨域解决方案，在不同轨道的多个平台上加装有效载荷，利用分散的国际与商业伙伴的能力，开发太空响应能力并使之更为成熟。我们将开发最可行、最有利于完成任务和最为经济合理的组合方案。

为了最有效地利用太空防护资源，我们将明确那些保障国家安全需求的关键性太空任务并确定防护的优先次序。我们将采取费效比高的防护措施，这些措施将与威胁、系统使用及损失影响相匹配，用于防护我们太空系统及其辅助性基础设施的每个组成部分。

为了增强恢复能力，我们将继续为当前主要通过天基平台投送的力量开发出有利于任务完成的备选方案，包括基于陆、海、空、天与网络的各项方案。此外，我们将寻求建立合作关系并签订相关协议，一旦美国的系统遭到削弱或无法使用，我们可以凭此获取伙伴的能力。我们将做好使用这些能力的准备，在恶化的太空环境中继续及时提供各项太空服务。

所有依赖太空信息、操作太空系统和分析太空源信息的人员与程序都必须做好充足准备以应对攻击。我们将改进美国军方与情报机构的能力，使其能在无法进入或恶化的太空环境中展开行动，为此我们将有针对性地进行教育、培训与演习并制订新的“战术、技术与程序”（Tactics，Techniques and Procedures，TTPs）。

四、实施

根据总统在《国家太空政策》中提出的指导方针，国防部和情报界将运用《国家安全太空战略》指导未来的规划、立项、采购、行动和分析等工作，以切实实施这一战略。国防部和情报界将与其它美国政府机构和部门、外国政府、商业伙伴共同努力，更新、平衡并整合美国所有权力手段。我们将逐步制订与国家安全太空有关的各项政策、战略和条令。

实施计划的制订将基于对可行性与经济适用性的评估以及对成本、效益和风险的分析。此外，在实施之前，我们要了解计划对人员配备、行动与项目的影响。正如《国家安全战略》所言，我们实现长期太空目标的能力依赖于我们的财政支付能力，同时也取决于我们在诸如能力与生存之间所做的艰难抉择。

五、结语：新型领导地位

> “因此，我们的国家安全战略着眼于重振美国的领导地位，使我们能够在21世纪更有效地促进美国利益。为此，我们要加强国内力量基础，并塑造能够应对当前挑战的国际秩序。”
>
> ——2010年《国家安全战略》

美国将通过在国内强化态势以及在全世界与其他国家协作，保持在太空领域的领导地位。正如美国国家安全是建立在保持战略优势的基础之上一样，它也越来越仰仗美国在和平、危机及冲突时对联盟活动的积极领导。

美国要在太空领域积极发挥领导作用，需要实施政府一盘棋方针。这一方针将整合所有国家权力工具，包括技术上的领先优势、工业能力、缔结联盟以及外交接触等。仅靠政策宣示是难以确立领导地位的。美国必须在有意愿保持战略优势的基础上，与国际社会共同努力，制定集体规范、共享信息并进行能力协作。

美国在太空领域的领导地位有助于美国及其伙伴应对日益拥挤、越来越具对抗性与竞争性的太空所带来的各种挑战。我们的战略致力于通过下列相互关联的方针来应对新环境：

第一，为解决拥挤问题，我们致力于确立规范、强化太空态势感知、增加透明度并促进信息共享。我们应该用言行向盟友和全世界保证，我们会在太空中开展和平与负责任的活动，并鼓励其他国家也如此行事。

第二，我们致力于以多层次威慑的方针来应对对抗性环境。我们支持确立太空国际规范、增加透明度及建立信任措施，这主要是为了促进太空飞行安全，但同时也是为了劝阻侵略行为，增加其国际成本。我们将改善并保护关键的太空能力，同时利用互用性、兼容性和一体化措施让负责任的太空国家结成联盟。我们将提高追查攻击的能力，努力使此类攻击无法获得实质性效果。一旦威慑失败，我们将保留自卫反击的权利与能力。

第三，为解决竞争问题，我们致力于提高自身能力，改进采购程序，打造一个健康的美国工业基础并加强协同与合作。

我们的目标是促进太空的平安、稳定与安全；维持并增加由太空赋予美国的战略性国家安全优势；强化保障美国国家安全的太空工业基础。实现上述目标，不仅意味着美国军方和情报界能继续利用太空为国家安全服务，而且意味着一批国家将团结合作，创造一个可持续的、和平的太空环境，在未来的岁月里造福世界。

（译者：解放军外国语学院副教授　唐笑虹）

《2011 年美国国家军事战略：重新定义美国的军事领导方式》*

2011 年 2 月 8 日

参谋长联席会议主席

华盛顿特区 20318—9999

制定本文件的目的是为我军提供各种方法和手段，以推进《2010 年国家安全战略》所述的长期国家利益，实现《2010 年四年防务评估报告》所提出的防务目标。1986 年通过的《戈德华特—尼科尔斯国防改组法》规定，参联会主席有责任协助总统和国防部长为武装部队提供战略指导。有鉴于此，在征求了各战区、各职能作战司令部司令以及参联会成员的意见后，我们着手准备了这份文件以提供本人的最佳军事建议。

我们的构想是建立一支既能捍卫我国及盟友利益，又能推进范围更广的和平、安全与繁荣的联合部队。在支援或与其他力量合作共同实现国家整体的对外政策时，我们的军事力量最为有效。本战略旨在满足美国人民对我军的期望，即无论在国内还是海外，他们的军事力量始终是这一伟大国度的最佳体现。

这份《国家军事战略》着重强调为适应充满挑战的新时代，联合部队将如何重新定义美国的军事领导方式。它首先明确了战略环境的各种发展趋势，继而阐释我们将如何应对这些趋势，最后指明了需要优先发展的地区与职能能力。本战略将成为《参联

---

* 原文出自 http：//www. jcs. mil//content/files/2011 - 02/020811084800_ 2011_ NMS_ - _ 08 _ FEB_ 2011. pdf。

会主席风险评估》年度报告的基础。尽管在各种经济因素的约束下，我们不得不在近期做出艰难抉择，但是本战略明确强调了我们的人员及其家庭的优先地位，因为他们的确是任何战略都不可或缺的必要因素。

本战略提出了三大主题。第一，在支援国家解决复杂安全挑战的努力中，联合部队的领导方式通常与我们提供的军事能力同等重要。第二，不断变化的安全环境要求联合部队深化与我国盟友的安全关系，创造机会与包括新兴行为体在内的各种不同行为体建立伙伴关系。第三，联合部队必须具备预防并打赢战争所需的全谱军事能力和素质，时刻准备迎接日益动荡且不确定的未来环境。

参联会主席

美国海军上将 M. G. 马伦

一、序言

国际秩序中相对力量的变化以及相互联系的日益加深，标志着美国正面临战略转折点。因此，美国需要在对外政策上综合运用外交、发展和防务等力量，以适应国家利益的需要。尽管我们的军事力量将继续强化国家安全的基础，但是我们必须不断调整运用力量的方式。领导方式就是指我们如何运用全谱力量，保护国家利益并推动国际安全和稳定。

我们国家的安全和繁荣密不可分，均靠我们的价值观和在国际秩序中的领导地位维持。在如今这个相互依存的世界里，美国的长期利益越来越多地与其他国家和非国家行为体的利益联系在一起。这种全球体系的复杂性及其带来的诸多挑战，要求我们的联合部队重新考虑我们的领导方式。

为支援由民事机构牵头的对外政策，本战略认识到，日益复杂的战略环境要求我们重新定义军事领导方式。我们的领导方式将强调共同责任和相互尊重。为实现该战略，我们需要采取一种全谱式的直接与间接领导方式，其中包括由军队扮演任务的推动者、能力的提供者、会议的召集者和安全的保证者，有时甚至需要同时扮演上述角色。

在美国政府各机构和其他组织推进我国利益的努力中，我们必须发挥支援作用，利用我们的军事能力和前沿存在有效推动任务的完成。在某些情况下，我们将为他国提供某种能力，帮助它们实现安全目标，从而推进共同利益。作为会议的召集者，我们的价值观、军事能力和对外关系为我们提供了把众多国家召集到一起的独特能力，以帮助它们深化彼此之间的安全关系，并为应对共同的安全挑战而展开合作。最后，为威慑并击败侵略行为，我们将准备扮演安全保证者的角色。在执行这一任务时，最好有盟友和伙伴的帮助，但是如有必要，美国也可单独行事。就上述这些领导方式而言，我们将致力于建立更为广泛且更具建设意义的伙伴关系。

我们不能忘记，为保卫并挫败针对我国的各种威胁，我国在海外仍有战事。我们的首要目标是确保美国人民、国家领土和生活方式的安全。在当前的作战环境下，这就意味着联合部队仍需团结一心，打赢目前在阿富汗的战争、推动与巴基斯坦的安全合作，并在全球范围内打击暴力极端主义。在进行上述战役的同时，我们还必须继续预防针对美国及其盟友的各种袭击，加强国际与地区安全，并准备威慑并击败任何可能破坏国际稳定的侵略行为。

我们必须谨慎处理战争对我军，特别是对我军人员的影响，并根据未来需求塑造军队。国防预算规划显示，军队领导仍需在当前和未来的挑战之间做出艰难选择，并为此做好计划。我们对长期作战给我军装备和人员带来的巨大压力估计不足，这使我们面临一定的危险。同样地，如果我们的潜在对手低估了我们保护国家利益的意愿和军事能力，他们也将面临危险。

二、战略环境

（一）概述

尽管越来越多的国家和非国家行为体都在显示自己举足轻重的影响力，但美国仍然是全世界最为强大的力量。然而，这种不断变化的力量分布标志着整个世界正在向“多节点”（Multi-nodal）① 结构发展。当今世界的主要特征与其说是对立的军事集团在安全领域的激烈竞争，不如说是建立在外交、军事和经济力量基础之上，受利益驱使的动态联盟。一些全球性和地区性力量所展现出来的民族主义和自信行为，正在考验我们伙伴的适应能力和美国的领导地位。亚洲地区不仅有两个正在崛起的全球性力量，还有不少重要的地区性力量。中东地区也出现了若干颇具影响力的地区性力量。上述地区这种动态的发展趋势尤其会对地区稳定构成挑战。

（二）人口结构趋向

世界人口将会越来越多，城市化倾向仍会延续。到 2025 年，全球人口将增加约 12 亿，城市人口将增加 10 亿多。其中，大多数人口增长将发生在发展中国家。相反，欧洲和亚洲部分地区的人口负

① “多节点”体现了国家间联盟的多样性与新变化。在某些国家因为共同利益结成联盟的同时，其中的部分成员国可能会因为其他利益和其他一些国家结成新的联盟。这就导致联盟间的相互重叠，而共同的利益诉求则成为各成员国之间的纽带。——译者注

增长和老龄化趋势将会对其经济输出在全球所占的份额造成影响。中东、非洲和中亚南部等地区的人口增长和城市化趋势将加剧水资源稀缺现象，并可能对政府治理构成诸多挑战。全球气候变化产生的不确定影响，加上沿海地区及其周边的人口增长，可能会对相关的脆弱国家和发展中国家应对自然灾害的能力构成挑战。

（三）繁荣与安全

尽管国家债务给美国安全带来巨大风险，但在可预见的未来，美国仍将是最重要的经济和军事力量。亚洲地区将在全球财富中占有更多份额。尽管中国要面对国内问题带来的诸多挑战，但其数十年来持续的经济增长预计将会加快其军事现代化的进程，推进其在亚洲等地区的利益拓展。其他亚洲国家也一样，随着经济的繁荣与发展，各国的军事能力还在不断提高。尽管北约的部分成员国因为大范围的财政紧缩减少了国防支出，可能会影响到伙伴国对我们集体安全的付出，但它仍然会是最强大的军事同盟。另外，随着国有公司对世界油气资源控制份额的日益增加，资源稀缺的持续挑战可能与领土争端相互影响，能源产出国之间的关系将会影响到地缘政治的发展走向。

（四）大规模杀伤性武器

在防止大规模杀伤性武器扩散和核恐怖主义领域，最危险的威胁莫过于国家、国家支持的敌手和非国家敌手之间的相互勾连。在亚洲，朝鲜的核能力和其政权可能出现的不平稳过渡，会给地区稳定和国际不扩散努力带来风险。在中东，伊朗的核武装可能会导致该地区其他国家在继续发展常规能力的同时，纷纷为寻求核平衡而发展核能力，从而引发地区冲突。如果中东出现多个核武装政权，该地区新生的安全机制和指挥控制机制不仅会放大冲突的威胁，还会大大增加误判和非国家行为体控制核武器的可能性。

（五）全球公共空间与全球联通领域

在全球公共空间（global commons）（即共享的海域、空域和太空领域）以及全球联通领域（globally connected domains）（如网络空间）的机动自由和确保进入，正不断受到国家和非国家行为体的挑战。犯罪集团、走私团伙和恐怖组织等非国家行为体，在开发全球公共空间方面找到了利益联系。一些国家则正在发展反介入和区域拒止的能力和战略，以便限制美国和其他国家的行动自由。这些国家还致力于尽快获得导弹、自动化和远程操控平台等技术，挑战我们通过全球公共空间投送力量的能力，增加我们的作战风险。与此同时，太空和网络空间等领域对我们作战行动的重要性也在上升，但却更容易受到恶意攻击。太空环境日渐拥挤，太空竞争日趋激烈。一些国家正在实施或纵容网络入侵行为，这预示着这一联接全球的领域将会不断遭到威胁。由于缺乏国际规范、难以确定归属、进入门槛低以及能力开发相对容易等原因，网络威胁正在不断加剧。

（六）非国家行为体

国家支持的行为体系非国家行为体通过运用原先属于国家专控的先进技术，扩展其势力范围，从而导致威慑行动和问责工作变得更为复杂。他们利用技术在全球范围内协调行动，散布极端主义意识形态，攻击美国及其盟友。那些脆弱、失败或腐败的国家政府，特别是非洲和大中东地区的一些政府，将越来越多地被各种非国家行为体当作制造冲突和威胁稳定的庇护所。海盗、犯罪网络和恐怖分子不仅破坏法治，在国际体系中频繁使用暴力并使暴力升级，还在挑战着各国的反应能力。

三、持久的国家利益与国家军事目标

美国的对外政策与国际安全架构必须继续适应不断变化的安全环境。《2010 年国家安全战略》重申了美国保持全球领导地位的承诺，并阐明了美国持久的国家利益：

第一，美国、美国公民、美国盟友及伙伴的安全；

第二，在创造机遇与促进繁荣的开放型国际经济体系中，确保美国经济的强劲、创新与增长；

第三，在国内外确保对普世价值观的尊重；

第四，确保美国倡导建立的国际秩序能够通过更有力的合作应对全球挑战，促进和平、安全与机遇。

在实现国防部改革制度化和重新平衡现有需求为未来挑战做好准备方面，《2010 年四年防务评估报告》提出了重要举措。它不仅明确了美军结构的主要组成，还为联合部队的重塑和组建提供了架构，以便实现国家的防务目标。《核态势评估报告》则阐释了核力量中的相关问题。

《国家安全战略》和《四年防务评估报告》对确立以下国家军事目标提供了指导：

第一，打击暴力极端主义；

第二，威慑并击败侵略；

第三，加强国际与地区安全；

第四，塑造未来部队。

为了实现上述目标，联合部队为美国的领导地位和国家安全做出了重要贡献。美国及其盟友和伙伴将在紧张局势持续不断的地方，注重与其他国家展开影响力方面的较量。我们将与美国的外交力量共同努力，阻止这种紧张局势升级为冲突事件。这就要求美国的联合部队具备投送决定性军事力量的距离、决心和能力。

然而，仅凭军事力量还不足以应对我们在安全领域所面临的复杂挑战，只有综合运用我们的军事力量和其他国家手段，才能达到最好的效果。战略环境的各种发展趋势也证明，各种国家手段相互配合的方案仍然不会改变。在这个多节点的世界里，军队对美国巩固领导地位所作的贡献必须超越军事力量本身。军队的贡献在于我们运用力量的方式。不管采取哪种领导方式，我们都必须坚持通过具有说服力的榜样力量，展示我们的核心价值观。

（一）打击暴力极端主义

我们的核心利益是确保美国人民、国家领土和生活方式的安全。这也是我们为什么要在中亚南部地区这个暴力极端主义的活动中心发动战争的原因。“基地”组织正是在阿富汗这个由塔利班提供的庇护所里，策划了“9·11”恐怖袭击事件，最终导致3000多名无辜民众丧生。然而，“基地”组织的高级领导层目前仍藏匿于巴基斯坦，并企图继续对美国及其盟友和伙伴发动袭击。

对此，美国的战略目标是瓦解、铲除并击败“基地”组织及其在阿富汗和巴基斯坦的分支，防止他们卷土重来。为了赢得最终的胜利，美国的联合部队必须与北约、美国的伙伴国、阿富汗以及巴基斯坦紧密协作。我们还将继续削弱塔利班的影响力，与阿富汗政府协作，安抚并收编以前的暴乱分子。我们将继续加强阿富汗安全部队的力量，使巴基斯坦有能力最终消灭其境内的“基地”组织及其极端主义盟友。

暴力极端主义威胁并不仅限于中亚南部地区。阿拉伯半岛“基地”组织、伊斯兰马格里布地区“基地”组织、青年党和虔诚军等各类暴力极端主义组织仍然遍布并活跃在索马里、也门及世界的其他地方。恐怖势力远程策划与协调恐怖袭击活动的能力正在不断提高，有时甚至还会利用全球范围内的非法走私途径提高其发动袭击的能力。这就进一步拓宽了他们的袭击范围，同时也增加了追踪定位其庇护所的难度。但是美国及其盟友并未被恐怖网络的复杂性所吓倒，我们将继续与盟友和伙伴进行协作，随时准备搜捕、击毙暴力极端分子，不管他们藏身何处，只要他们对美国及其盟友的利益及公民安全构成威胁，我们就会这么做。

虽然在瓦解恐怖组织方面，上述行动能在短期内发挥一定作用，但却不能取得决定性胜利，不能作为打击极端势力的长久之计。为此，我们必须继续推动并大力支持运用国家的整体力量来打击极端分子，与负责任的国家建立并保持地区伙伴关系，以削弱恐怖势力的后援力量和合法性。反恐行动的核心内容是经济发展、政府治理和依法治国，对此，军事力量能起到必要的促进作用。从长远来看，暴力极端主义思想终将备受质疑并遭历史摒弃。到那时，安全有所保证的普通民众将会选择支持和平，反对极端主义和暴力行为。

我们将不断强化和拓展伙伴关系网，以加强伙伴维护自身安全的能力。这将有助于减少潜在的、可供极端势力扎根的庇护所。我们将根据更广泛的国家安全目标来构建伙伴关系，巩固制度保障并强化跨机构合作。国与国之间的军事关系必须可靠有效，并能经受政治剧变甚至国家分裂的考验。

我们将灵活调整针对极端势力的威慑策略。尽管直接威慑恐怖势力较难实现，但我们可以通过对其所依靠的相关国家及组织施加影响来实现威慑的目的。一旦认定有政府及组织参与针对美国及其盟友的袭击行动，我们将提供追究其责任的能力，以此提高其支持恐怖活动的成本。我们还必须进一步采取行动阻止恐怖分子从袭击行动中获益，时刻准备以合适的方式，在国家指定的时间和地点，运用我们的全谱军事能力应对任何形式的恐怖袭击。

在实施这场艰难战斗的过程中，我们还将在讲求原则的基础上，以准确的方式综合运用军事力量和其他国家手段。但精准并不代表完美，讲原则也不代表僵化。我们必须充分认识民族间战争所固有的复杂性。为了尽量减少对无辜民众的伤害，我们必须冒一定的风险，但这同时也有助于缓解民众对我们实施更大范围行动的抵制情绪。因此，在与我们的价值观及国际法准则保持一致的情况下，有原则地运用军事力量不仅将增加我们在战略和具体行动上的胜算，还能更加有效地促进国家政策的实施。

（二）威慑并击败侵略

预防战争与赢得战争同样重要，且成本要低得多。一个繁荣和相互联通的世界需要安全稳定的环境，需要杜绝领土侵略和国家之间的冲突，还需要有确保市场稳定的资源和网络空间的使用权。国家间的常规或非常规冲突会扰乱商业，引发市场动荡。此外，即时信息系统和全球经济的互联性还会放大这种效应。作为安全的保证者，联合部队需要尽可能与我国的盟友及伙伴进行协作，时刻准备威慑并击败可能威胁我国利益的地区性侵略。

1. 威慑侵略

美国寻求无核环境下的世界和平与安全。然而，只要有核武器存在，威慑针对美国及其盟友和伙伴的核打击仍将是美国核武器的基本职能。为支持总统的构想，在保持安全可靠且有效的战略威慑的同时，我们将削减核武器数量并削弱其作用。联合部队将利用我们的核武库和海外的导弹防御能力威慑侵略，确保我国盟友和伙伴的安全。在提升弹道导弹防御能力以抵抗有限攻击方面，我们将继续发挥领导作用，寻求与盟国和伙伴的合作机会。

由于大规模杀伤性武器扩散对所有国家都构成了严重威胁，我们将采取应对措施。

我们将与各机构、盟国和临时联合体合作，瓦解扩散网络、阻断材料运送、进一步提升核鉴别能力，并保证全球范围内核生化材料的安全。我们将帮助盟友和伙伴发展旨在保护其民众的大规模杀伤性武器探测与削减能力。各联合作战司令部司令应制定缜密计划，为削减大规模杀伤性武器来源做好充分准备，在必要的时间和地点为总统提供一系列备选的军事行动方案。

要做到威慑侵略并确保盟友安全，我们还必须保持一支强大的常规威慑力量，有能力在所有领域向全球快速投送力量。为此，我国应在地理上分散部署力量的态势。这种部署分为轮换部署和前沿部署两种形式，既应做到适应作战需求，又要能够得到伙伴国的政治支持。

我们将大力支持国家整体的威慑政策，综合运用经济、外交和军事手段影响敌手的行为。使侵略者无法通过实现其目标而受益，可以和通过威胁报复而改变其战略想法一样有效。然而，最有效的威慑方法是综合使用这两种技巧，同时还为潜在的敌手提供他们可以接受的其他行动方案。

我们还必须调整威慑原则以适应21世纪的安全挑战。通过拥有在受限环境中的行动能力，通过提高识别并击败针对我国各系统和支援性基础设施攻击的能力，我们将能进一步增强在空中、太空和网络空间领域的威慑能力。

2. 击败侵略

我武装部队的核心任务依然是保家卫国和赢得战争。为完成这一使命，我们必须提供击败敌手侵略的能力。我们时常需要依靠军事力量保卫我们的国家和盟友，或是维护边境的和平与安全。在力求遵循国际准则的前提下，美国将尽可能与盟友和伙伴共同使用军事力量。但在必要时，美国仍会保留单独行动的权利。在突发事件中，军事领导人将会为国家领导人提供备选的军事行动方案，利用军事力量帮助实现国家目标。

击败敌手的侵略，要求联合部队支持国家在应对反介入和区域拒止战略方面所做的努力。反介入战略旨在阻止我们的国家力量向某一区域投送和维持战斗力；区域拒止战略则旨在限制我国在这一区域的行动自由。要想击败这些战略，联合部队需要更好地整合各领域内的核心军事能力，全面考虑地理环境等制约因素的影响。这些核心军事能力主要包括：互为补充的多领域力量投送能力；联合强制进入能力；在全球公共空间和网络空间竞争日益激烈之际联合确保进入的能力以及与对手作战并取得胜利的能力。

确保进入全球公共空间和网络空间是美国国家安全的核心内容，也是联合部队的一项长期任务。全球公共空间和全球联通领域是各国安全和繁荣赖以维系的纽带（connective tissue）。全球海域不仅确保了大规模联合部队的前沿部署和后续维持，还为巩固全球经济体系的商业活动提供了支持。对于全球经济而言，同样重要的还有相互联通的空天领域和网络空间，它们保证了大量人员、观念、商品、信息和资本的快速流动。上述领域对于联合部队投送并维持力量，具备威慑并击败侵略的能力，都是至关重要而又相互关联的媒介。

为了支持我们的国家利益，联合部队将在涉及全球公共空间和网络空间的国际努力中发挥重大作用。这些努力包括保卫准入权、维护安全、提供监管、追究责任，以及促进负责任的行为规范等。联合部队将遵守我国为强调集体安全和管理行为而支持的国际惯例和相关的法律法规。作为我们战区战略的一部分，我们还将运用公开透明和可预见的常规做法，推动全球公共空间和网络空间领域内的合作。

需要特别指出的是，我们在太空和网络空间领域内有效开展行动的能力，对于击败侵略来说日益重要。在上述两个领域，美国面临来自国家和非国家行为体的持续广泛而又不断增长的威胁。我们必须发展在某一公共领域无法使用或无法进入时的行动能力。太空和网络空间确保了美国在全球陆、海、空范围内的有效作战，并已逐渐成为独立的作战领域。

（1）太空

我们将支持在国家层面建立并推动制定相关规范，加强太空的态势感知，鼓励公开透明和信息共享。我们将与盟友和伙伴密切合作，加强联盟的太空能力，提高太空架构的恢复能力。我们还将训练在太空能力受限的环境中实施力量投送行动，尽量使太空能力受袭的可能性降到最小，并将拥有一系列威慑或惩罚这种袭击行动的应对方案。

（2）网络空间

我们所具备的能力可确保联合作战司令部司令在所有领域有效实施作战行动。为此，战略司令部和网络司令部将与美国政府各机构、非政府组织、工业界和国际组织合作，制订新的网络规范，开发新的网络能力、组织和技能。如果出现大规模的网络入侵或恶意攻击事件，我们必须提供种类繁多的备选应对方案，确保对网络空间的进入和使用并将肇事者绳之以法。我们必须让政府和国会采取行动并提供新的授权，确保在网络空间领域实施有效行动。

（三）加强国际与地区安全

作为全球性大国，美国的利益与范围更广的国际体系的安全和稳定息息相关，该体系由同盟、伙伴关系和多国机构组成。我国联合部队的部署、力量和战备构成了一种全球防务态势，为我们提供了无与伦比的能力，使我们得以发挥独特的领导作用，强化所有地区的安全稳定。鉴于所面临挑战的独特性，我们的领导方式也将有所不同。我们必须在解决当前挑战的同时，做好应对长期趋势的准备。

为加强国际与地区安全，我们的部队必须做到既集中部署于某些地区，又可以到达地球的任一角落。由于执行的任务会随时改变，因此，我们将继续塑造能够快速形成合力的联合部队，改进战区之间的同步规划和兵力调动。在伙伴国的支持下，我们将维持前沿存在和进入公共空间、基地、港口和机场的权利，使之与保卫我国的全球经济与安全利益相称。我们必须考虑东道国的文化和主权关切。全球态势依然是我们最有力的承诺，同时也为我们在各领域、各地区提供了战略纵深。

1. 北美地区

我国的核心利益是美国人民、国家领土和生活方式的安全。我们将保卫国土，并在国土安全的支援行动中扮演至关重要的角色。我们将与国土安全部，尤其是与海岸警卫队共同努力，提高对陆、海、空、天和网络空间等领域的态势感知能力，以帮助维护国家和北美大陆的安全。为了应对袭击、网络攻击和自然灾害，我们将重点向国土安全部、各州和各地方政府以及非政府组织，快速提供计划制定、指挥控制、后果管理和后勤支援等方面的帮助。我们将继续对执行国土防卫任务的部分国民警卫队员进行资助和培训，并对民事当局提供防务支援。

我们将与加拿大和墨西哥两国一起，继续做好准备，威慑并击败针对北美大陆的直接威胁。我们还将与加拿大结成伙伴，解决诸如北极之类的地区安全问题。美国希望与墨西哥构建日益紧密的安全伙伴关系，确保边境安全并协助其安全部队打击跨国暴力犯罪组织。只有北美、中南美和加勒比地区各国协调行动，才能从源头上消除非法走私活动。

2. 加勒比地区和中南美洲地区

我国正在寻求与南美各国在双边、西半球和全球问题上取得进展。为实现这一目标，联合部队将在中南美洲和加勒比地区帮助推进地区安全合作，确保西半球的安全稳定。我们欢迎巴西和其他地区伙伴努力构建“南美防务理事会”之类的经济安全机制。这些努力有助于建立相互依存，进一步整合伙伴国形成南美安全架构，促进该地区的稳定。

3. 大中东地区

我国在大中东地区有着重要的利益。在这一地区，稳定所面临的最大威胁仍然是伊朗政权。该政权不仅继续寻求发展核武器，还继续为整个大中东地区的恐怖组织提供支持。为了支持并促进我们的国家利益，联合部队将寻求安全合作，帮助我国盟友和地区伙伴提高防卫能力。我们将支持打击跨国和准国家军事组织的努力，打击大规模杀伤性武器及相关材料的扩散活动。我们还将维持适度的军事存在，以便有能力向盟友和伙伴提供安全保证，阻止伊朗获得核武器。

我国寻求与伊拉克建立包括安全事务在内的长期伙伴关系。随着我国对伊援助重点从内部安全向外部防御转移，联合部队必须继续转换角色。在认真考虑所有伊拉克人和伊拉克邻国利益的同时，我们将帮助伊拉克建设一支国防力量，帮助它进一步加强与其邻国的安全关系。

4. 非洲地区

我国将继续在非洲建立有效的伙伴关系。联合国与非盟在维和、人道主义援助和建立防卫力量等方面发挥了重要作用，这不仅有助于保持地区稳定、推动范围更广的经济发展，还有利于缓解紧张关系、防止发生政治冲突。为此，联合部队将继续在非洲加强地区伙伴的防卫力量。其重点是几个关键国家，因为这些国家的恐怖主义威胁可能会对美国国土和国家利益构成威胁。我们将继续在非洲之角打击暴力极端主义，尤其是在索马里和泛萨赫勒地区。我们将继续在其他领域帮助无辜平民减少安全威胁。我们必须确定并鼓励那些已发挥领导作用的国家和地区组织继续为非洲安全做出贡献。我们将帮助非盟和地区经济共同体加快发展“非洲预备军”那样的军事力量，以应对非洲大陆的诸多安全挑战。

5. 欧洲地区

北约仍将是我国最重要的多边联盟，将继续成为推动我国与欧洲防务关系的重要组织。联合部队将继续与之合作，打击暴力极端主义，重点关注我们在阿富汗的军事任务和对巴基斯坦的支援。我们将支持包括太空与网络安全、弹道导弹防御、反走私和防扩散在内的战略新构想，并寻求任务固定化以实现能力互补。我们将密切关注北约对其部分成员国削减防务支出的适应情况，确保该联盟仍具备全谱作战的能力。

北约各成员国是维护其周边稳定的力量。就北约组织的作战半径而言，从中东北非到地中海东部地区，从巴尔干半岛到高加索地区，土耳其都可以发挥独特的关键作用。我们将积极支持北约与欧洲大陆的非北约成员国发展军事关系，在过去的几十年间，其中的某些关系已经为跨大西洋安全做出了可靠贡献。在强化欧洲联盟的同时，我们还将在削减战略武器的基础上，继续增进与俄罗斯的对话和军事关系。我们寻求与俄罗斯在反恐、防扩散、太空和弹道导弹防御等领域开展合作，并欢迎其在维护亚洲安全与稳定方面发挥更为积极的作用。

6. 亚太地区

我们国家的战略重点和利益关注点将越来越多地集中在亚太地

区。由于该地区在全球财富中所占的份额不断增加，许多亚太国家得以发展更强大的军事能力。由此也导致该地区的安全架构会随之迅速发生改变，这就给我们的国家安全和领导地位带来了新的挑战和机遇。虽然目前该地区的安全架构仍然以美国主导的各种双边同盟为基础，但其正在演变为一个由正式和非正式的多边关系，以及扩展的双边安全关系构成的日益复杂的混合安全体系。

我们预计在未来几十年内，将继续在东北亚地区维持强大的军事存在。我们将与日本自卫队合作，以其调整防务态势为契机，提高其在区域外的行动能力。事实证明，韩国是美国在全球各类安全行动中的坚定盟友。只要朝鲜依然对地区稳定构成挑衅性威胁，我们对韩国的安全承诺就不会有丝毫动摇。在 2015 年前，我们仍然掌握着战时美韩联合部队的作战指挥权。因此，随着韩国不断拓展其安全责任，我们将一直向其提供必要的援助。我们还将继续与日本和韩国展开合作，促使两国改善安全关系，加强军事合作并维护地区稳定。

尽管我们的军事存在和对盟友的安全承诺对维护东北亚地区稳定依然重要，但同时我们还必须进一步加大对东南亚和南亚地区的关注和投入。我们重视与东盟及其他多边论坛的关系，为此，我们将寻求更多的安全合作机会，推动此类关系的发展。在双边关系方面，澳大利亚在地区安全事务中的领导地位，以及我们之间共同的价值观和长期的历史关系，为我们不断强化这一重要关系奠定了基础。我们将致力于把这一同盟打造成协作互通、公开透明和全方位合作关系的典范。

随着亚洲国家军事能力与力量的不断提升，我们将寻求以新方式促进地区安全合作。借助我们的感召力，我们将扩大在这一地区举行多边演习的范围和参与度。我们寻求加大印度在反恐、防扩散和保护全球公共空间等方面的合作力度，并将与菲律宾、泰国、越南、马来西亚、巴基斯坦、印尼、新加坡和大洋洲其他国家扩大军事合作和演习交流，以此应对他们面临的国内外安全威胁。这样做也将有助于确保我们在这一地区保持可持续的和多样化的军事存在，并在行动时确保进入该地区。最后，对于我们在该地区的盟友和伙伴相互之间正在发展的安全联系和承诺，我们的态度是大力提倡，因为这不仅有助于强化地区规范，还能在应对地区安全挑战方面展现更强的责任与合作。

我国寻求与中国建立积极全面的合作关系，欢迎中国发挥负责任的领导作用。为此，联合部队寻求与中国深化军事关系，以增进理解、减少误解、防止误判并拓展双方互利互惠的领域。我们将通过与中国在打击海盗和防止大规模杀伤性武器扩散等问题上的合作，促进共同利益，并利用其对朝鲜的影响力维护朝鲜半岛的稳定。我们将继续严密监控中国的军事发展，以及这些发展对台海两岸军力平衡的影响。我们对中国军事现代化的程度与战略意图，及其在太空和网络空间，在黄海、东海与南中国海等领域的自信表现保持关切。为保障美国及其伙伴的利益，我们时刻准备展示我们的意志并投入任何所需的资源，以对抗任何国家威胁我国盟友安全，或阻止我们进入并使用全球公共空间与网络空间的破坏行为。

7. 跨国挑战

结合我国在外交和发展方面的努力，我们将利用自身的感召力，鼓励在应对跨国安全挑战方面展开地区与国际合作。在应对自然灾害和诸如走私、海盗、核扩散、恐怖主义、网络攻击以及流行病的跨国威胁时，安全合作往往是最佳解决方式，并能使双方互惠互利。为应对这些威胁，需要制订一项粗略但可以进行调整的议程，联合作战司令部司令可据此进行量体裁衣式的调整，并可进行跨地区协调。

8. 战区安全合作与人道主义援助

联合部队、各联合作战司令部司令和各军种主官应与美国政府的其他机构积极配合，开展战区安全合作，与更多伙伴共同提高集体安全技能。我们致力于在危机发生前建立跨机构合作并促成国际间的互通合作。在需要协作的情况下，准备工作是必不可少的。因此，我们必须在联合作战司令部司令的职责范围内，针对各类突发事件进行计划和演练，以支援美国的外交与发展工作，协助缓解并控制危机对人类和经济所造成的影响。动用联合部队进行人道主义援助和抢险救灾行动能够满足合作伙伴的需要，有时还能为昔日的对手建立互信提供契机。这么做还有助于我们获得并保持准入权和联系，以支持我们范围更广的国家利益。我们必须做好准备，为美国国际开发署等政府机构应对人道主义危机的行动提供支援和便利。

9. 安全部门援助

安全援助包括一系列具体计划，我们可以根据国家政策和相关目标，通过这些计划为国际组织和外国政府提供防务类物资和服务。为了提高安全援助的效率，我们需要对内部程序进行全面改革。为了建立更好更有效的伙伴关系，我们需要更加灵活地提供资源，同时废除繁文缛节。我们希望当局采取资源集中的方式，使各部门、各计划之间更加有效地相互补充，从而实现防务、外交、发展、执法与情报力量建设行动的有效整合。

（四）塑造未来部队

我们关注的重点不只是军事力量，还有领导能力。这就要求我们既要重视各种平台和军事能力，又要重视我们的人员和价值观。

全志愿部队仍将是我们最大的战略资产，同时也是我们所提倡的价值观的最好体现。我们必须不断通过切实可行的创新方式，提供实现这一战略所必需的各种能力，在现代化、力量、能力、态势和风险之间进行艰难的权衡。

1. 我们的人员

为了塑造未来部队，我们必须培养这样的领导人员，他们不仅能够切实做到以智取胜，而且能在空前复杂的多变环境中获得合作伙伴的信任、理解与合作。我们面临的持久挑战和应对这些挑战的国家整体方案，要求他们必须具备灵活敏捷和适应能力强等素质，并有能力组建一系列特别小组完成各种任务。

我们必须更全面地参与军民一体的行动，并仔细琢磨深植于其中的承诺。正如我们的军人在志愿服役时要对国家做出承诺那样，我们同样有义务把他们培养成更好的公民并让他们重返社会。我们必须捍卫军人的工资和福利待遇，提供家庭援助并照顾伤员。我们将更加重视帮助军人克服从战场回国以及退役时遇到的困难。老兵成功完成上述转变能够鼓舞年轻的美国人参军入伍。在所有这些努力中，我们必须不断加强自身与美国价值观和社会的联系。

我们将通过坦诚地提出职业军事建议、恪尽职守地保护公共资源，以及有力地维持社会秩序，维护公众和当选的领导人员对我们的信任和信心。我军恪守宪法的理想信念，为其他国家树立了良好的榜样。我们将继续坚守我们誓言中的基本价值观：文官治军仍是我们共和国的一项基本原则，我们将继续维护这一原则。我们仍将是一个非政治性机构，并将不惜一切代价坚守这一立场。

全志愿部队必须代表它所保卫的国家。为此，我们将深化对价值观多样性和包容性所做出的承诺，继续做到以礼相待、相互尊重。我们从所有美国人各种不同的观点、语言和文化技能中获益匪浅。我们将培养一批能够在跨机构和多国环境中执行任务的领导人员，并向其他政府机构、盟友和伙伴派遣联络员。

对伤残退伍老兵及其家庭进行照顾是我们国家的承诺，我们的领导人员是这一承诺最有力的宣传者。从军人入伍的第一天起，我们将为他们及其家庭建立更强的适应能力。为兑现这一承诺，我们必须对增长的医疗保健开支进行更好的管理。我们将侧重于早期预防措施，以降低自杀、外伤性脑损伤、滥用药品、无家可归和家庭暴力等挑战所带来的风险。虽然对自杀问题的关注力度不断提升，但其仍是各军种面临的严峻挑战。外伤性脑损伤以及外伤后压力已经具有类似的破坏力，对数十万现役军人和退伍老兵造成了影响。在许多方面，这些问题是对我们人员的最大威胁，对我们的制度构成了战略风险。

我们必须尽力让现役军人、退伍老兵及其家庭尽早寻求帮助，简化当前项目的相关手续。这是一个复杂棘手、令人苦恼的难题，只有领导层才能扭转乾坤。为此，我们将引进其他政府机构和民事组织（包括社区、各州和国家组织）的能力，以加强对退伍老兵的照顾。我们必须侧重并扩展那些成效显著的计划，取消那些毫无功效的计划。虽然我们必须这样做，并将做得更多，但我们只能通过建立包括公共和私人合作伙伴在内的医疗体系，才能取得有效进展。

我们将仔细审查传统的人事制度，尤其关注我们是否在军人、文职和专业承包商之间，是否在现役和后备役部队之间达到了适当的平衡。在这方面，需要特别关注新兴的网络空间作战领域。同样地，由于能为联合部队提供战略和战役纵深，后备役部队也是关注重点。接下来需要我们持续关注的便是这样一支可用的作战部队。

我们已经在后备役部队的战备能力方面取得了重大进展，而且这将仍然是我们关注的重点。随着我们与相应民事部门合作的不断深入，我们承担的任务正变得越来越多样化，随之而来的是后备役部队和国民警卫队的技能和经验的关联性持续加强。为了充分利用这一进展，我们必须继续运用后备役部队和国民警卫队的作战能力，将其作为训练有素、装备精良并可随时投入作战的部队，进行可预见的常规部署。

2. 能力与战备

我们的国家和军队都将面临不断增长的预算压力，我们无法假定国防预算将保持增长。当我们为适应这些压力进行调整时，我们绝不能变成一支空心部队，架子很大却缺乏必需的战备、训练和现代装备。相反，我们将维持一支整体的联合部队，保留优秀人才，维持并发展各种适当的能力，保持一个可持续发展的节奏，从而有效降低由作战、制度、部队管理以及未来挑战带来的风险。我们必须继续保持技术优势，确保国家的工业基础能够为军队提供在任何应急行动中获胜所需的各种能力。同时，我们也将根据费效比引进新式装备和技术，慎重推进采办程序的改革，有选择地推动军队现代化进程。

（1）能力

我们的战略历经战争洗礼而成的，重点强调的是为各类军事行动提供适应性强的通用型模块化部队。联合部队将改进其各项能力，以便及时应对突发情况、部署灵活的指挥控制系统，不断加强与美国政府其他机构的互通能力。联合部队不仅将准确实施各类行动，具备更多安全部队援助方面的专业技能，还必须进一步强化远征能力，通过降低燃料与能源需求减少后勤补给点。此外，联合部队还必须在能力受限的海、空、天和网络环境中进行演练。

联合部队必须确保所有领域的进入、机动自由以及向全球投送兵力的能力：

A. 陆地

联合部队将有能力遂行全谱作战行动，并依靠量体裁衣式的网络化编组以及可持续的轮换部署遂行作战行动。

B. 海上

联合部队将既包括任务型的小规模作战单元、编成和平台，又包括可执行多样化任务的大规模作战单元、编成和平台。这将为联合部队提供在诸多海上环境执行各类海上行动的能力。

C. 空中

联合部队将执行全谱作战任务，确保并维持不受阻碍的领域进入、全球打击、全球快速机动、全球一体化“情报监视与侦察”（Intelligence，Surveillance and Reconnaissance，ISR）、指挥控制，以及保持向距离遥远的反介入环境投送兵力的能力。

D. 太空

联合部队将致力于建立具有恢复能力的太空架构和太空态势感知，为进行自卫和重建提供选择，维持对称和非对称作战能力以威慑对手，并为在能力受限的太空环境中遂行作战行动进行训练。

E. 网络空间

联合部队将确保军队域名的安全，这就需要一个可快速恢复的国防部网络空间架构进行探测、威慑、拒止和多层防御。我们将改进网络空间能力，以便能在费用更低、附带影响更小的情况下取得显著效果。

联合核力量将通过维持可靠的二次打击能力，继续确保战略稳定。我们将确保我们的核力量有效、安全和可靠，保留足够的核力量结构以应对意料之外的地缘政治变化、技术难题和作战缺陷。

联合特种作战部队将保持分散和灵活的态势，具备特定地区的专业知识，并保持多样化的能力以支援我国的反恐努力和其他需要它们独特能力的任务。我们将加大努力促使特种作战部队取得成功。

在目前这种以认知为基础的环境中，能对作战行动产生影响的不仅仅是作战力量的分配，情报、监视与侦察能力所发挥的作用也越来越大。在稳健有力的情报、监视与侦察架构的支持下，一支人数较少的部队和后勤保障力量也能取得令人满意的精准效果。我们将在所有领域改善信息的共享、处理、分析和分发能力，更好地为决策者提供支持。我们将不仅通过备份的方法，使指挥和控制具备更强的生存和修复能力，还将改进人力情报能力。为达到这一目标，我们必须转变思维，不能只是简单地从量上加强情报、监视与侦察能力，而是要对整体资产的使用和整合方法进行评估。联合部队必须充分利用、有效分配各军种手中的情报、监视与侦察资产，并在情报、监视、侦察活动与网络空间行动相互影响或同时进行时，加强两者之间的联系。

没有哪支军队能够具备联合部队的打击、后勤、战略机动、计划与指挥控制能力。我们将开发联合作战概念，加强基地的生存和机动能力，提升海上机动能力，并推广对太空领域的创新型运用。我们不但将保持这种优势，还要向盟友和伙伴提供这种具有竞争力的优势，这将有助于他们提高相关领域的能力。向我们的伙伴提供相应能力，或是在危机时协助他们提升能力，是我们在建构伙伴关系方面的正确投资，能够建立长久的友好关系。

（2）战备

由于我们的部队、系统和能力仍将面临巨大压力，战备必须仍是我们的首要任务。战备是向联合作战司令部司令提供执行任务所必需的一体化能力。目前我们的战备能力已经因为持续的作战不断下滑。恢复战备能力将有助于我们加强战略纵深，以便更好地遂行全谱作战。

提升战备能力的短期举措将以作战单位和装备的重组休整为重点。在某些情况下，这么做是简单易行的，其中最为典型的是轮换部队和远征部队。在重组休整期间，我们将开展更多的全谱联合、多兵种合成、跨机构与多国部队的演练和试验。在此期间，保持前沿存在和与他国军队交往将发挥更大作用。长期举措将以现代化努力为重点，通过发展足以应对潜在威胁的核心能力提升战备能力。如果执行多样化军事任务的战备能力进一步下滑，我们实现国家防务目标的能力无疑将会受到削弱，这是我们无法接受的风险。

我们将开发更多有效手段，以“联合”能力和“联合”概念为重点，评估联合部队和各作战单位的战备能力。在持续做好战备工作的同时，我们必须开发各种战略概念衡量各军种的联合战备能力，以便威慑冲突并对突发事件做出快速反应。我们将简化需求与能力之间的工作流程，使部队提供者更好地满足部队指挥官的需求。

四、结语

本战略的制定建立在对战略环境全面评估的基础之上，旨在推进美国在该环境下的国家利益。它阐述了联合部队将如何重新定义美国的军事领导方式，通过国家整体手段应对国家安全挑战。本战略需要我们广泛组合不同的领导方式，充当任务的推动者、能力的提供者、会议的召集者和安全的保证者，以解决真正意义上的国际性难题。我们的领导方式增强了我们的现有能力，足以确保出现对我们有利的结果。我们的领导能力将决定我们利用这一战略转折点拓展美国利益的能力。

本战略同样为我们部队从遂行持续作战向未来联合部队转型指明了方向。由于我们所面临的挑战要求联合部队必须具有灵活性和适应性，本战略不仅强调平台，也强调人员。它指出我们部队的独有特性，即同其他政府机构合作并得到公私合作伙伴的支持，是我们的重大优势。我们必须继续给予服役人员及其家庭关心与照顾，并为他们不断在军队内外取得成功创造条件。这不仅需要军事领导人对此深思熟虑，还需要得到美国人民和国会的支持。通过为美国的安全与繁荣成功地做出贡献，我们将在 21 世纪继续拓展我国的持久利益。

（译者：解放军外国语学院副教授　潘蔚娟）

美国《网络空间国际战略：网络化世界中的繁荣、安全与开放》*

2011 年 5 月

华盛顿·白宫

网络空间及其相关技术使不同国籍、种族、信仰和观点的人们能够以前所未有的方式进行交流与合作，并且实现繁荣。当前，美国公司可以通过互联网连接在世界任何地方发展业务，为美国人民提供难以计数的机会和就业岗位。非洲的农妇可以把手工艺品卖给拉美的家庭，从而推动更广泛的经济发展。欧洲的实验室可以利用亚洲生产的硬件和北美编写的软件，进行开创性研究。中东和澳大利亚的学生可以通过视频会议共同学习。各国民众也可以借助信息技术，使其政府变得更加开放与负责任。

当前，随着世界各国和普通民众对身边网络的充分利用，我们必须做出选择：是共同努力，挖掘其实现更大繁荣与安全的潜力还是屈从于狭隘的利益和过分的担心，限制其发展网络安全本身并不是目的，它应该成为我们政府和社会心甘情愿承担的责任。真正的目的是确保创新，实现持续繁荣和改善民生。虽然现实世界中诸如犯罪和入侵的挑战正在向数字世界转移，但是我们仍将依据我们所珍视的原则予以应对。这些原则是：言论和结社自由、隐私以及信息的自由流动。

数字世界不再是没有法律约束的疆域，也不是一小撮精英人士

* 原文出自 http：//www. whitehouse. gov/sites/default/files/rss_ viewer/international_ strategy_ for_ cyberspace. pdf。

的领地。世界各国和普通民众已经开始在这一领域共同坚守负责任、正义与和平行动的行为规范。这是社区自治形式的一个最佳例证，由民间社团、学术界、私营机构和政府部门以民主的方式分工协作，确保实施有效的管理。最重要的是，网络空间自诞生以来，就在不断地成长发展，同时还推动了繁荣、安全和开放。这既是它在国际环境中独树一帜的原因，也是其十分重要、需要我们保护的原因。

正是本着这种精神，我提出了美国的网络空间国际战略。虽然这并不是本届政府首次应对网络技术所带来的政策挑战，但却是我国首次提出这样的设想，那就是要协调我国与国际伙伴在网络空间事务上的所有往来。因此，本战略不仅描述了对未来网络空间的构想，还提出了实现这一构想的议程表。它不仅有助于我们国内外的合作伙伴理解我们的政策重点，还向他们说明了我们如何才能在维护网络空间特性的同时减少我们所面临的威胁。

互联网本身无法开启国际合作的新时代。这项任务应该由我们这些网络的受益者来完成。如果我们团结起来，就一定能在未来共同建立一个开放、互通、安全和可靠的网络空间。这就是我们所追求的未来，我们也诚挚邀请所有国家和民众加入我们的行列。

贝拉克·奥巴马

一、构建网络空间政策

“网络空间这个世界是我们每天都在依赖的世界……（它）使我们比历史上任何时候都更为紧密地相互联系在一起。”

——奥巴马总统，2009年5月29日

数字基础设施日益成为支撑繁荣的经济、活跃的研究团体、强大的军队、透明的政府以及自由社会的基础。信息技术前所未有地促进了跨国对话，并为商品和服务在全球的流动提供了便利。这些社会和贸易方面的联系已经成为我们日常生活不可或缺的一部分。水电供应、空中交通管制和金融系统等维系正常生活所必需的基础设施，也都完全依赖网络化的信息系统。如今，政府能够通过电子政府倡议简化向民众提供基本服务的工作流程。社会和政治运动也能通过互联网组织影响更大的新团体和新行动。网络技术在全球无处不在。对所有国家来说，数字基础设施已经或即将成为一项国家资产。

要想在最大程度上实现网络技术给世界所带来的好处和利益，就必须稳定和安全地运行网络信息系统，人们也必须对其数据资料会不受侵扰地传输到目的地有足够的信心。对于保障美国和全球安全、促进经济繁荣和推广普遍权利来说，确保信息自由传输、数据库安全和互联网络自身的完整性，都是十分重要的。

全球有近 1/3 的人正在使用互联网，在日常生活中接触互联网的人还会更多，简直难以计数。如今，全球拥有 40 余亿件无线数字设备，然而这个数字在半个世纪以前还为零。我们生活在一个难得的历史时刻，有机会利用网络空间现有的成就，帮助美国公民和国际社会确保未来网络空间的安全。

如果想让这些网络技术继续赋予个人能力、使社会更为富足，并推动现代经济发展所必需的研究、发展和创新，就必须保持它们在爆炸式增长中所特有的开放性和互通性。支撑这一切的是技术原则和有效的治理结构，而这些也正是要求我们予以支持的。与此同时，我们的网络必须是安全可靠的，它们必须获得个人、公司和政府的信任，能够有效抵御随意或恶意的破坏。

全世界必须共同认识到恶意行为体进入网络空间所带来的严峻挑战，相应地更新并增强我们的国家政策和国际政策。在网络空间所采取的行动会对我们的现实生活产生影响。因此，我们必须致力于制定相关的法律法规，防止登陆网络给我们带来的威胁多过利益。若想在未来创建一个开放、互通、安全和可靠的网络空间，世界各国都必须对此有清醒认识，并与那些试图动摇和破坏我们这一日益网络化世界的人展开斗争，捍卫其安全。

（一）战略途径

美国网络空间国际政策的基础是相信网络技术对我国乃至世界有着无穷的潜力。在过去的这30年里，我们美国不仅见证了这些技术给我们的经济和日常生活所带来的巨大变化，同时也见证了现实世界中恶意利用和攻击入侵等挑战已经逐步渗透到网络空间。在逐步调整以应对这些挑战的过程中，我们将率先垂范。美国将追求能够促进创新的网络空间国际政策，这种创新不仅促进了我们的经济，还改善了国内外民众的生活。在这项工作中，我们所依据的基本原则对美国的外交政策和互联网本身的未来都至关重要。

1. 利用现有的成就

美国致力于维护和增强数字化网络给我们的社会和经济所带来的收益。

这些收益包罗万象且影响深远。对个人而言，计算机网络不仅提高了生产力、促进了经济繁荣，还帮助克服了各类缺陷和不足；不仅使那些因语言或罕见疾病而离群索居的人们走到了一起，还为那些身处偏远贫困地区的家庭和亲友建立了联系。对社区而言，它们不仅提高了应对突发事件的反应速度，还扩大了信息共享以帮助解决犯罪问题；不仅曝光了腐败行为，为政治行动提供了便利，还加大了对被忽视议题的关注力度。对商业而言，它们开辟了新市场，催生了数十亿美元的产业。对政府而言，它们不仅进一步增强了决策透明度，提高了工作效率和服务的便捷性，而且在领导人员和他们所服务的民众之间建立了沟通与联系。对国际社会而言，它们不仅为建立全球思想市场提供了基础，还为人们在灾难面前伸出援手、慷慨行善提供了渠道。信息流通越自由，我们的社会就越强大。若运用得当，这些网络技术能增强我们的力量。我们将努力扩大其应用范围，并改善其在国内外的运作状况。

2. 认清挑战

美国认识到网络的发展给我们的国家和经济安全以及国际社会的安全，都带来了新的挑战。

这些挑战以各种不同的形式出现。自然灾害、意外事故和蓄意破坏行为都会破坏美国本土及海外的光缆、服务器和无线网络。技术性挑战同样具有破坏性。例如，一国为阻止某一网站所采取的措施可能会导致更大规模的国际网络中断。勒索、诈骗、身份盗用和剥夺未成年人权利都会让用户对商务网络和社交网络失去信心，甚至还会威胁他们的人身安全。窃取知识产权会威胁到国家的竞争力和创新能力。与此同时，这些挑战已经超越了国界。由于进入网络空间的成本很低，并且能够建立匿名的虚拟存在，罪犯可以在国家知情或不知情的情况下，轻易地找到“安全避难所”。随着传统的冲突形式扩展到网络空间，网络安全威胁甚至能在更大的范围内危及国际和平与安全。

3. 坚守原则

美国将在坚守我们核心原则的同时应对这些挑战。

我们的政策基于这样一项承诺，即既要确保网络空间的有效利用，又要捍卫我们的原则。我们的网络空间国际政策反映了我们对基本自由、个人隐私和信息自由流动的核心承诺。

（1）基本自由

我们对言论和结社自由的承诺是一贯的，但绝不会以牺牲公共安全和对我国公民的保护为代价。在这些已被国际社会认可为“基本自由”的公民自由中，通过各种媒介不受国界限制地收集、获取并传播信息和思想的能力，从未像现在这样重要过。

作为一个国家，我们并非对那些用心险恶的互联网用户视而不见，而是认识到必须对网络空间的言论自由采取合理适当的限制措施。例如，儿童色情、煽动暴力和组织策划恐怖活动的行为在任何社会都是被明令禁止的，因而在互联网上没有存在的空间。然而，美国仍将遵循我们的核心价值观继续打击这些行为，即依照具体情况处理这些问题，而不是就互联网在社会中的存在价值举行全民公投。

（2）个人隐私

我们的战略把我们保护公民及利益的职责，与我们对保护隐私的承诺结合了起来。随着公民在公共和个人生活中越来越频繁地使用互联网，他们对个人隐私有了期望，即个人应当知晓其资料可能会被如何使用，并确信这些资料能够得到妥善安置。同样地，他们也期望得到保护，使自己免受网络暗藏的欺诈、盗窃和危及个人安全的威胁。他们希望执法部门利用各种手段，依法追查并起诉那些利用网络剥夺他人利益的用户。美国会努力确保两者之间的平衡，既赋予执法部门必要的调查权，又通过适当的司法审查和监督，依据法治原则保护公民的个人权利。

（3）信息的自由流动

国家不需要、也不应该在信息自由流动和网络安全之间做出选择。解决网络安全问题的最好办法应该是具有活力和适应性的，对网络性能的影响则要降到最小。这些办法能够在不损害创新、不压制言论和结社自由，以及不妨碍全球互通性的情况下，确保系统安全。相反，我们认为其他诸如建立国家级过滤网和防火墙之类的措施，只是提供了一种虚幻的安全，同时还损害了互联网作为开放、互通、安全和可靠的交换媒介的有效性和发展。在商业领域也是如此，网络空间必须始终是鼓励创新进取和勤奋精神的公平竞技场，而不是某些国家蓄意阻止信息自由流动以获取不公平优势的聚会场所。美国认识到自己的国际责任和国家需求，因此致力于建立既能加强网络安全，又能维护自由贸易和信息自由流动的国际倡议和标准。

以往这些原则常被认为有悖于匿名性、有效执法、未成年人和保密基础设施保护。但事实是，可靠的网络安全能够增强对个人隐私的保护，打击各类非法行为的有效执法，能够保护基本自由。法治是指人们通过遵守法律，确保自身与利益安全的一种社会秩序。它能为全球市场带来稳定，并能在国际范围内将恶意行为体绳之以法。它既能维护我们的国家安全，也能推进我们共同的价值观。

二、网络空间的未来

我们对未来网络空间的构想是：安全可靠的互联网服务遍布全球各个角落，其价格是所有公司和家庭都负担得起的。世界各地的电脑可以通过全球网络的无缝平台彼此连通，人们得以与街区另一头或世界各地的朋友和同事进行可信的即时交流。其内容可以用当地文字书写，并可在国界间自由流动。得益于数字翻译技术的发展，数百万人得以获取丰富的知识和新观点，并进行丰富多彩的辩论。那些促进农业发展和公众健康的新技术，可以供迫切需要的人群享用。通过全球范围内的协作，各国专家和创新人士可以攻克诸多难题。在某种程度上，这就是美国所追求的网络空间，也是我们将会努力实现的未来。

根据这一构想，个人和公司可以方便快捷地获取工具，建立自己的在线存在。人们不需要通过繁复琐碎的许可申请，便可以自由获取安全且保管妥善的网络域名和地址，不会出现不合理泄露个人信息的现象。来自各国最优秀的工程师们通力合作，开发出使网络更快更可靠的信息系统新标准，从而促进创新并提高网络的利用率。高技术产业与他们的客户通力协作，提供更安全、更可靠、更符合客户需求的软件、硬件和服务。

根据这一构想，公司和高校可以自由研发新概念和新产品，因为他们知道即便是在共享的网络里，他们的知识产权和那些珍贵的数据也是安全的。人人对其电脑所受的威胁都清楚明了，并能采取简便易行的措施保护各自的电脑系统。私营公司也对其网络运行环境的安全各负其责，因为它们知道，这么做其实是在保护各自的投资。如果出现网络安全事件，需要政府采取行动，有关官员可以及早发现这些威胁，并在第一时间共享相关数据，以阻止恶意软件传播并最大限度地降低大规模混乱的影响。当然，所有这些都是在保证信息广泛自由流动的前提下完成的。如果出现跨国犯罪行为，执法机构可以相互协作，保护和分享证据，并把犯罪分子绳之以法。这样一种未来不仅能为我们带来更大的繁荣和更可靠的网络，还有助于加强国际安全，为我们赢得更为持久的和平。

根据这一构想，不管是以不损害他国网络的方式构建自身网络，还是阻止犯罪分子躲在避风港里操纵互联网，各国都会成为网络空间里负责任的行为体。各国都知道，网络化基础设施必须得到保护，并且也都采取了措施防止其受到侵扰或破坏。它们继续通过双边、多边和国际合作，带领更多国家迈入信息时代，并在设法保护互联网及其本质特性的问题上达成共识。

美国和越来越多的合作伙伴已经为这种未来奠定了基础。但这远非大功告成，我们也不可能单枪匹马地完成这项任务。虽然进展可能会是缓慢的，并且需要大量资源，但国际社会必须团结起来支持这一长期投资。在为之努力的时候，我们必须清楚地认识到，对未来网络空间的这种构想不仅符合国家的利益，也与国际社会的共同目标并行不悖。我们衡量成功的标准是：像过去 50 年那样，在今后 50 年实现信息技术的又一次变革。那时，我们将开始全面实现全球互联所带来的收益，并把其带来的风险降到最低。

（一）我们寻求的未来

我们寻求的网络空间环境鼓励创新并增强个人能力。它不仅把个人联系在一起，强化社区功能，还能构建更好的政府并增强其责任感；它不仅保障基本自由和个人隐私，还能建立理解、明确行为规范，并加强国家和国际安全。为维护这种环境，国际合作不仅是最佳做法，更是基本原则。

我们的目标

美国将与国际社会一起努力，促进建立开放、互通、安全和可靠的信息与通信基础设施，以此来支持国际贸易和国际商务、加强国际安全，并鼓励言论自由和技术创新。为了实现这一目标，我们将建立并维护这样一种环境。在这种环境中，国际规范要求各国采取负责任的行为，维持伙伴关系并支持网络空间的依法治理。

1. 开放和互通：一种能够提升能力的网络空间

数字创新的核心是使网络化机器有能力增添新功能。数字系统的开放性是确保该系统实现迅猛发展、爆炸式增长并保持其重要性的根本原因。随着电脑和互联网联接在各国的应用，网络技术的基础工具得以快速普及，价格却持续走低。为继续满足网络用户不断增长的需求，硬件和操作系统制造商必须继续向全球尽可能多的开发商提供相关能力。随着各公司继续在研发专利软件方面推动创新，我们也欢迎对源代码软件进行持续地研发。这会在满足开发商和消费者的需求方面，为他们提供更多由社区主导的解决办法。

美国支持互联网实现从终端到终端的互通，从而使全世界的人们都能借助能满足其需求的技术、接触到各种知识与观念，并进行相互交流。信息的自由流动取决于互通性，这是在突尼斯信息社会世界峰会上得到 174 个国家认可的原则。与全球开放性和互通性相反的另一种选择则是四分五裂的互联网。在这种网络里，世界上大量的人口由于少数国家的政治利益，无法接触到尖端的应用程序和丰富多彩的内容。因此，以共识为基础，共同开发信息和通信技术的国际标准，是保持开放性和互通性、推动数字经济发展和社会进步的重要工作。

2. 安全和可靠：一种持久的网络空间

要让我们所知的网络空间持续下去，我们的网络化系统就必须是值得信赖的。广大用户需要相信，他们的数据在转换和存储过程中是安全的，在传输的过程中是可靠的。要执行一项有效的战略，就需要从终端用户和民族国家间协作等多方面入手，需要社会各界共担责任。

减少网络空间的薄弱环节将需要健全的技术标准与解决手段、有效的事故管理、可信的硬件和软件，以及安全的供应链。在全球范围内降低风险还需要有效的执法行动、全球公认的国家行为规范、能够建立信任并提高透明度的措施、积极主动的外交和适当的威慑力。最后，事故响应需要与国际社会和私营部门加强协作，共享日益增多的技术信息。这项工作不可能由某个国家或部门单独解决，它需要所有国家及其民众共同承担责任与义务。

网络稳定是全球繁荣昌盛的基石，然而，确保网络稳定并不仅仅是个技术问题。在经济方面，我们必须推动可持续增长，并对国内外的基础设施进行投资，同时我们还要确保网络的可靠性、明确公司与国家的义务。在政治方面，我们必须帮助维持一种尊重技术基础设施的环境，使分歧不会成为某些人侵扰和破坏网络的借口。在社会方面，我们必须让终端用户意识到，他们有责任以安全可靠的方式维护和运行其设备。

3. 通过规范确保稳定

美国将与志同道合的国家共同努力，建立一种人们所期望的环境，或是建立符合我国外交与国防政策并能指导我国建立国际伙伴关系的行为规范。过去这20年不仅见证了作为社会媒介的互联网快速而又史无前例的增长，见证了日益依赖网络化的信息系统社会控制现代生活所必需的关键性基础设施和通信系统，还见证了各国政府正越来越多地寻求通过网络空间行使传统的国家权力。在网络空间中，对于可以接受哪些国家行为，目前并不存在可以明确达成共识的规范，也无法与上述事件一一对应。为弥补这一不足，我们将努力就可接受的国家行为这一问题达成共识，并与那些认为网络系统运行事关国家和集体利益的国家建立伙伴关系。

（1）规范的作用

在国际关系的其他领域，对可接受行为的共识促进了稳定，并在需要采取修正措施时为国际行为提供了基础。坚持上述规范不仅使国家行为具有可预测性，也有助于防止出现可能导致冲突的误解。

在网络空间建立国家行为规范并不需要重新制订国际法律习俗，也不需要废除现有的国际规范。那些现有的无论是在和平时期还是在战争年代指导着国家行为的国际规范同样也适用于网络空间。尽管如此，网络技术的独特属性要求我们进一步说明应如何在网络空间运用这些规范，以及还需要在哪些方面达成更多共识。我们认识到，首先需要做出的重大努力是把人们对国家和平、公正行为的期盼反映到网络空间领域。因此，我们将继续与国际社会一道，努力就如何在网络空间运用上述规范达成共识。

(2) 规范的基础

对任何国际环境而言，推动和平与秩序、提升人类的基本尊严和促进经济竞争自由的规则都是必不可少的。这些原则不仅为世界各国在网络空间领域履行他们传统的国际义务指引了基本方向，还在很多情况下反映了他们在任何环境下都必须承担的国家职责。这些有利于建立网络空间规范的既定原则包括：

第一，支持基本自由：各国必须尊重网络空间内外的言论和结社自由；

第二，尊重产权：各国应承诺并通过国内立法确保对知识产权的尊重，包括尊重专利、商业机密、商标权和著作权；

第三，珍视个人隐私：各国应保护个人在使用互联网过程中的隐私权，不得随意或非法侵犯个人隐私；

第四，打击犯罪：各国必须调查和起诉网络犯罪分子，确保其法律实践不会为他们提供避风港，并及时参与国际犯罪调查合作；

第五，自卫权：依据《联合国宪章》，在网络空间遭遇某些侵略行为时，各国均有权自卫。

从这些规范国家间行为的传统原则中，可以衍生出更为具体并适用于网络空间的诸多责任，主要集中在维护全球网络正常运转和提升网络安全两方面。这些责任很多是由互联网技术的现状所决定的。由于互联网的核心功能有赖于“边界网关协议”之类的信任系统，各国必须对自身技术决策可能会对国际社会所产生的影响保持清醒认识，并在行动时相互尊重网络权益、尊重范围更广的互联网。同样地，在设计下一代信任系统时，我们必须通过支持最健全的技术标准和治理结构来促进共同利益，而不是反其道而行，仅以提升本国威望或加强自身政治掌控能力为出发点。还有一些正在形成的规范也对网络空间具有重要意义，它们包括：

第一，全球互通性：各国应在其职权范围内采取行动，确保互联网终端对终端的互通能力，使之成为所有用户均可访问的网络；

第二，网络稳定性：各国在实施自身网络配置时，应尊重信息的自由流动，确保不会随意破坏国际互联基础设施；

第三，可靠的访问：各国不得随意剥夺或阻碍个人用户访问互联网或获取其他网络技术的权力；

第四，多方治理：治理互联网的努力绝不能仅限于政府，而应包括所有具备资质的利益攸关方；

第五，尽职调查网络安全：各国应充分认识并履行自身保护信息基础设施的责任，确保本国系统不被破坏或滥用。

尽管网络空间是个变化的环境，但其国际行为必须建立在负责任的国家治理、和平的国家间行为和可靠的网络管理等原则的基础上。随着相关理念的发展，美国将促进并充分参与相关讨论，推动互联网政策的合理制订，并在相关问题的论坛上敦促各国达成共识。

（二）我们在未来网络空间中所扮演的角色

为了实现这一美好未来，并帮助制订积极务实的国际规范，美国将综合运用外交、防务和发展等手段，促进繁荣、提升安全并增加开放，使所有国家和个人均能受益于网络技术的发展。上述三种手段是我们国际努力的关键。20 世纪下半叶，美国已经帮助全球创建了经济与安全合作的新架构。在 21 世纪，我们将一如既往地秉持合作精神，共同承担责任，努力实现这一构想，建立和平而可靠的网络空间。

1. 外交：加强伙伴关系

在保留网络空间自身特性与优点的同时推广和平与安全原则，需要我们加强伙伴关系并扩大工作范围。我们将与国际社会展开坦诚和必要的对话，就规范网络空间负责任行为的原则和必要行动等问题，在国内外达成共识，从而建立一套稳定的网络空间系统。

外交目标

美国将努力为这样一种国际环境创建激励机制。在这种环境中，各国不仅认可开放、互通、安全和可靠的网络空间所具有的内在价值，而且会以负责任的利益攸关方自居并展开合作。

（1）加强伙伴关系。

我们将通过国际关系和从属关系，寻求把尽可能多的利益攸关方纳入到网络空间的这一构想中来，因为这会给经济、社会、政治和安全带来巨大收益。我们通过与国内外私营机构开展有意义的合作支持这项工作。

分布式系统需要我们采取分布式的行动。没有任何单独的机构、文件、计划安排或工具手段能够满足我们在网络世界中的需求。无论是终端用户、互联网服务提供商，还是软硬件的私营经销商，无论是地区组织、多边组织，还是由多个利益攸关方组成的组织，都有可能在帮助网络空间全面实现其潜能方面发挥重要作用。

特别是在国际舞台上，各国都应在维护和平与稳定、鼓励创新、维护经济和国家安全利益、保护并促进公民个人权利等方面持续发挥作用。在国际关系方面，美国将致力于建立一个符合国际期望的环境。这种期望不仅稳定了我国的外交和防务政策，还能加强我们的国际关系。

A. 双边和多边伙伴关系

我们将与有关国家开展双边协作，合作处理对我国政府和人民具有重要意义的网络空间事务。我们必须首先谋求与那些志同道合的国家共同签署权责明晰的协定，并以此为出发点，扩大国际社会对网络空间行为规范的认识。我们将寻求进一步拓展伙伴关系，并在双边对话的议事日程中增加网络空间方面的议题。该对话将在各级政府间进行，并涉及网络活动的方方面面。

我们将借助执法部门现已获得的成功经验，共同应对网络空间不断出现的各类挑战。此外，我们还将积极与发展中国家保持接触，倾听它们对网络空间事务的意见。

B. 国际组织和由多个利益攸关方组成的组织

地区组织在解决其成员所遇的网络安全难题方面特别有效，它们将在制订和推广行为规范方面扮演越来越重要的角色。我们将继续利用自身在这些国际组织以及范围更广的国际组织中的成员地位，制订既符合各组织专业特点、又能够实现其成员现实利益的建设性议程。

在互联网治理方面，我们已采取重要措施，确保自身的反应能力，并保证各大组织均具有广泛的代表性。美国对相关努力保持敬意，并将继续认可论坛所发挥的特殊作用。这些论坛通过接纳私营部门、民间团体、学术机构以及各国政府，不仅代表了整个互联网社区，还体现出了由多个利益攸关方参与的特点。

C. 私营部门的协作

虽然私营部门已经在国际组织和包含多个利益攸关方的组织中发挥了重要作用，但我们仍将继续利用现有的合作机制，吸收更多的行业伙伴。我们特别应该与那些基础设施的产权拥有者和运营商们紧密合作。由于他们的主要职责是确保网络正常运转，因此，我们之间的合作不仅可以拓展共同努力的范围，确保网络生态系统的安全，而且能够保留网络空间自身的特性和优点；不仅可以避免技术发展遇到不必要的障碍，而且能在网络空间领域推广和平与安全的原则。我们还将寻求私营部门共同参与网络治理，以顺应网络空间存在多个利益攸关方的固有特质，并将继续在相关论坛上倡导互联网的包容性。

2. 防务：劝阻和威慑

面对来自恐怖分子、犯罪分子和其他国家及其代理人的威胁，美国将维护自身网络的安全。同样重要的是，我们将设法鼓励那些表现良好的行为体，劝阻并威慑那些在网络空间肆意妄为、威胁和平与稳定的行为体。为此，我们将制订内容互有交叉的两项政策，既考虑发展国家和国际网络的恢复能力，又要做到常备不懈，准备好多种可靠的应对方案。在所有这些防务努力中，我们都将依据自身的法律原则，保护公民自由和个人隐私。

防务目标

美国将同其他国家一道，鼓励负责任的网络行为、反对破坏网络系统的行为、劝阻和威慑那些图谋不轨的行为体，并保留采取必要和适当防务行动保护这些重要的国家资产的权利。

(1) 劝阻

保护价值如此巨大的网络需要强大的防御能力。美国将继续加强网络安全防御能力，发展网络的抗打击和恢复能力。对于那些确实会造成损害的复杂攻击，我们将依据周密的反应计划采取行动，隔离并减少攻击对我们设备所形成的干扰，限制其对我们网络产生影响或潜在的级联效应。

A. 国内力量

确保我们网络和信息系统的恢复能力，需要整个政府采取协调一致的集体行动，并与私营部门和公民个人紧密协作。10 年来，美国不仅一直在营造这种网络安全文化，而且还研制出了一套有效降低事故风险的应对机制。我们继续强调，在公共和私营部门系统性地采用合理的信息技术规范，不仅将加强网络安全，还会消除我国网络系统所存在的薄弱环节。我们还在公共和私营部门实现信息共享这方面取得了长足进展，这些部门可以通过网络分享有关网络风险及其薄弱环节的各种信息。我们已经制订了新计划，要在政府、重要产业部门、关键性基础设施部门和其他利益攸关方之间，通过国家计算机安全事故应对小组实现信息共享。我们还将不断探索与私营部门加强伙伴关系的途径，确保双方共同依赖的系统安全可靠。

B. 国外力量

这种防御模式已经通过教育、培训、日常的业务交流和政策联系，被国际社会成功共享。今天，通过技术和军事防御领域现有的和发展中的协作关系，各国所具备的识别和应对事件的能力已经达到了前所未有的程度。仅此一举，便可使那些潜在的攻击方无法获取对我们国家和国际网络施加持续性危害的能力。然而，全球分布式网络需要全球分布式的预警能力。我们必须继续在全球范围内形成应对计算机安全事件的新能力，并推动这些能力实现互联，快速加强计算机网络的防御能力。

在帮助较不发达国家提升防御能力方面，美国与这些国家拥有共同利益。为此，美国将与伙伴紧密协作，重点加强这方面的建设。此外，与盟友建立关系也将增强国际社会的集体安全。

（2）威慑

美国将确保攻击或利用我们网络所带来的风险远远超出其潜在的收益。我们充分认识到，网络空间的活动会产生超越网络范畴的效应，因此，这种事件可能需要我们做出自卫的反应。同样地，由于互联的网络将各国更加紧密地联系在一起，对一国实施的网络攻击可能会产生超出其边境的影响。

针对那些会威胁我们国家和经济安全的犯罪分子和其他非国家行为体，国内威慑要求世界各国具备相关程序，允许其调查、逮捕和起诉那些非法入侵或破坏国内外网络的人员。在国际方面，各国执法部门必须尽可能地相互协作，冻结那些容易丢失但对现实调查至关重要的数据，并与各国的立法和司法部门合作，协调运用各部门手段，推动正当法律程序和法治的运行。上述这些均是《布达佩斯惩治网络犯罪公约》（以下称《布达佩斯公约——译者注》）所规定的重要原则。

必要时，美国将像应对其他威胁那样应对网络空间中的敌对行为，因为各国均有权进行自我防卫。我们还认识到，通过网络空间实施的某些敌对行为可能会迫使我们采取行动，这主要是因为我们有责任履行对缔约伙伴国所应尽的军事义务。我们保留依据国际法适当使用外交、信息、军事和经济等必要手段的权利，以便保护我们的国家、盟友、伙伴的利益。在这么做时，我们不但会在使用军事力量前先尝试其他可能的替代性手段，还会仔细权衡采取行动和不采取行动的利弊，最终我们将采取反映我们价值观和增强我们合法性的行为方式，并寻求尽可能广泛的国际支持。

3. 发展：建立繁荣与安全

美国将继续展示我们的这一信念，即互联世界是为全人类造福的。一个开放、互通、安全和可靠的网络空间可以为更多的民众造福。作为世界领先的信息经济体，美国致力于确保我们的技术资源和专利知识为他人造福。

在为建立并保护新的和现有的数字系统提供知识和力量方面，我们的国家能够而且将会发挥积极作用，这么做还有助于各国达成共识，共同成为负责任的国家。我们为实现这些目的所要建设的力量并非一项短期支出，而是一项明智的长期投资，对政府而言则是一项需要继续履行的承诺。

发展目标

美国将通过双边和多边组织，推动网络安全能力在国外的建设，以便使所有国家都有办法保护自身的数字基础设施、增强全球网络功能，并建立更为紧密的合作关系，最终达成确保网络空间开放、互通、安全和可靠的共识。

（1）建设技术能力

获取网络技术越来越成为一项基本的发展需求。各国政府和产业界已经采取了许多有意义的步骤，以加强未开通服务或服务不充分地区终端用户连接网络的能力。国际信息基础设施正在不断走向成熟并继续扩展，为更多国家提供融入全球信息流的机会。全球网络的不断发展以及网络访问能力的扩展，在丰富国际社会交流的同时，也向传统安全与网络安全问题方面的合作提出了新的挑战和机遇。网络安全能力在很大程度上将依靠私营部门的投资，为此，美国将与各国政府和产业界共同营造有利于协作努力的环境，并利用这些协作解决各国的核心发展需求。

各国政府是决定这种新型互通能力是产生积极成果还是浪费其潜力的主要因素。从我们的能力建设中受益的国家，是那些利用技术促进繁荣和加强社会凝聚力的国家，而不是出于政治目的严格限制网络访问的国家。出于这个原因，美国所支持的技术项目，在设计上将侧重加强安全、促进商业、保护信息的自由流动，并提升全球网络的互通性。

（2）建设网络安全能力

繁荣不能建立在恐惧和缺乏可靠性的基础之上，美国致力于帮助各国建立网络安全力量，使其能与各国的技术发展同步。发展中国家加强国家级网络空间的安全既具有现实利益，又服务于长远利益。目前有越来越多的国家正配置设备，以应对来自边界内部的威胁。接下来，它们便会建立对全球互通网络的信任并展开跨国合作，以打击滥用信息技术的犯罪行为。此外，培养富有活力的国际研究团体也是必不可少的，这些团体要有能力应对下一代网络安全挑战。

我们认识到网络安全是一个必须由所有国家共同努力加以解决的全球性议题，因此，我们将扩大并规范那些着眼于建设网络安全能力的计划，将其关注点更多地集中在培养感知能力、提供法律和技术培训，以及支持政策发展等方面。这些计划必须超越纯技术层面，我们将与各国一起努力，充分认识到网络安全挑战的广阔范围。我们将帮助这些国家发展自身战略，并在所有部门建立网络安全保障能力。拥有这些能力不仅能确保网络安全，还能组建计算机应急战备工作组；不仅能参与国际执法和防务合作活动，还能与国内、国际私营部门和民间团体发展建设性关系。

(3) 建立政策联系

美国的能力建设援助被看作是投资、承诺和拓展对话与伙伴关系的重要机会。在网络空间议题上，各国已成为利益攸关方。我们希望我们的对话内容能够更加深入，从能力建设发展为在双方共同关注的问题上开展积极的经济、技术、执法、防务与外交合作。

对于那些发展网络安全能力的国家，我们将利用地区论坛和拥有专业知识背景的技术实体，促进各国之间的联系。我们还将继续共享实践成果，共同总结经验并开展国际技术交流。

三、政策重点

美国将继续采取行动，为我们的公民和国际社会的其他成员在国内外建立并维护开放、互通、安全和可靠的网络。我们的做法以本文阐述的基本原则为指导，以文中提出的总体目标为动力，并以其概述的政策为支撑。它们共同形成了美国网络空间国际战略的基础。

在未来，网络空间的各种潜力将得到充分发挥，并为全人类造福。为实现这一愿景，美国政府在 7 个相互依存的领域开展活动，每个领域的活动都要求我国政府各部门协调合作，并与国际伙伴和私营部门紧密协作。从整体上来看，这些活动构成了我们战略框架内的行动路线。

对于从事网络活动的许多美国政府部门和机构而言，这些活动会对业已展开的各项重要工作起到如虎添翼般的作用。对于那些正在制订实施计划、执行特定网络空间任务的部门而言，它们则是本战略出台的背景，确保了行动的统一。本文提出的政策重点要求开展这些活动并对其加以指导，强调了过去、当前及未来需要关注的重点领域，因此，需要我们在国家层面共同予以关注并提供必要的资源。

（一）经济：推动国际标准和创新的开放市场

为了确保网络空间继续服务于我们的经济需求和创新者的需要，我们将：

1. 维护有助于对可靠、互通的网络进行技术创新的自由贸易环境

正如信息的自由流动有助于我们网络的正常运转，自由贸易也有助于信息时代的技术创新和市场发展。全球网络互通在很大程度上归功于成本更低的计算机在全球的普及和网络技术的广泛传播。自由贸易环境使制造商们努力保持价格和标准的竞争优势，而这种市场竞争正是技术创新的根本动力。尊重贸易和技术进步的国际标准不仅是维护开放市场的必要环节，还能使那些具有领先技术的公司得以迅速将其创新产品和服务转化为现实收益。未来几十年，技术制造业的全球化趋势将不断加强，并为我们的网络和消费者带来实质性的益处。美国将继续致力于维护自由贸易环境，特别是支持高科技产业，以确保未来的不断创新。

2. 保护知识产权，包括防止商业机密失窃

全球网络在为技术创新提供动力的同时，也为工业间谍活动、

知识产权和商业信息的盗窃行为开辟了新渠道。通过网络空间可以从企业商家、院校学府和政府部门窃取前所未有的海量信息，这些失窃信息和技术的总价值等同于数十亿美元的损失。个别失窃案例则往往被隐瞒不报或未被发现。结果是出现不公平竞争和整个公司破产等情况，可能还会对国家造成比这严重得多的影响。犯罪分子、外国公司或是国家行为体对知识产权的不断窃取，不仅会削弱全球经济的竞争力，还会损害商家的创新机遇。美国将采取措施查明和应对这类行为，帮助建立视这些行为为非法和不被允许的国际环境，并追究相关行为体的法律责任。

3. 确保由技术专家所决定的互通和安全技术标准占据主导地位

制订国际社会自愿认可的网络安全标准，并采用基于上述标准的产品、服务和工作程序，是建立互通、安全和有活力的全球基础设施的基础。公共和私营部门必须共同努力，开发、维护并执行这些标准，支持制订国际标准和合格评定计划，以防对国际贸易和商务活动造成障碍。实现国际网络安全标准化并建立国际社会自愿认可的工作程序，有利于实现集体利益。这些标准和程序不仅有利于创新，能够促进网络的互通性、安全性和适应能力，而且能提升网上交易的可信度，为全球的市场竞争提供动力。美国将在公共和私营部门之间加强协作，确保符合国际标准的产品和服务得以普及。

（二）保护我们的网络：加强安全性、可靠性和适应能力

从更广泛的意义上来讲，网络安全对国家安全和经济安全都是至关重要的，因此，我们将：

1. 推动在双边和多边组织以及多国合作伙伴关系框架下的网络合作，特别是在各国网络安全行为规范方面的合作

越来越多的国际组织正在从事网络安全活动和其他网络空间事务，美国将继续推动这一重要工作，将网络空间建设纳入工作范围，以满足不同成员国的需求。我们已经努力在以下多边组织的议事日程中纳入了网络空间的相关事务，以确保得到有效机制框架的支持。这些组织包括美洲国家组织、东盟地区论坛、亚太经合组织、欧安组织、非盟、经济合作与发展组织、八国集团、欧盟、联合国和欧洲委员会。美国政府将继续通过这些组织和其他平台，巩固各地区和国际社会已经在行为规范等关键网络空间活动方面所达成的共识。我们还将依靠相关平台促进各利益攸关方达成共识并保持紧密协作，进一步细化本文所阐述的互联网政策原则。我们欢迎扩大这项工作的覆盖范围，特别是要覆盖本次对话中并未得到充分体现的非洲和中东地区，以推动我们在全球建立网络能力的兴趣。

2. 减少对美国网络的入侵和破坏活动

未经授权的网络入侵不但威胁各经济体的完整，而且还会破坏国家安全。美国政府各部门正与私营部门紧密协作，保护技术创新免受工业间谍活动的侵害，保护联邦、各州和地方政府的网络，保护军事行动免受能力受限的作战环境的影响，保护关键性基础设施不受网络入侵和攻击，特别是防止对能源、交通、金融系统和国防工业基地的入侵和攻击。美国将寻求达成广泛的国际共识，使各国都能认识到尊重知识产权和网络稳定的重要性。美国还将支持这一信念，与伙伴一起共同抵御针对我们网络的入侵和破坏行动。

3. 确保信息基础设施具有强有力的事件管理能力、适应能力和恢复能力

在如今这个相互连通的全球环境中，一国安全系统的不稳定会给其他国家带来多种风险。没有哪个国家能对全世界所有网络了如指掌。因此，我们有责任分享网络见解，并在事件可能会对所有人造成威胁时与他国进行合作。在致力于建立并增强我们反应能力的同时，我们将继续与其他国家合作，拓展有利于增强全球态势感知能力和事件应急反应能力的国际网络，包括建立政府与产业界之间的联接网络。美国政府通过与国际伙伴的可信网络交换信息，积极参与网络监控、网络预警和网络事件应急反应。我们将通过国际合作拓展这些能力，以增强整体适应能力。美国也将积极参与国际网络安全演习，与伙伴共同改进并完善既定的运作程序。

4. 通过行业咨询，提升高技术供应链的安全

关键性网络和信息基础设施的正常运转有赖于确保软件和硬件的可靠供应。供应链中存在的薄弱环节会被用于攻击网络和其中的数据，影响它们的完整性、可用性和保密性。利用这些薄弱环节会对经济运行和国家安全造成损害。美国政府将与产业界和国际伙伴共同努力，制订保护信息系统和关键性基础设施免受侵害的最佳措施。自由与开放的贸易有赖于全球化的供应链，通过上述方式，我们将大大提升这一供应链的安全性。

（三）执法：拓展合作与加强法治

为提升网络空间的可信度，追查滥用在线系统的不法之徒，我们将：

1. 全面参与制订打击国际网络犯罪的政策

美国承诺不仅会积极参与双边与多边讨论，制订打击网络犯罪的国际规范与措施，还会积极参加那些专业性已经得到证明的论坛，

因为它们在推动有效打击网络犯罪的政策制订方面具有丰富的实践经验。这些对话交流活动将把现有的相关努力包含在内，例如在如何扩大《布达佩斯公约》等机制的覆盖范围方面所做出的种种努力。我们已在国家执法机构之间成功建立了伙伴关系，目前也十分乐意开展富有成效的政策对话。在此基础上，美国将继续努力，在加入上述机制的国家之中培养责任感。

2. 通过扩大布达佩斯公约组织的范围，协调国际社会的网络空间法律

在调查和起诉网络犯罪案件时，美国及其盟友往往会接受其他国家的合作与援助。在这些国家与我们拥有共同的网络空间法律时，这种合作是最富成效和最具实际意义的，因为这种情况通常更便于开展引渡、证据共享和其他各种协调工作。布达佩斯公约组织不仅在网络犯罪问题上为不同国家提供了起草和修订现有法律的模板，而且还被证明是在处理相关案件时提高国际合作的有效机制。美国将继续鼓励其他国家成为该组织的会员国，并将帮助目前的非会员国将这一公约作为其自身的法律基础，以在短期内减轻双边合作的压力，为其成为组织会员国做好长期准备。

3. 网络空间法律的重点是打击非法活动，而不是限制进入互联网

针对网络空间的犯罪行为，我们应当做的是进行有效的执法活动，而不是通过政策禁止合法进入互联网或限制互联网上的内容。为实现这一目标，美国政府通过双边和多边合作，确保这些国家认识到针对网上犯罪应把重点放在阻止犯罪行为和抓捕惩罚不法分子上，而不是扩大限制互联网的范围，以免连累无辜的互联网用户。当美国与合作伙伴展开对话，并在世界范围内帮助执法部门建设上述能力时，我们将对这种方法进行整合，把这种打击网络犯罪的合作运用到对创新、个人隐私和基本自由的保护行动中。

4. 剥夺恐怖分子和其他犯罪分子利用互联网实施行动计划、筹措资金或发动攻击的能力

在打击网络犯罪方面，美国拥有多样化的国际能力建设和培训项目，帮助执法与立法部门建立有效的法律框架机制，培养专业人才，以调查和起诉恐怖分子和其他犯罪分子对互联网的滥用行为。对国际社会而言，阻止恐怖分子通过“雇用黑客”和集团犯罪工具等方式增强犯罪能力是重中之重，因此，需要在这方面制订有效的网络空间法律。美国承诺通过技术手段和“资金行动特遣队”这样的国际合作框架，追踪并挫败恐怖分子及网络犯罪分子的资金网络。

（四）军事：准备应对21世纪的安全挑战

既然我们保卫公民、盟友和利益的承诺延伸到他们可能遭受威胁的任何地方，我们将：

1. 认识并适应军队对可靠和安全网络不断增长的需求

我们认识到，我们的军队对向其提供支援的网络越来越依赖。因此，即使是在他国试图破坏我军网络系统或毁坏其他重要国防基础设施的情况下，我们也将努力确保军队使用精良的装备作战。与其他国家一样，美国在保护其重要国家资产和核心原则与价值观方面，有着不可抗拒的利益。我们承诺将击败那些企图削弱我们上述能力的敌人。

2. 建立和加强现有的军事联盟以应对网络空间的潜在威胁

网络安全不是哪个国家单独努力就能够实现的。要应对那些设法破坏或非法利用我们网络的行为体，就需要提高国际社会的合作水平。首先，我们需要承认，我们的亲密盟友（如北约及其成员国）所拥有的网络化系统是相互连通的，这既给我们创造了机遇，也给我们带来了新的风险。展望未来，美国将继续与盟友和伙伴国的军队及地方部门一道，增强我们共享态势感知和预警系统的能力，提高我们在和平与危机时期的协作能力，发展网络空间的集体自卫手段。这样的军事联盟与伙伴关系不但将增强我们的集体威慑力，还将加强我们对国家和非国家行为体的防御能力。

3. 扩大与盟友和伙伴的网络空间合作，增强集体安全

网络空间的挑战也为我们创造了与盟军及伙伴国军队进行新型合作的机遇。通过强化对标准操作流程的共同理解，我们的军队能够通过协作和更多的情报交换来增强安全。这些接触将减少对军事活动的误判和行为升级的可能性。对话以及相互交流的最佳实践，有助于伙伴提高自身在电子数据取证、队伍培养、网络渗透和弹性测试等方面的能力。为了威慑网络空间的恶意活动，美国将与志同道合的国家密切合作，以增强能力、减少集体风险并制订由多个利益攸关方参与的计划。

（五）互联网治理：推动有效和包容的治理结构

为了改进互联网治理结构，有效满足所有互联网用户的需求，我们将：

1. 重点推动互联网的开放与创新

在互联网上高效传播信息的能力，是现代消费者、商业、政治、科学和教育等活动的核心。各国政府均已认识到互联网的价值，然而，也有很多国家随意限制信息的自由流动，或是利用互联网镇压异议和反对活动。在不同国家，这种限制方法和执行手段差别很大，其借口也各不相同。但我们绝不允许互联网治理和技术手段被用来破坏基本自由，或是压制创新。有效和包容的互联网治理，有助于确保那些在网络管理国际规范可接受范围以外的行为，不会因技术或治理结构而变得更加复杂。维护、提高并增加对全球公开互联网的使用是明确需要优先考虑的政策。美国将继续开展多样化的合作，推进上述目标的实现。在扩大合作范围方面，美国已经开始与相关的政府间和非政府组织，以及由多个利益攸关方所组成的适当机构和组织展开了合作。

2. 维护包括域名系统在内的全球网络的安全和稳定

鉴于互联网对于世界经济的重要性，维护包括域名系统在内的全球网络的稳定与安全至关重要。为确保这种稳定与安全的连续性，我们和世界各国必须继续承认各利益攸关方，特别是那些相关组织和技术专家对互联网运行所做出的贡献。美国认为这些资源的有效协调和运用促进了互联网的成功，并将继续支持这种有效的多方协作形式。

3. 促进并加强利用多方参与的平台商讨互联网治理问题

正是互联网分散、合作以及分层的架构体现了其社会和技术的组织模式。上述特点是互联网为我们带来收益的基础。这一架构不仅鼓励自由创新，促进了经济增长，而且还鼓励言论自由和结社自由，促进了社会和政治发展，同时保持了世界各民主社会的正常运行。美国坚持认为，在国际社会共同探讨互联网治理问题时，必须在多个利益攸关方之间进行对话；我们将继续支持诸如“互联网治理论坛”之类的成功平台，该论坛为非政府利益攸关方提供了与各政府平等讨论的平台，体现了互联网自身开放与包容的本质特征。

（六）国际发展：提高能力、确保安全、促进繁荣

为了在全球范围内促进网络技术所带来的收益，增强网络运行的可靠性，并在网络空间构建各利益攸关方的责任机制，我们将：

1. 为寻求提高技术能力及网络安全能力的国家提供必要的知识、培训及其他资源

一个相互联通的世界所带来的各种收益不应受到国界的限制。十多年来，美国在技术和网络安全的核心能力方面，支持了许多旨在帮助他国获取相关资源和技能的项目，帮助许多国家缩小了差距。我们的目的就是帮助其他国家学习我们的经验，特别是要在国家技术开发过程中提高网络安全能力。鉴于需求大、种类多，我们的援助项目包括：支援国家的事件管理能力；建立公私伙伴关系；加强控制系统安全；制订调查和起诉网络犯罪的法律草案；制订和实施旨在提高网络安全认知、建设网络安全文化的计划。我们已经通过对外援助和公私伙伴计划启动了双边合作。例如，“美国电信培训学院”计划就是一项建立在公私伙伴关系基础上的创新计划。近年来，我们在美洲国家组织、亚太经合组织和联合国等多边框架内优先安排了对外援助工作。美国还将扩大公私部门间的合作范围，在国内努力支持私营部门在能力方面的投资，关注这一重点需求，并在今后几年中努力制订新的合作计划。

2. 不断发展并定期分享国际网络安全方面的最佳实践

目前，各国已经不再需要通过反复试验的方式独立发展网络安全能力。我们已经与几十个国家和众多的多边组织展开合作，发展并分享各自在网络安全方面的最佳实践，以帮助各国做出更明智的

投资，制订更有效的政策。美国将通过与产业界伙伴的密切合作，继续确认、发展并改进相关的最佳实践和技术标准，促进伙伴对这些标准与实践的认知与使用。我们将进一步促进相关科技的共同研发，加强网络安全手段建设并提高网络安全的保障能力。

3. 增强国家打击网络空间犯罪的能力，包括提高执法能力，培训取证专家、法学专家和立法人员

由于涉及计算机网络的犯罪案件经常会牵涉国外取证和目标认定，因此，在遇到严重犯罪和国家安全问题时，各国政府往往需要相互帮助，提供各种技术并协助调查。犯罪威胁可能来自任何与我们有网络联接的国家，这就需要它们拥有相关的调查能力。然而，有很多国家需要我们提供实质性的帮助，以提高其协作调查的能力。针对上述问题，我们可以通过相关培训加强联系，提高执法人员对相关技术的理解能力。这种接触将使执法部门提供更有效的合作和更专业的援助。为实现这一目标，美国将继续在非洲等地区提供相关培训，并与亚太经合组织、东盟、八国集团和美洲国家组织等多边组织继续推动此项工作。

4. 与决策者发展关系，增强技术能力建设，帮助专家与他们在政府的相应机构进行经常性联系

过去几年，各国有越来越多的决策者开始关注网络空间问题。他们不仅为对话提供了多种新渠道，启动了许多安全与发展的新倡议，还加强了众多双边关系。美国通过技术能力和网络安全能力建设，在发展中国家进行了长期投资。同样地，美国致力于在共同关心的问题上将这种援助关系发展为更亲密的伙伴关系。我们已经在诸如“国际子午线会议”之类的论坛发起方面发挥了领导作用，该会议推动了在关键信息基础设施保护问题上的合作。由于越来越多的国家正加大对未来网络空间的投资，美国欢迎有更多国家加入对话。美国还将在我们的专家和决策者之间建立持久联系。

（七）互联网自由：支持基本自由和个人隐私

为了在网络空间中确保公民自由和隐私安全，我们将：

1. 确保公民通过可靠、稳固和安全的平台自由结社与发表言论

我们鼓励全世界人民通过数字媒体表达观点、分享信息、监督选举、揭露腐败行为、组织社会和政治运动。仍然有人反对民众这么做，并对其实施骚扰、非法逮捕、威胁和暴力行为。我们对此表示公开谴责，因为这些行为阻碍了其他人利用新技术报道消息、组织活动和交换观点。这种保护必须同样适用于互联网服务提供商和其他联通供应商。它们经常沦为受害者，因为担负中介责任的政权往往会把审查合法言论的职能赋予公司。美国将不遗余力地推动网络空间的言论和结社等基本自由，努力使社团参与者、人权倡导者和新闻记者都能使用数字媒体。美国还将致力于鼓励各国政府应对现实网络威胁，而不是强制公司不合时宜地限制网络言论自由或信息的自由流通。

2. 与民间团体和非政府组织合作，建立安保措施，保护互联网活动不受非法侵扰

保护民间团体和非政府组织的网络安全，有助于确保它们在数字时代享有更广泛的言论和结社自由。对于那些身处一线、发表非主流观点和想法的社会活动家、倡导者和新闻记者来说，网络安全尤为重要。他们往往是受害者，其电子邮件账户、网页、手机和数据系统经常受到破坏和侵扰。美国支持相关努力，确保这些用户有能力保护自己，并有能力利用 21 世纪的新技术行使他们言论自由和

结社的权利。

3. 鼓励国际合作，有效保护商业隐私数据

保护个人隐私对维持信任至关重要，正是这种信任维系着经济和社会网络。美国在贯彻其隐私保护法、鼓励多个利益攸关方政策的发展方面记录良好。我们将紧跟网络技术带来的急剧变化，继续加强美国的商业隐私数据保护框架。我们认为，在商业领域应用一般的隐私保护原则，同时保持创新所需的灵活性是十分重要的。美国将敦促各利益攸关方在制订目标一致的法律这方面达成共识，并在保护隐私和促进创新等方面加强合作。

4. 确保互联网终端到终端的互通性，确保所有人均可使用互联网

互联网用户应该相信，他们通过互联网发送的信息在世界任何地方接收时仍能保持原意。同样重要的是，他们应该相信，不管这些数据来自何国、目的地又在何方，它们都将在网络上自由流动。确保信息在互联网传输的完整性，将使用户对网络充满信心，并可保持网络的开放性。只有这样，互联网才能作为不断创新的可靠平台，推动全球经济增长、鼓励世界各国人民的自由交流。

美国将继续阐明互联网的全球属性所带来的收益，反对把互联网分裂为国家内部网的努力，因为这些网络剥夺了个人从国外获取内容的权利。

四、继续前进

网络技术带来的收益不应被少数特权国家、或是这些国家内部的少数特权阶层独享。但互联网的联通性本身并不是目的。互联网必须是个开放创新、全球互通的网络空间，为赢得公众信任它必须足够安全，为支持公众工作它必须足够可靠。

30 年前，很少有人能够理解某个所谓互联网的东西将会给我们的工作和生活方式带来如此巨大的变革。短短 30 年后，已有数百万人依靠网络技术的进步生存发展，还有十亿多人通过它进行日常的社会交流。这项技术推动了社会进步，使前几代人难以想象的事情得以实现。对我们来说，美国将继续激发我国民众乃至全世界人民的创造力和想象力。我们无法知道下一项伟大创新的内容，但是我们致力于创造使其得以产生和发展的环境。

本战略是一个路线图，它使美国政府各部门和机构得以更好地界定和协调其在制订国际网络空间政策中所扮演的角色，按照特定的路线前进，并对未来如何贯彻该战略进行规划。它号召所有私营部门、民间团体和终端用户通过伙伴关系、提高意识和采取行动等方式加强这些工作。更为重要的是，它还邀请其他国家和人民加入我们的行列，共同实现网络世界繁荣、安全和开放的美好前景。这些理想对于维护我们已知的网络空间，共同创造我们追求的美好未来都是至关重要的。

（译者：解放军外国语学院副教授　潘蔚娟）

美国《国家反恐战略》*

2011年6月28日

华盛顿·白宫

2001年9月11日，“基地”组织袭击了美国。值此事件发生10周年之际，我们有必要回顾在打击“基地”组织战争中所取得的进展，全力迎接依然存在的挑战。自“基地”组织发动袭击以来，在这10年里，我们已大力加强了防务并建立了牢固的国际同盟。在过去两年半的时间里，我们接连消灭了诸多“基地”组织主要头目，其中包括该组织的唯一领袖奥萨马·本·拉登，消灭数量超过“9·11”事件以来的任何时期。因此，我们现在有机会在瓦解、摧毁并彻底击败“基地”组织的行动中实现重大转折。

尽管我们已取得重大胜利，但我们仍将面临来自“基地”组织及其分支机构和追随者的重大恐怖威胁。我们的恐怖主义对手已经展现出灵活性及应变能力；而为了击败他们，我们必须制订并执行更为灵活、更具应变能力的战略。为击败“基地”组织，我们必须准确而清晰地界定作战对象；针对世界不同地区所面临的不同挑战，我们必须确立具体而现实的目标。当我们运用美国力量的所有要素去对抗“基地”组织时，要想获得胜利，我们的战略必须符合我们国家和民族的核心价值观。我很高兴地宣布，下面这份反恐战略能满足上述需求。事实上，这份文件反映了自我就职以来我们所推行的战略与政策。

---

* 原文出自 http://www.whitehouse.gov/sites/default/files/counterterrorism_ strategy.pdf。

然而，任何类似的战略，只有当那些负责人确实实施时才会真正有效。在这方面，美国拥有成千上万卓越的军事、情报、执法、国土安全及其他反恐专家，他们使我们免遭恐怖主义袭击，有助于打击“基地”组织。近年来我们在反恐方面所取得的进展也证明了他们的勇气、奉献与专业水准。事实上，在未来的岁月里，无论何种胜利，都将归功于他们的技能与勇敢。我谨代表美国人民，祝贺并感谢这些杰出的专业人士，为保护美国人民的安全，他们发挥了巨大作用。同时，我也要号召他们继续保持警惕，因为还有大量的工作尚未完成。

作为总统，我经常提及，保护美国人民是我至高无上的职责所在。尽管存在诸多威胁美国国家安全的潜在因素，但“9·11”事件以来的这10年间，来自“基地”组织的恐怖威胁最为重大。然而，今天我们可以更有信心、对结果也更有把握地宣告，“基地”组织必将被击败。我们将继续专注手头的工作，留心未来的挑战，在大功告成之前绝不止步。

贝拉克·奥巴马

一、前言

正如总统在其2010年《国家安全战略》中所言，确保美国人民安全是总统至高无上的职责所在。瓦解、摧毁并彻底击败“基地”组织及其分支机构和追随者，确保美国公民与利益的安全，这是总统关于国家安全的最优先考虑事项，而《国家反恐战略》为此指明了道路。

“基地”组织是策划并实施“9·11”袭击的跨国恐怖组织，为反击这一袭击，美国进行了针对“基地”组织的全国性努力。在“9·11”事件10周年来临之际，满怀着对已取得成就的信心，对美国恢复能力的自豪，我们展望未来。我们已阻止了针对美国的另一次灾难性袭击；我们的民众没有任由恐怖主义幽灵破坏我们的日常生活和活动；我们联邦政府的反恐努力已变得更为协调、高效和有效；我们展开了反恐运动，但这一运动并没有主导美国人民的生活，也没有妨碍我们追寻其他广泛领域的利益。

然而，在美国及其遍布全球的伙伴取得胜利之际，我们所面临的最主要恐怖主义威胁——“基地”组织及其分支机构和追随者——也在继续发展。我们在阿富汗与巴基斯坦的努力已经在很大程度上摧毁了“基地”组织的领导层，从根本上削弱了这一组织。与此同时，近年来，针对美国及其盟友的这一威胁源头已部分转移至外围区域，即转移到那些与巴基斯坦、阿富汗“基地”组织核心有关联但却独立的团体上。这类转移也包括“基地”组织蓄意鼓动美国国内的个人单独实施袭击。

因此，《国家反恐战略》在强调必须建立国际伙伴关系与能力、强化我们恢复能力的同时，依然将重心放在打击“基地”组织核心上。与此同时，我们的战略更加重视打击那些在南亚核心避难地以外地区继续出现的、与“基地”组织有关联的威胁。

自 2011 年年初以来，变革运动席卷北非和中东地区，加上本·拉登之死，特别是“基地”组织及其意识形态的适用性进一步下降，这些都进一步改变着恐怖主义威胁的本质。本·拉登一直呼吁阿拉伯世界通过暴力改变政权，不断采取暴力手段对抗美国及其盟友，并以此作为强化穆斯林地位的方式，而这与中东、北非地区以非暴力运动谋求变革的方式形成了鲜明对比。短短几个月内，上述运动推动的政治变革远远多于“基地”组织多年来运用暴力所取得的成果，而这些暴力活动夺走了成千上万人的生命，其中大部分是穆斯林。我们支持中东、北非及全世界人民意欲在代议制政府统治下过上和平、富庶生活的渴望，这种支持与“基地”组织黑暗和腐朽的世界观形成鲜明对照。

简言之，我们正集中力量打击“基地”组织，而此时该组织的意识形态也正面临极大压力。尽管如此，“基地”组织及其分支机构和追随者仍对美国构成威胁，我们对此保持警惕。正如《国家安全战略》中所言，我们正视现实的世界，但我们也将为我们所追求的世界制订战略。本战略阐明了我们将如何赢得光明的未来，到那时“基地”组织及其分支机构和追随者会被击败，其意识形态也将面临与其创建者和领导人同样的命运。

二、国家反恐战略概览

《国家反恐战略》阐明了美国政府的反恐途径并明确了对于战略胜利至关重要的各类手段。本战略立足于以往若干战略所奠定的基础，也依赖美国政府长期坚持的诸多反恐策略。同时，本战略所勾勒的途径将比以往战略更有针对性、更为明确具体。

美国有意使用“战争”一词来描述我们针对“基地”组织的无情打击。然而，本届政府已明确表示，我们并非与恐怖主义策略或伊斯兰教作战。我们是与“基地”组织这一特定组织作战。

美国的反恐工作需要多部门和多国的共同努力，这将跨越传统的情报、军事及执法部门的职责分工。我们正在进行一项广泛而持久的综合性战役，需要运用美国权力的所有手段，包括军事、民事以及我们价值观的力量，此外，我们还需要与盟国、伙伴国及多边机构相互协调。我们还需要通过外交、发展、战略沟通以及私营部门的力量等更多样化的能力来协助这些工作。另外，行政部门仍将有大量机会与国会合作，以我们的法律和价值观为指导，进一步为反恐专家提供必要的手段与资源，使我们的工作成效最大化。

本战略的框架：本战略规划了我们的整体目标和达成目标的必要措施。它还列出了针对各地区、各领域及各组织的特定关注重点，这些地区、领域与组织对于达成瓦解、摧毁并击败“基地”组织及其分支机构和追随者、保护美国人民这一总统关注的目标至关重要。

“整体目标”部分明确了我们致力于创造的最终理想状态，而我们清楚，这一胜利需要进行统一、持续而灵活的努力。胜利同时也需要战略耐心。尽管我们可能奋斗多年也无法达到其中的某些状态，但它们依然是美国努力的目标所在。

“关注重点”意指本战略优先考虑的特定地区以及“基地”组织的分支机构。

三、我们面临的威胁

美国面临的突出安全威胁依然来自“基地”组织及其分支机构①和追随者。

《国际反恐战略》主要聚焦于那些构成“基地”组织及其分支机构和追随者的团体和个人。

定义

分支机构（affiliates）：与“基地”组织结盟的团体。

追随者（adherents）：那些与“基地”组织及其意识形态形成合作关系、或代表其行事、或受其鼓动而采取行动推进实现“基地”组织目标的个人，他们采取暴力行动，无论其针对对象是美国、美国公民或是美国利益。

① 分支机构并非一个法律术语。尽管这一概念包括“与‘基地’组织有联系的力量（Associated Forces）”，但它还包括一些团体和个人，而根据 2001 年《军事力量使用授权法案》（Authorization for the Use of Military Force），美国无权对这些团体和个人使用武力。在本战略中，使用“分支机构”这一概念，旨在反映更广泛的一类实体，美国必须在遵循法律的基础上，正确运用国家权力的各种要素来对付他们，应对他们所造成的威胁。“与‘基地’组织有联系的力量”是一个法律术语，意指“基地”组织的参战盟友或塔利班，基于 2001 年《军事力量授权法案》，美国总统有权使用武力打击他们（包括拘留他们）。——原文注

2001年9月11日恐怖袭击发生10年后的今天，美国仍在与“基地”组织作战。尽管这场冲突并非美国所愿，但我们仍然全力以赴，我们将与全世界的伙伴共同努力，瓦解、摧毁并最终击败“基地”组织及其分支机构和追随者，确保我们公民与利益的安全。

在击败“基地”组织的过程中，本·拉登之死是最有战略意义的里程碑。它消灭了“基地”组织的创建者与领导人，同时也消灭了袭击美国及其海外利益的最有影响力的鼓吹者。但是，正如总统明确指出的，本·拉登之死并不意味着我们工作的结束。它也不意味着“基地”组织的终结，该组织仍将集中力量攻击美国以及我们的海外利益。

2001年以来，美国已经与全球伙伴合作，对“基地”组织持续施加压力，我们粉碎了恐怖主义阴谋，使该组织可获得的财政支援明显减少，致使该组织领导层损失惨重。尽管我们获得多次胜利，但“基地”组织依然对美国构成直接的重大威胁。

“基地”组织密谋并实施特定的袭击，此外，它还寻求鼓动针对美国及其盟友、伙伴国的更大范围的战争冲突。为召集个人与团体以实现其目标，“基地”组织利用当地的怨愤情绪，进行利己的历史和政治宣传。它歪曲伊斯兰教义，试图以此证明其杀害穆斯林及非穆斯林无辜民众的正当性。对抗“基地”组织的意识形态是我们战略的基本要素，而全世界所有宗教的信仰者都一再明确地反对这一意识形态。

“基地”组织采取残忍的策略并大规模杀害穆斯林，这降低了它的吸引力，尽管如此，在召集个人与其他军事团体投身于其事业方面，“基地”组织还是取得了一些胜利。在其意识形态能引发共鸣的地方，那些接受“基地”组织议程的团体和个人，或是通过正式联盟、或是通过松散的分支机构、或仅仅是受其鼓动，对美国形成威胁，而这一威胁正在不断演变。分支机构运动扎根的地区已远远超出了“基地”组织核心领导层所在地阿富汗和巴基斯坦，包括中东、东非、西北非马格里布和萨赫勒地区、中亚与东南亚。尽管每个团体都是独特的，但它们都意欲推进“基地”组织的地区和全球议程，包括破坏其训练与行动所在国的稳定，打击美国和其他西方国家在该地区的利益，有时它们还密谋袭击美国本土。

信仰“基地”组织意识形态可能并不需要效忠于该组织。那些同情或积极支持“基地”组织的个人可能会受到鼓动而动用暴力，并由此形成威胁，即使他们与“基地”组织几乎没有或完全缺乏正式联系。全球通信与联系使得数百万人可以轻而易举地获悉“基地”组织诉诸暴力的号召和指令。正是因为“基地”组织的领导人在阿富汗和巴基斯坦面临重压，该组织正日益寻求鼓动其他人以其名义实施袭击行动。那些曾经企图在美国发动袭击的个人具有各式各样的背景与来历，其中包括具有不同程度海外联系的美国公民。

除“基地”组织外，尚有一些其他国家的恐怖组织威胁美国国家安全利益。这些组织正设法破坏我们盟国和伙伴国政府的安全与稳定，煽动地区冲突，进行毒品交易，或是进行其他有损美国利益的行动。无论它们是像黎巴嫩真主党或哈马斯那样在全球采取行动，还是主要在其国内行动，我们都将对其进行猛烈打击，即便我们并不将它们与“基地”组织视为一体。

四、反恐工作的指导原则

尽管威胁我们的恐怖组织并非铁板一块，但我们的反恐工作（CT efforts）将由以下核心原则来指导：坚持美国核心价值观；建立安全伙伴关系；正确运用反恐工具及能力；建设恢复力文化。

核心原则

- 坚持美国核心价值观
- 建立安全伙伴关系
- 正确运用反恐工具及能力
- 建设恢复力文化（culture of resilience）

我们将全力支持美国最为珍视的价值观，之所以如此，不仅因为这是正确的，同时也因为这样可以提升我们的安全。尊重人权、鼓励善治、尊重隐私与公民自由、致力于安全与透明以及支持法治，遵循这些核心价值观使我们能够建立广泛的国际同盟，以采取行动对付敌人造成的共同威胁，同时也能进一步降低敌人行动的合法性、孤立并削弱他们的力量。美国致力于维持有效而持久的反恐行动法律框架，将恐怖分子绳之以法，以此维护法治。对于达成反恐目标而言，美国与伙伴国的合作至关重要。即使我们认识到并努力弥补与伙伴国合作的不足，我们也要全力建设安全伙伴关系。

我们的反恐工作必须同时兼顾眼前和长远，一方面要及时采取行动保护美国人民，另一方面也要确保我们的工作与长远国家安全利益相符。我们应对中东与北非政治变革的方法表明，促进代议制和问责制的政府管理是美国外交政策的核心原则，它直接有助于实现我们的反恐目标。

与此同时，我们认识到，任何一个国家，无论它多么强大，都不可能防止所有威胁的发生。因此，我们集中力量，努力建设恢复力文化，阻止、应对所有针对美国的潜在恐怖主义行径并使美国能从这些袭击中完全恢复过来。

（一）坚持美国核心价值观

美国是建立在对一整套核心价值观的信仰基础之上的，这套价值观被载入我们的建国文献，并渗透于我们社会的方方面面。在恐怖分子实施暴行、扰乱秩序、实施破坏的地方，美国必须站出来捍卫自由、公正、平等、尊严、希望与机会。我们价值观的威力与吸引力使美国得以构建广泛的同盟，采取集体行动，对抗恐怖分子造成的共同威胁，进一步降低敌人的合法性、孤立并削弱他们。

1. 尊重人权。我们对普遍权利的尊重与“基地”组织及其分支机构和追随者以及其他恐怖组织的行径形成鲜明对比。美国积极采取行动，支持言论自由、集会和民主权利，而我们的恐怖主义对手带给人们的却是死亡与毁灭，这样的对比有助于动摇、减少恐怖分子的吸引力，使其孤立于其所依赖的人群。我们对普遍权利的尊重要求我们必须将这些权利贯彻到自身行动中。残暴而不人道的审讯方式不仅违背美国的价值观，同时也破坏了法治，而且通过这些方式并不能有效地获取应对威胁所必需的情报。我们将依靠全体人员的技巧、专业技能和专业精神这一最有效的手段，使我们从在押人员那里获取情报的能力最大化。

2. 鼓励善治。促进代议制和顺应民意的政府管理是美国外交政策的核心原则，它直接有助于实现我们的反恐目标。那些将人民的愿望置于首位并鼓励和平变革的政府直接驳斥了“基地”组织的意识形态。那些对其公民需求有所响应的政府不但会减轻民众的不满情绪，还会减少可能被“基地”组织加以利用发动恐怖活动的相关诱因。有效的政府管理将减少“基地”组织的吸引力，压缩他们的活动空间，由此降低他们的号召力，使其丧失群众基础，而后者是“基地”组织最为害怕的。

3. 尊重隐私权、公民自由和公民权利。尊重隐私权、公民自由和公民权利是我们战略的关键要素之一。事实上，维护这些权利与自由对于维系美国人民对反恐工作的支持至关重要。通过确保反恐政策与反恐手段相吻合并仅限于特定而具体的安全目标，美国将使自身安全最优化并能保护本国公民的自由。

4. 权衡安全与透明。在透明、公开讨论国家事务的环境中，民主机构运行最为顺畅。无论何时何地，只要可能，美国都将让美国人民知晓我们所面临的威胁以及为消除威胁所采取的措施等相关信息。消息灵通的美国公众是我们的力量源泉。信息能使公众在面对灾难或袭击时就自身安全做出明智判断，采取负责任的行动且具备恢复能力，并保持警惕以维护国家集体安全。然而，有时候我们必须防止一些信息的泄露，这是为了保护人员、信息来源与获取手段，同时也是为了保存我们对付恐怖分子袭击计划的能力。

5. 支持法治。对法治的承诺是我们建立秩序的基础所在。我们要建立国际、地区及当地秩序，这能使我们识别并粉碎恐怖袭击，将恐怖分子绳之以法，并在世界各国创建使恐怖分子及恐怖组织无法容身的反恐环境。

（1）维持有效而持久的反恐行动法律框架。“9·11”袭击事件后，美国政府随即需要在一个缺乏法律确定性的环境中展开打击恐怖主义威胁的行动，在这一环境中，那些建立已久的法律被运用于处理美国从未经历过的情况。从那时起，我们就已经改进并运用法律框架，以确保我们所有反恐活动和行动都具备坚实的法律基础。当我们继续前行时，我们必须确保这一法律框架有效而持久。为保持其有效性，这一框架必须既能为击败敌人提供必要的工具，同时又能保护美国人民的安全。为保证其持久性，这一框架必须能经受住法律挑战及严密审查，赢得国会、美国人民以及我们伙伴与盟友的支持。这一框架同时也必须保持足够的灵活性，能适应威胁与环境的变化。

（2）将恐怖分子绳之以法。对恐怖分子的有效起诉仍将在美国反恐工作中发挥重要作用，它能使美国粉碎、慑阻恐怖活动；从那些被美国合法拘留羁押的人员中获取情报；通过监禁骨干成员及有经验的恐怖分子以瓦解恐怖组织；通过起诉那些密谋实施或参与实施袭击者而实现法律正义。如果其他国家不愿或不能在其国境内采取行动对付那些威胁美国的恐怖分子，这些恐怖分子应该移交美国关押并在美国的民事法庭或特别军事法庭接受审判。

（二）建立安全伙伴关系

美国独自一国无法消灭所有威胁我们安全、稳定或利益的恐怖分子或恐怖组织。因此，我们必须与重要伙伴及盟友合作，共担共同安全这一重担。

1. 接受程度不一的伙伴关系。美国正与伙伴国一道从事着各类合作反恐活动，从情报分享到联合训练与行动，从打击激进分子到实施社区恢复力计划。美国最佳的合作伙伴是那些与我们享有共同价值观、拥有相似民主制度并长期进行安全合作的国家。我们与这些伙伴国在其他安全机制中所建立的合作习惯已相对顺畅、高效地转化到反恐合作中。

但有时我们必须和另一些国家合作，这些国家除了意欲击败“基地”组织及其分支机构和追随者这一点之外，与美国几乎没有共通之处。这些伙伴可能与美国的价值观不同，甚至也不认同我们对于地区及全球安全的看法。然而，培养建立与这些伙伴国合作反恐的习惯和模式是我们的利益所在，我们必须努力推动这些国家在实现反恐目标的方向上前进，同时在支持人权和善治等价值观上以身作则。此外，如果这些伙伴国能向这些原则靠拢，他们最终将会更稳定、更成功。

2. 利用多边制度。为打击在全球多国开展活动的暴力极端分子，美国正利用国际、地区及次地区的多边制度资源并强化这些多边制度的活动。与这些制度配合并通过这些制度，美国能获得多重收益：加大伙伴国参与力度，减少美国财政负担，通过以非单边主义实现目标的方式增加我们反恐工作的合法性。美国致力于以完善并加强当前多边反恐工作的方式来强化全球反恐架构。在此过程中，鉴于许多伙伴国能力有限，无法充分参与过多的多边论坛，因此我们力求避免重复工作或削弱我们自身或伙伴国的努力。

（三）合理运用反恐工具及能力

鉴于来自“基地”组织及其分支机构和追随者的威胁依然处于演变之中，美国必须继续评估所使用的工具与能力，确保我们工作的合理性，使其符合美国的法律、价值观与长期战略目标。

1. 开展“政府一盘棋”工作。为了在战术及战略两个层面上获得胜利，我们必须开展快速、协调而有效的反恐工作，这一工作将能体现我们整个政府的全部能力与资源。正是出于这一考虑，本战略整合了所有部门和机构的能力与职权，确保以符合美国法律的方式在正确的时间、正确的场合使用正确的手段。

2. 平衡近期与长期反恐考虑。我们必须彻底击败“基地”组织及其分支机构和追随者，但又不能削弱我们打击“基地”组织意识形态的能力。我们必须以一种深思熟虑的、合理且相称的方式行使权力以对抗恐怖威胁，在提升美国安全的同时也能削弱恐怖分子行为的合法性。美国必须始终小心权衡采取行动与不采取行动的成本与风险，要认识到某些战术上的胜利可能导致意想不到的后果，而这些后果有时会增加战略层面的成本。

（四）建设恢复力文化

为达成我们的反恐目标，我们还必须创建一种应急准备与恢复力文化[①]，这将使我们能够阻止所有针对美国的潜在恐怖行径，或在

① 2011年5月发布的第8号总统政策指令中更为详细地阐述了建设恢复力文化的原则。这一总统政策指令旨在通过系统准备以应对包括恐怖主义活动、网络袭击、流行性疾病及自然灾难在内的、对国家安全构成最大风险的威胁，从而增强美国的安全和恢复力。——原文注

必要时对这些行径作出反应并能成功恢复元气。

构建恢复力的基本构成要素。“基地”组织相信，通过恐怖袭击造成美国经济及心理创伤，能导致美国改变外交政策及国家安全政策。因此，挫败“基地”组织在某种程度上就意味着，我们要展示出美国已经并将继续构建有效的防御以保护我们的重要资产，无论它们是关键的基础设施、典型的国家地标建筑，或是我们的人民，其中人民是最重要的资产。将美国打造成一个“加固”目标的做法不大可能使“基地”组织及其分支机构和追随者放弃恐怖主义，但它能慑阻他们对于某些特定目标的袭击，或使他们相信其努力不可能成功。通过向“基地”组织展示美国拥有个人、社区及经济力量去承受人为或自然灾难并实现重建和恢复，美国还能增强其集体恢复力。

五、我们的整体目标

以我们的核心原则作为工作的基石，美国旨在达成 8 项整体目标。总的来说，这些理想的目标状态为美国胜利完成全球反恐任务明确了框架。

第一，保护美国人民、本土及美国利益。总统及美国政府至高无上的职责在于保护本土和海外的美国人民。这包括，消除美国民众面临的人身安全威胁，打击那些破坏全球和平与安全的威胁，促进并保护美国在全球的利益。

第二，瓦解、削弱、摧毁并击败“基地”组织及其分支机构和追随者。除非袭击威胁被消除，即“基地”组织骨干与团体丧失能力，其信息归于无效，否则，美国人民和美国利益的安全无从谈起。

第三，阻止恐怖分子发展、获取并使用大规模杀伤性武器。核恐怖主义的危险是全球安全面临的最大威胁。包括“基地”组织在内的恐怖组织，已经着力发展、获取大规模杀伤性武器，一旦得逞，他们将可能使用这些武器。因此，美国将与全球各伙伴国合作，慑止大规模杀伤性武器被盗、走私及用于恐怖主义；集中打击并瓦解涉及大规模杀伤性武器相关活动的恐怖主义网络；确保核、生、化材料的安全；阻止大规模杀伤性武器原料的非法贸易；为防扩散多边组织提供它们有效行动所必需的资源、能力及权力；深化国际合作，强化相关机制和伙伴关系以阻止大规模杀伤性武器及核材料落入恐怖分子之手。如欲成功，我们必须在上述领域与国际社会通力合作，同时还要采取与威胁相称的安全措施，强化打击走私措施并确保这些努力能持续有效。

第四，消除恐怖主义的庇护地。“基地”组织及其分支机构和追随者藏身于那些缺乏管理或管理不善的地区。这些地区缺乏政府管控，恐怖分子可以来去自由、展开训练并实施密谋策划。美国将与外国伙伴密切协调，通过强化双边努力以防止“基地”组织利用这些缺乏管理地区，从而继续夺取并压缩“基地”组织的活动空间。对于其弱点被“基地”组织所利用的国家，我们还将强化其决心和能力。一些地区长期处于不安全与混乱状态，这会削弱美国加强政治接触、进行能力建设及提供协助的努力，并由此加剧混乱与不安全状态。我们面临的挑战在于，打破国家失败（state failure）循环，压缩恐怖分子网络可获得的生存空间。

第五，建设持久的反恐伙伴关系与能力。外国伙伴对于我们反恐工作的胜利至关重要。这些国家自身常常是恐怖威胁的目标，它们因此处于反恐前线。美国将继续依靠并利用外国伙伴的能力，即使这看来只是增强它国能力，鼓舞它国士气。为了实现我们的目标，伙伴国必须展现其独立行动的意愿与能力，凭借其在本国、本地区的独特洞察力与能力，增强并完善美国反恐工作。在对威胁与共同目标秉持同样理念的基础上，建设强大而持久的伙伴关系，这对我们每一项整体反恐目标都至关重要。在特定情形下，协助伙伴国改善并扩展其统治也非常关键，这包括强化法治，以便在受尊敬的、透明的体系内将恐怖嫌犯绳之以法。成功取决于我们与伙伴国双边合作的能力，为此我们必须深化地区一体化，充分利用多边制度与国际制度。

第六，削弱“基地”组织与其分支机构和追随者之间的联系。“基地”组织在巴基斯坦的高层领导继续通过正式或非正式的联盟，利用当地及地区的分支机构以及全球的追随者以推进其全球议程。“基地”组织利用当地怨愤情绪，招募新成员，拓展活动领域，动摇当地政府的统治，巩固其庇护地——“基地”组织及其他潜在的恐怖团体从这些藏身之处展开行动并袭击美国。与伙伴国一道，我们将削弱“基地”组织在当地及地区的分支机构与追随者的能力，监视他们与“基地”组织领导人的通讯联络，使这些组织团体与其支持基础之间产生裂痕，将“基地”组织与当地和地区的分支机构与追随者隔离，而这些机构与追随者会增强“基地”组织的能力并推进其议程。

第七，打击“基地”组织意识形态及其影响，消除被“基地”组织所利用的特定暴力动因。本战略优先考虑的是，美国及其伙伴国要努力消除“基地”组织编造出的暴力合法性，削弱“基地”组织传播意识形态的努力。正如我们在中东与北非所见，“基地”组织号召以持续的暴力对付长期不公，但面对通过扩展的个人权利来寻求解决方案的非暴力运动，这一号召已经遭到毁灭性的打击。我们将与拥有不同宗教、不同文化传统的大多数民众一道，致力于创建这样一个世界：在其中，人们公开并普遍拒绝将“基地”组织与自身的渴望和关切相联系，“基地”组织的意识形态不会塑造人们对世界和当地事件的认识，不会煽动暴力，也不会成为该组织或追随者的招募工具。尽管达成这一目标可能需要长期的共同努力，但我们必须继续集中力量应对那些近期挑战，防止那些已处于边缘的个人接受“基地”组织的意识形态并采取暴力行动。我们将与当地及全球伙伴国在政府内外展开密切合作，使“基地”组织意识形态不为人所相信，削弱其影响力。我们将提出与外国公众进行接触并支持普世权利的积极构想，这一构想表明美国意在建设而“基地”组织一心只想毁灭。我们将在海外有针对性地使用外国援助与发展援助。同时，我们将在国内外继续协助、接触、联系各类团体以提高其集体恢复力。这些工作将进一步筑牢我们的堡垒，使我们能应对以“基地”组织名义实施的极端行为、招募活动与暴力动员，同时，这些工作将特别聚焦于那些已知的、被“基地”组织所利用的动因。

第八，使恐怖分子丧失活动手段。“基地”组织及其分支机构和追随者继续从波斯湾地区捐助者那里获得重要财政支持，在其他地方他们则通过绑架勒索以及利用或控制当地经济的盈利要素来获取大量资金。恐怖分子不仅在财政方面获得助力，而且在转移新、老成员、采购并运输物资、电子与非电子通讯等方面也获得很多帮助。美国将与全球伙伴国合作，强化我们的集体能力，识别那些有经验的恐怖分子，阻止这些人员与补给物资在各国境内或跨境流动。我们将继续拓展工作领域，提高工作质量，阻止资金流向恐怖组织或在恐怖组织之间流动，我们还将打击为恐怖分子提供帮助与支持的活动，对违反者实施制裁或提起诉讼以劝阻其他人。我们还将继续集中力量打击绑架勒索行动，这种行动已成为“基地”组织及其分支机构和追随者日益重要的资金来源。通过外交努力，我们将继续鼓励各国，尤其是欧洲国家采取相应政策，防止向绑架者妥协，同时我们将单独或与伙伴一道利用特定宣传以使此种人质绑架事件丧失合法性。大众媒体，特别是互联网，已经成为恐怖分子实施策划、提供便利、进行通讯的有效手段，我们将继续打击恐怖分子利用这些手段的能力。

六、我们的关注重点

为了完成上述整体目标，我们的工作必须有轻重缓急之分并具有针对性，为此，本战略更为详细而具体地明确了我们的关注重点。视当地情况而制订的反恐目标，例如，要消除那些被“基地”组织用以刺激、招募和鼓动人们实施暴力的特定动因及不公现象，最适宜根据不同地区和特定团体的情况予以实现。

（一）本土

过去10年，美国反恐工作的重点主要是防止“基地”组织对美国本土再次发动直接袭击。这包括，破坏“基地”组织的阴谋，以及通过削减“基地”组织庇护地的规模与安全性以抑制其策划袭击并开展训练的能力。旨在保护本土的进攻行动与同样强有力的防御工作相得益彰，后者阻止恐怖分子进入美国或在美国境内自由行动。为了支持防御工作，我们已在航空、海事、边境安全能力建设以及信息共享上进行了大量投资，以使美国变得更为坚实牢固，恐怖分子对美国的渗透更为困难。

这些工作必须继续下去。我们知道“基地”组织及其分支机构试图继续在海外寻找有经验的恐怖分子，寻求能避开美国防御措施的新袭击方法。同时，那些由海外指导或策划的阴谋并非我们所面临的唯一威胁。那些与“基地”组织没有直接联系但却受其鼓动的个人，他们已经卷入了美国本土的恐怖主义活动。其他人可能也试图效法，因此我们必须保持警惕。

我们认识到，美国本土的行动环境迥异于其他任何国家或地区。首先，美国可以行使最有效的控制并能全力发挥美国法律制度的力量，可以利用法律的强制实施力以及本土安全机构的能力，侦测、瓦解并击败恐怖威胁。第二，在本土，对于联邦政府的反恐工作而言，各州、各地及各宗族的资源与能力是强大的力量倍增器。

整合并协调联邦、州、地方及宗族的工作依然是一个挑战。随着威胁的继续演变，我们抵御这些威胁的努力也必须相应发展。

美国将广泛地依赖一系列的手段与能力，它们对于我们侦测、瓦解并击败那些袭击本土的阴谋至关重要，即便这些手段与能力并非全都专为反恐目的而开发。这类手段包括：与边境保护和安全相关的能力；航空安全与检查；空天控制；海事/港口安全；货物安全；网络安全；核、放射性、生物、化学物质以及侦测其非法使用的能力；生物统计；关键基础设施的保护；部队防护；各类灾难应急准备；社区参与；以及各级执法机构的信息共享。

我们正致力于运用上述的诸多能力，在本土社区内进行恢复力建设，防止民众因“基地”组织的鼓动而变得激进极端，防止他们被招募、动员而实施暴力。我们与社区的接触以及与它们的伙伴关系日益增强，这有助于防止它们受到“基地”组织及其分支机构和追随者的影响，但是我们仍然必须确保继续介入社区的所有关切与利益。正因为我们在美国所面临的恐怖威胁是多样的，无法简单归结到某个组织或团体上，所以我们的反恐工作也决不能千篇一律。我们应支持社区领导人及在当地有影响力的利益攸关者针对其特定环境提出解决方案，这是我们“政府一盘”棋途径的关键构成，而“政府一盘棋”途径有利于我们反恐目标的实现。随着我们对社区、州、地方政府及整个联邦政府的支持工作的改进，我们将继续使成功的实践机制化并在合适的地方提供建议和指导，以阻止“基地”组织所鼓动的激进化。

尽管本战略主要聚焦于那些与“基地”组织相联系的、或受其鼓动而产生的威胁，但是，对于那些被评估为构成潜在恐怖威胁的外国及国内团体和个人，包括那些为推动其海外议程而在美国国内行动、开展活动的团体和个人，我们也需要继续严密监视。我们必须警惕所有以海外为基地但针对本土的威胁，就如同我们必须警惕那些以美国为基地的恐怖活动一样，无论它们是针对国内或是阴谋袭击海外目标。

为了确保我们能不断克服反恐系统中的缺陷或弱点，在每次袭击图谋发生后，总统会迅速下令展开全面评估并采取补救行动。在发生福德堡（Fort Hood）惨剧、飞往底特律航班爆炸未遂案以及时代广场爆炸案之后，我们已经采取了无数措施，力图解决政府内部信息共享不足，加强情报分析与整合，提升航空安全。航空安全的提升措施包括实施新的基于威胁的实时监控政策以监控所有飞抵美国的国际航班。这些评估以及随后采取的补救行动有必要成为我们反恐工作的常态性特征。

（二）南亚："基地"组织及其分支机构和追随者

"9·11"袭击之后，有一点已非常明确，即美国需要消灭"基地"组织的庇护地，使其无法从庇护地发动针对美国及其盟友的袭击。现在我们正集中力量摧毁"基地"组织在巴基斯坦的庇护地，与此同时我们也在削弱塔利班力量并组建阿富汗安全部队，使阿富汗永远不再成为"基地"组织的庇护地。

位于巴基斯坦联邦政府管辖部落区（Federally Administered Tribal Areas，FATA）的行动基地，"基地"组织仍然对美国本土及利益、巴基斯坦、阿富汗、印度、欧洲以及其他可能目标（targets of opportunity）构成持续威胁，而且这一威胁正在演进。我们对位于巴基斯坦的"基地"组织持续施加压力，特别是2008年以来，我们已经迫使该组织的指挥结构经历了自2001年以来最重大的变化，将"基地"组织逼上灭亡之路。尽管遭受了这些损失，"基地"组织正在进行调整适应。"基地"组织正利用其庇护地，继续策划袭击并进行宣传；与地区及海外分支机构和行动小组进行联络并传达指令；提出后勤和财政支持要求；为新加入成员提供训练和指导，其中有些人员来自美国和其他西方国家。

对于我们的全球反恐工作而言，我们在巴基斯坦的反恐工作意义深远。“基地”组织仍然利用其庇护地，与其分支机构和追随者保持通讯联系，号召他们为实现“基地”组织意识形态目标而使用暴力。因此，有效摧毁以巴基斯坦为基地的“基地”组织，将不会消除对美国的威胁，因为我们可能长期面临来自业已受训的恐怖分子的威胁，同时也面临那些来自南亚与世界其他地区“基地”组织分支机构和追随者的威胁。在2009年和2010年，我们粉碎了若干恐怖袭击，包括2009年12月25日阿拉伯半岛“基地”组织参与的航空爆炸未遂事件以及2010年5月1日巴基斯坦塔利班运动（Tehrik-e Tliban Pakistan）卷入的时代广场袭击未遂事件，这些袭击事件表明，扩张的、更多元的恐怖组织网络决心集中力量坚持在其当地环境之外地区开展行动，即使“基地”组织在阿富汗—巴基斯坦战场终将被击败。本战略的其他关注重点将提出应对这些“基地”组织分支机构和追随者的方法。

我们在巴基斯坦的工作重心仍将是与巴基斯坦政府联合开展一系列活动，加快打击“基地”组织及其分支机构关键目标的胜利步伐，扩展成功的范围。任何单一事件，即使是本·拉登这一“基地”组织迄今所知的唯一领导人之死，都不可能导致该组织的实际瓦解。因此我们有必要对“基地”组织继续保持高压态势。因此，美国的反恐活动重心是与我们的伙伴国合作，确保对“基地”组织领导结构、指挥与控制、组织能力、支持网络及基础结构的削弱速度快于其恢复速度，同时也要进一步压缩“基地”组织的庇护地，阻止其向巴基斯坦其他地区退却。

我们只有通过与巴基斯坦的持续合作才能击败“基地”组织。只有通过在当地持续部署打击“基地”组织的力量，才能消除“基地”组织赖以维持其庇护地并获得再生的基本条件，其中包括“基地”组织利用与其参战盟友关系的能力。面对“基地”组织及其以巴基斯坦为基地的盟友日益猖獗的暴行，巴基斯坦已决心参战，但是，击败巴基斯坦和阿富汗的“基地”组织需要巴美在政治、军事、经济等更多领域加强战略合作。

在阿富汗，美国军队与北约国际安全援助部队正致力于阻止“基地”组织重返该国并摧毁所有有能力策划并发动跨国恐怖袭击的当地恐怖主义网络。美国与北约国际安全援助部队努力削弱塔利班，支持阿富汗政府，强化阿富汗军事和民事机构保护平民并有效治理该国的能力，这些工作也将有助于保护我们的本土及实现我们在南亚的反恐目标。

即使我们在阿富汗—巴基斯坦战场彻底消灭了“基地”组织，一个扩大了的多元化恐怖组织网络可能依然存在，该网络主要致力于袭击当地环境之外的地区。在南亚，“虔诚军”（Lashkar-e Tayyiba，LT）对印度、美国及其他西方国家在本地区及潜在的其他地区的利益构成重大恐怖威胁，这一组织对 2008 年孟买骚乱事件负责，那场骚乱导致 100 多人死亡，其中有 6 名美国人。美国针对“虔诚军”的反恐工作重点将依然是，确保该组织无法实施或支持有损美国利益或地区稳定的行动，包括阻止其加剧巴印紧张关系。我们对付虔诚军的诸多工作，其核心将依然是与南亚、欧洲、波斯湾等地区的伙伴国合作，使其具备并强化其打击虔诚军及其实施的恐怖活动的决心与能力。

（三）阿拉伯半岛：“基地”组织及阿拉伯半岛“基地”组织

美国在阿拉伯半岛面临两大反恐挑战，即阿拉伯半岛“基地”组织（Al-Qa'ida in the Arabian Peninsula，AQAP）所形成的直接威胁以及这一地区个人和慈善团体对“基地”组织及其全球分支机构和追随者的大量资金支持。

为应对这两大挑战，我们将主要依靠沙特、阿联酋、科威特、巴林、阿曼、也门及在该地区的其他伙伴发挥主导作用，美国则提供支持和协助。我们在阿拉伯半岛的反恐工作是我们在该地区整体战略的一部分，这一整体战略还包括其他目标，如促进负责任治理、尊重公民权利，这些都将能降低“基地”组织的影响力和适用性。

1. 阿拉伯半岛“基地”组织。美国面临来自以也门为基地的阿拉伯半岛“基地”组织的持续威胁，这一组织已显现出策划袭击美国本土与美国伙伴国的意图与能力。也门身处前所未有的安全、政治、经济挑战相交织的局势之中，正奋力遏制阿拉伯半岛“基地”组织。也门不稳定的局势已对美国产生了直接影响。即使当我们努力支持也门的稳定与也门人民的愿望时，我们在该地区反恐工作最优先的考虑事项依然是击败阿拉伯半岛“基地”组织，我们将继续利用并强化伙伴关系以达到这一目的。

我们在也门的反恐工作将植根于更广泛的努力之中，这就是稳定也门，防止国家失败。该国的混乱与失败将对美国及半岛地区造成巨大的不利影响。美国正与地区及国际伙伴合作，促进实施若干政治与经济发展计划，这些计划旨在消除那些使也门成为阿拉伯半岛“基地”组织庇护地的基本条件。这些更为广泛的工作是对反恐计划的补充完善，那些反恐计划仅仅聚焦于也门安全部队的能力建设，力图使他们仅在美国有限参与下，最终也能瓦解、摧毁并击败阿拉伯半岛“基地”组织。

2. 对恐怖分子的资助。阿拉伯半岛仍然是“基地”组织及其全球分支机构和追随者最重要的资金支持来源。尽管我们的一些海湾伙伴，特别是沙特、阿联酋等国，已经在瓦解恐怖分子的财政支持网络方面取得了重大进展。该地区其他国家尚未作出同样的政治承诺，即优先采取行动打击“基地”组织恐怖分子筹措资金活动，因此，相对而言，这些国家的环境仍然容许“基地”组织的资助者和协助者开展行动。美国将继续着重摧毁恐怖分子，尤其是“基地”组织及其分支机构和追随者获取财政支持的途径。我们将努力推进上述国家采取强化的单边行动并与美国进行更密切的合作，同时我们也将继续保持采取单边行动的能力。

（四）东非：东非“基地”组织与索马里青年党

我们在东非的战略重点是消灭“基地”组织的主要分支，同时建设该地区各国与地方政府能力，使其能对抗“基地”组织的支持者以及那些造成不稳定的人，而正是这种不稳定使得跨国恐怖威胁得以延续。

这二三十年来，索马里混乱与动荡的政治形势已对东非的安全环境构成了挑战，削弱了地区稳定，引发了人道主义救援问题，而这一问题可能会延续到未来。部分源于持续的不稳定与无序，美国在东非面临危及我们人民、利益及盟友的恐怖主义敌人。

根据当前“基地”组织袭击意图的明确迹象，美国反恐重点仍然是“基地”组织的主要分支。在索马里青年党中的“基地”组织势力正日益领导青年党，形成地区威胁，他们与其他“基地”组织分支机构的跨地区联系日益增强，其中一些人野心日增，意欲更积极地参与“基地”组织煽动的暴力活动。受“基地”组织分支的影响，青年党在索马里叛乱中已经采取恐怖主义战术，为了推进叛乱活动、推进“基地”组织议程或二者兼顾，该组织可能会在索马里以外的东非地区发动袭击——正如在乌干达所发生的那样，同时，他们也可能在东非地区外发动袭击。

（五）欧洲

欧洲仍然是“基地”组织及其分支机构和追随者的目标，同时也是恐怖分子袭击美国本土的潜在通道。反复发生的袭击企图，如2004年在马德里、2005年和2006年在伦敦以及2007年在苏格兰和德国发生的袭击事件，表明“基地”组织及其分支机构和追随者依然主要是在欧洲发动攻击。尽管近年来，大量在欧洲密谋袭击欧洲国家的个人已遭逮捕，但是，“基地”组织及其分支机构和追随者仍将继续在欧洲维持并建设其基础结构，这一基础结构将能为未来的恐怖袭击策划、后勤支援及筹款活动提供支持。欧洲还面临那些因“基地”组织暴力意识形态煽动而变得极端化的个人的威胁，即便这些人员与“基地”组织或其分支机构缺乏正式从属关系或并不接受这些组织机构的行动指导。

我们在欧洲反恐工作的基础仍然是我们强大而持久的伙伴关系网络。我们的大多数欧洲盟友都怀有强烈的反恐意愿，拥有在其境内对付恐怖威胁的能力，有鉴于此，我们的主要作用可能仍将是提供咨询和支援协助。然而，在能力建设需要的情形下，我们将与东道国紧密合作，提高其反恐效率。此外，美国将继续与欧洲议会和欧盟合作，维持并促进反恐工作，提供双边安全，保护所有国家的公民并同时维护个人权利。在欧洲以外的相关地区，美国与特定的欧洲盟友将继续强化反恐伙伴关系，而这一关系是建立在对威胁的共同认识及利用比较优势而进行积极合作以遏制、削弱威胁的基础之上。这些联合努力的重点主要在于，建设南亚、非洲及阿拉伯半岛关键国家的决心与能力。

（六）伊拉克：伊拉克“基地”组织

过去数年伊拉克局势动荡，伊拉克“基地”组织（Al-Qa’ida in Iraq，AQI）之类的团体借机到处引发混乱与教派冲突。目前，伊拉克安全和政治局势正在改善。鉴于伊拉克“基地”组织不仅对稳定构成威胁，同时也威胁我们的军队，因此伊拉克“基地”组织依然是美国在伊拉克反恐工作的重点所在。此外，伊拉克“基地”组织仍阴谋袭击美国在当地及其他地区的利益。

以伊拉克人为主导的反恐行动已经摧毁了伊拉克“基地”组织前高级领导层，但新领导人已经控制该组织，这一组织继续高调实施袭击行动。我们的反恐目标是，建设伊拉克的反恐能力以击败伊拉克“基地”组织，使伊拉克实现持久和平和安全。腐败问题以及并不足以处理在押恐怖分子的司法和监狱系统仍将继续困扰伊拉克的安全力量，因此，我们的反恐工作必须能应对这些不足。我们将继续监视伊拉克“基地”组织，防止其死灰复燃，阻止该组织利用其依然庞大的合作网络，这一网络覆盖本地区并包括那些在美国的合作者。

（七）马格里布及萨赫勒地区：伊斯兰马格里布地区“基地”组织

伊斯兰马格里布地区“基地”组织（Al-Qa'ida in the Lands of the Islamic Maghreb，AQIM）根植于阿尔及利亚，但近年来已将其重心南移，它在马里北部获得某种程度的庇护并利用萨赫勒前线国家有限的反恐能力。在这一基地，该组织已培训了来自诸如“尼日利亚博科圣地”（Nigerian-based Boko Haram）等其他同盟组织的战斗人员，而且毫无疑问，它正寻求利用北非的不稳定以拓展它的范围以及武器获取和人员招募渠道。伊斯兰马格里布地区“基地”组织通常为了索要赎金或交换囚犯而对西方人明目张胆地实施绑架，这威胁到了该地区的西方游客，为该组织提供了大量现金以支持其恐怖活动，同时也为其他“基地”组织分支机构和追随者的潜在恐怖活动提供资金。这一组织已对美国和西方公民和利益发动过袭击，它曾于2009年在毛里塔尼亚的努瓦克肖特（Nouakchott）杀害一名美国人并将这一地区的其他美国人员和机构列为袭击目标。

美国针对伊斯兰马格里布地区“基地”组织的反恐工作必须利用更广泛的美国地区战略并与这一战略相融合，尤其是因为无法仅仅通过传统的反恐手段根除伊斯兰马格里布地区“基地”组织。长期的美国能力建设计划支持诸多可能对抗伊斯兰马格里布地区“基地”组织的一线和二线国家。但是现在美国在该地区的公民和利益正遭受这一组织的威胁，因此我们必须开展近期工作，有时还须采取更有针对性的、能直接打击伊斯兰马格里布地区“基地”组织及其主要分支的方法。我们必须积极工作，遏制、打击、瓦解并摧毁伊斯兰马格里布地区“基地”组织，这是击败该组织进程中的合理步骤。在适当的情形下，美国将运用反恐手段，考虑地区各种相互作用的力量和各种观点认识，考虑包括当地政府与欧洲盟友在内的地区伙伴的行动与能力，权衡所采用方法的成本与收益。我们还将致力于努力促进打击伊斯兰马格里布地区“基地”组织的地区合作，尤其是阿尔及利亚与毛里塔尼亚、马里、尼日尔等萨赫勒国家之间的合作，将其视为战略的基本构成要素，而这一战略将聚焦于瓦解一个高度灵活机动的组织，该组织正充分利用地区安全和治理的不足之处。

（八）东南亚：“基地”组织及其分支机构和追随者

由于本地区关键国家已取得重大反恐胜利并对本地区最致命的恐怖组织有效施压，近年来，东南亚的反恐工作取得令人瞩目的进展。尽管取得了这种种成就，对于那些怀有与“基地”组织同样意识形态和野心的当地恐怖组织而言，东南亚地区仍然是潜在的肥沃土壤。美国的工作旨在确保该地区的恐怖组织对美国本土的威胁保持在较低水平，同时确保那些关键的伙伴国具备继续消除“基地”组织威胁的能力。

正如在其他地区一样，我们的反恐战略融于一个整体战略之中，这一整体战略深化了美国与东南亚的经济、政治接触，从而促进该地区的和平、繁荣与民主。本战略的重要出发点在于，东南亚各国和人民有责任应对该地区恐怖分子带来的挑战。我们随时准备协助该地区那些坚持对抗“基地”组织及其分支机构和追随者的政府继续进行能力建设。我们已经与该地区的印度尼西亚、菲律宾、新加坡、泰国、澳大利亚等关键国家建立了强大的双边反恐关系网络。上述所有这些国家将与其他重要地区事务参与者一道，确保恐怖主义威胁未来不至死灰复燃并迫使“基地”组织高层领导在东南亚以外地区寻求资源、支持和潜在庇护地。

（九）中亚：“基地”组织及其分支机构和追随者

美国并没有面临来自中亚的直接恐怖威胁，但在维护支援阿富汗军事行动的美国后勤基础设施安全、维持关键战略设施以及防止“基地”组织将中亚作为庇护地等方面，美国拥有利益。我们仍将警惕地区的各种警示征兆，继续支持当地工作，确保中亚恐怖组织对美国及其盟友利益所构成的威胁保持在较低水平。

（十）信息和观念：“基地”组织的意识形态、讯息传递与影响

21 世纪信息和观念的分享平台是全球性的，“基地”组织及其分支机构和追随者试图利用遍布世界的媒体和通讯系统。无论是在传统媒体或是网络空间领域，一项成功的美国战略将立足于削弱、抑制“基地”组织意识形态，同时要消除那些使其成为暴力的催化剂和合法理由的特定因素。我们还必须勾勒出与全世界穆斯林团体接触的积极构想，由此将我们致力于构建的未来构想与“基地”组织着力要毁灭的形成鲜明对比。

尽管本战略的其他关注重点凸显了美国在打击“基地”组织及其分支机构和追随者的反恐工作中的重点地区，本领域强调了全球信息和观念环境的重要性，这一环境常常涉及那些需要专业反恐方法加以应对的独特挑战。

在全球信息环境中，那些在国内鼓吹或试图实施暴力的“基地”组织追随者受到源于国外的“基地”组织意识形态和讯息传递的影响，而那些试图在国外进行恐怖活动的人员则常常引证美国国内事件和政策。与此同时，包括那些“基地”组织宣传对象在内的人们，他们是居住在当地的环境中，深受当地事件、媒体和利害关系的影响。

在信息和观念的竞技场上，我们必须同时兼顾全球与当地，利用直接与间接的通讯技术和方法。我们将继续明确指出，美国现在不是且永远也不会与伊斯兰作战。我们将着眼于瓦解“基地”组织在各类媒体上传递讯息的能力，挑战其主张及行为的合法性和正确性，促使人们更好地理解美国的政策及行动，使人们更好地认识到“基地”组织构想之外的其他选择。我们还将致力于增强那些积极且有影响力的讯息，它们能削弱“基地”组织及其行动的合法性并与其世界观相竞争。有时我们可能通过人与人之间的接触来传播我们的观念与讯息，其他时候则可能通过社会媒体力量，但在所有时候我们都将通过行为来传递讯息。

七、需要关注的其他恐怖主义问题

尽管“基地”组织是我们战略及战术反恐的最优先考虑事项，但其他那些已被列举的恐怖组织也对美国的战略利益构成重大威胁。黎巴嫩真主党、哈马斯、哥伦比亚革命武装力量仍反对美国外交政策，他们是地区的不稳定因素，危及遍及全球的美国公民、设施及盟友，对美国的战略利益构成重大威胁。即便当他们的恐怖活动并不直接针对美国，上述任一组织在其活动的关键地区薄弱地带所成功实施的恐怖行动都将增加地区冲突的可能性。我们仍将致力于了解掌握这些组织的意图和能力，与我们的伙伴共同努力，粉碎那些对地区和国际安全以及我国国家安全目标构成威胁的恐怖行动及相关活动。除却“基地”组织及其分支机构和追随者所构成的威胁外，美国公民和利益有时还会面临来自美国本土和全球的其他暴力团体的威胁。我们将继续时刻警惕这些威胁，定期向美国人民发布当地风险建议。

伊朗和叙利亚仍然是恐怖主义的积极资助者，这些国家向发动恐怖袭击、削弱地区稳定性的组织提供支持，我们将继续致力于反对这些支持。

八、结语

我们的《国家反恐战略》既有延续又有变革。作为一个社会，我们一直坚持我们一贯的生活，我们满怀信心和决心并拥有足够的恢复能力，因为我们深知对“基地”组织的战争最终必胜无疑。在“9·11”袭击发生后的这10年，作为政府，我们在执行反恐任务时变得更加有效，而我们的胜利主要体现在，有一大批国家参与对抗“基地”组织的战斗并进行了大量的力量部署。事实上，因为“基地”组织及其分支机构和追随者的计划被破坏、能力被削弱、组织被瓦解，所以他们最能清楚地意识到我们有效性的提高。本·拉登死后的数周里，“基地”组织挣扎着寻找立足点，它面临来自领导层面和组织层面的现实挑战，它的适应与改变能力遭受前所未有的考验，这些事实已非常明显。

尽管我们将继续推行那些在近年削弱“基地”组织行动中被证明是行之有效的反恐战略构成要素，但同时我们也必须随时准备调整战略以应对那些变化的威胁，而这些威胁之所以变化，部分是源于我们的成功。毫无疑问，“基地”组织已被削弱，因力量不足，它已号召那些仅通过其意识形态而知晓该组织的个人以“基地”组织名义实施暴力行动。在本战略中，我们已加倍努力，在削弱“基地”组织理念影响力的同时，消除那些被“基地”组织利用来招募、动员新一代恐怖分子的特定暴力动因。在我们的系统反恐行动继续瓦解巴基斯坦和阿富汗的“基地”组织核心之际，我们已拓展本战略的行动重点，我们明确指出必须采取特定方法来打击外围地区的“基地”组织分支机构和追随者，无论他们是建立在也门或在索马里的分支组织，还是那些受到鼓动以“基地”组织名义实施暴力的美国本土个人追随者。尽管我们的努力以及我们伙伴国的努力已经取得无可否认的反恐成就，使我们在本土免受恐怖袭击，然而我们必须继续警惕那些依然存在的威胁。当一些威胁被消除时，其他威胁已经浮现，相应地，当我们反恐途径的某些方面保持不变时，其他方面已经发生变化。本战略向我们的朋友、伙伴及恐怖主义敌人郑重宣誓：这就是我们击败“基地”组织及其分支机构和追随者的行动计划。击败他们是我们追求的结果，事实上也是我们能接受的唯一结果。

（译者：解放军外国语学院副教授　唐笑虹）

美国国防部《网络空间行动战略》*

2011 年 7 月

一、前言

网络安全威胁是我国在国家安全、公共安全和经济领域所面临的最为严重的挑战之一。

——《2010 年国家安全战略》

网络空间是现代生活的重要标志，世界各地的个人和团体正借助它了解彼此、相互联系并组织管理。从 2000—2010 年，全球互联网用户从 3.6 亿上升为 20 亿。随着这一数字的持续攀升，网络空间将日益成为人们日常生活中必不可少的部分。

美国和国际商家利用网络空间交换商品和服务，实现了资产在全球的快速流动。在促进其他领域贸易活动的同时，网络空间本身也成为全球经济的重要领域。它不仅孕育了新型的企业和社交网络，还促进了科技进步和自由言论的传播，这既推动了我国的经济发展，又体现了我国的基本原则。美国关键性基础设施的安全和有效运作，有赖于网络空间、工业控制系统和信息技术，但它们却极易遭受外

* 原文出自 http：//www. defense. gov/news/d20110714cyber. pdf。

界破坏和非法入侵。这些基础设施包括能源、通信、银行金融、交通运输和国防工业基地。

国防部和美国政府其他部门都依赖网络空间履行职能，这种依赖并非夸大其词。在全球数十个国家的上百座设施内，国防部操纵着1.5万个网络系统和700万台计算机。借助网络空间，国防部调配人员和物资，指挥控制全谱军事行动，开展着种类繁多的军事、情报和商务活动。

国家和国防部在网络空间领域存在着薄弱环节。对网络空间的严重依赖与网络安全的不完备性形成了鲜明对比，其中，网络安全是指我们每日所用技术的安全。此外，网络化系统、设备和平台数量的持续增长意味着，网络空间正日益融入国防部赖以完成其使命的多种能力之中。当前，许多国家致力于非法入侵国防部的保密和非保密网络，国外的一些情报机构已经具备了破坏国防部信息基础设施的能力。更为严重的是，非国家行为体日益威胁入侵并破坏国防部的网络系统。我们确信，仍有大量针对国防部网络系统的恶意行动尚未被察觉。

国防部与其他机构和国际伙伴一道，致力于降低美国及其盟友在网络空间能力方面所面临的风险，保护并尊重个人隐私、公民自由、言论自由和改革创新等原则，使网络空间成为美国繁荣与安全的重要组成部分。国防部如何才能既抓住网络空间带来的机遇，又对其固有的不确定性进行管理并减少其薄弱环节，将对美国未来几年的国防战备和国家安全产生巨大影响。

二、战略环境

毫不夸张地讲，我军的指挥控制、部队所需的情报与后勤，以及武器技术的开发和部署都严重依赖国防部的信息网。

——《2010年四年防务估报告》

（一）国防部在网络空间领域拥有的实力与机遇

同整个国家一样，国防部依赖安全可靠的网络空间，保护最基本的公民自由、个人隐私和信息畅通。在网络空间领域，国防部拥有强大的实力和重大的历史机遇，能够支持国家履行核心义务、提升国家安全。美军借助网络空间实现快速通信和信息共享，支持作战行动，是国防部完成使命所拥有的关键能力。从更广泛的意义上来说，国防部在全球信息与通信技术领域所取得的研究成果，包括它所拥有的网络安全专家，使它在网络空间领域中拥有战略优势。

美国公共部门和私营企业的人力资源和研究成果，为国防部提供了建立当前与未来网络空间能力的雄厚基础。在建立和利用美国私营企业的技术力量方面，国防部通过在人员、研究和技术方面的投入发挥了重要作用。为取得未来网络空间活动的成功，国防部将秉承这种企业精神，与这些团体和机构继续合作。

由于网络空间变化不断，为保护共同利益并促进国家安全，各国应展开合作。国防部与美国盟友及国际伙伴的合作关系，为进一步加强网络空间的国际合作提供了坚实基础。持续不断的国际交往、集体防卫以及国际网络空间规范的建立，也将强化网络空间安全并使各方受益。

（二）网络威胁

在赋予我们领导力和创造力的同时，网络技术也赋予那些意欲破坏和毁灭的人同样的能力。

——《2010 年国家安全战略》

互联网具有协作性、快速扩展性，以及对技术创新的适应能力，因此，信息流动比信息完整更重要，实现互联比身份认证更重要。互联网对国防部及其行动所起的作用不断增多，这一点恐怕连其最初设计者们也没料到。然而，国防部遍布全球的网络系统，也为美国的对手提供了大量非法入侵和恶意攻击的机会。

实施恶意网络行为的门槛很低，黑客工具随处可得，这就意味着那些下定决心的个人或由小团体组成的网络行为体，有可能会对美国的国防部和国家经济安全造成严重破坏。小型技术有可能产生与其规模不相称的效果；潜在敌手不必制造价值不菲的武器系统，便能对美国的国家安全构成重大威胁。

在制定网络空间行动战略的过程中，国防部十分重视网络威胁形成的核心环节。这些环节包括外部的威胁行为体、内部人员的威胁、供应链所存在的薄弱环节以及国防部行动能力所面临的威胁。国防部必须处理其中的薄弱环节，防止国家和非国家行为体统一采取行动，图谋未经授权进入国防部的网络系统。

国外针对美国公私机构网络系统的行动不断增多，手法也日趋老练。国防部的网络系统每天都要遭受上百万次的刺探，美国及其盟友和工业合作伙伴因遭受网络入侵，已造成数千份文件失窃。此外，有越来越多的证据表明，敌手正致力于发展技术更为先进、潜在危险性更大的能力，因此，这种威胁还会愈演愈烈。

在网络空间领域，小团体具备制造非对称效应的潜力，这也是恶意行为产生的现实诱因。除正式的政府行动外，网络犯罪分子可以通过数百万台受感染的主机控制多个网络。他们正以令人难以置信的速度不断提高其网络工具和技术的先进程度，许多技术都可以从互联网上低价购得。无论其目的是赚钱牟利，获得知识产权，还是破坏国防部的关键系统，这种迅速演变的威胁态势对国家安全和经济安全均构成了重大而复杂的挑战。

某些网络空间威胁还可能来自内部人员。他们或是听命于他国政府、恐怖组织、犯罪分子或伙伴同僚，或是出于自身目的，滥用其手中握有的入网职权图谋不轨。然而，不管他们是从事间谍活动，还是发表政治宣言，或表达个人不满，都会对国防部和国家安全造成严重后果。

在被整合为操作系统之前，软件与硬件就有遭恶意篡改的风险。美国国内运用的信息技术产品大多在国外生产组装。因此，国防部对于国外生产与研发的信息产品的依赖，无疑对我们在其设计、制造、服务、销售和使用等环节的风险管理工作构成了挑战。

美国的潜在敌手可能试图利用、破坏、阻止并损毁国防部赖以行动的网络系统。国防部尤其关注潜在敌对行为的三大领域：一是窃取或非法利用数据；二是破坏或阻止网络准入，影响其使用网络、信息或资源；三是采取贿赂、操纵和直接行动等破坏性行为，威胁破坏或损毁网络及其相关系统。

美国国家安全所面临的网络威胁并非仅限于军事目标，还涉及社会的方方面面。黑客与外国政府入侵网络系统的能力正在不断增强，可以利用尖端技术控制关键性民用基础设施。由于网络空间具有综合性的特点，因此，由计算机引发电力网、运输网或金融系统出现故障，将会造成重大的物理性损坏和经济崩溃。国防部在国内外采取的行动也都依赖于这一关键性基础设施。

与上述基础设施所面临的威胁相比，知识产权所面临的威胁尽管不够直观，但却是如今覆盖面最广的。每年都有大量知识产权通过美国各行业、大学、政府部门和机构所维护的网络被窃取，其数量远远超过了国会图书馆的持有量。由于军事实力最终取决于经济活力，知识产权持续受损势必会殃及美国的军事效能及其在全球经济中的国家竞争力。

三、五项战略倡议

（一）战略倡议之一：国防部应将网络空间视为行动领域，通过组织、训练和装备，确保国防部得以充分利用网络空间的潜力

> 尽管网络空间是人造的，但它已经和自然形成的陆、海、空、天等领域一样，成为与国防部行动密切相关的领域。
>
> ——《2010 年四年防务评估报告》

尽管构成网络空间的网络系统是人造的，通常归个人所有，主要用于民事，但将其视为行动领域，则是与国防部所肩负的国家安全使命密切相关的重要组织概念。这使国防部得以在网络空间领域进行组织、训练和装备，如同我们在陆、海、空、天等领域所做的那样，可以促进国家的安全利益。此外，这些努力还必须包括在网络环境受损的情况下履行基本职能。

根据《国家安全战略》的指示，国防部必须确保其有能力在陆、海、空、天和网络空间等领域采取有效行动。为应对网络空间所带来的复杂挑战与重大机遇，国防部将全面展开组织、训练和装备等活动。为此，国防部长已将网络空间任务指派给美军战略司令部、其他各作战司令部和各军事部门。由于需要确保其有能力在网络空间领域采取有效行动，高效管理资源，国防部还成立了下属美军战略司令部管辖的网络司令部。此举表明了国防部

的下述意图：

第一，通过增加训练、确保信息安全、扩大态势感知、构建安全灵活的网络环境，管理网络空间风险；

第二，通过展开灵巧的合作互助、建立集体防卫、保持共同行动态势，确保网络空间的完整性和有效性；

第三，通过与各军种、各部门、各作战司令部和各采购团体密切协作，迅速获取并运用最需要的创新能力，确保形成综合能力。

美军战略司令部已指定由美军网络司令部负责协调各军种相关部门，其中包括陆军的网络司令部、海军的网络司令部第 10 舰队、空军的第 24 航空队、海军陆战队的网络司令部和海岸警卫队的网络司令部。在美军网络司令部成立的背后有个重要的组织概念，那就是它将与国家安全局并存，由国家安全局局长兼任美军网络司令部的司令。这些分散的机构既各司其职又协同办公，使国防部和美国政府得以发挥最大效能、充分利用职权并有效完成国防部的任务。

由于低级别的网络空间行动可能会持续较长时间，并且可能会中断，因此，国防部将全面整合网络空间的所有构想和演习训练，使美军对各类突发事件都有所准备。该行动的基础是要在军事演习和训练中加入网络红军。要想将这一突破性的构想付诸实践，国防部必须具有较强的灵活性和适应能力，着眼于确保行动安全和保存至关重要的行动能力。

网络系统的恢复能力日益提升，这一发展将会为上述努力提供支持。一旦出现网络故障或遭受攻击等突发事件，国防部必须有能力通过切断受损网络、启动备用网络、或将行动转换至另一系统等手段，保持有效运作。多个网络系统可以增强网络空间行动的多样性、灵活性和安全性。国防部正加大研发投入，寻找转换行动的可行方案，确保全谱行动中各级网络的安全。

（二）战略倡议之二：国防部将采用新的防务行动概念保护本部门的网络系统

> 要抵御这些针对个人隐私和安全繁荣的威胁，我们需要安全可靠和具有恢复能力的网络。
>
> ——《2010 年国家安全战略》

不断改进的防务行动概念，需要适应国防部当前和未来的任务需求。首先，为增强网络安全，国防部正在强化网络防护机制。其次，为阻止和减少内部威胁，国防部将增进雇员间的交流，增强其责任心，加大内部监控并提高信息管理能力。第三，为抵御攻击，国防部将提高自身网络系统的防御能力。第四，国防部正在研究拟定新的防务行动概念和计算体系。上述措施将会使国防部的网络系统具有更强的活力和适应能力。

完善的网络空间防护机制能够发现，大部分针对国防部网络系统的恶意行为和系统现有的薄弱环节。国防部所有雇员应时刻确保网络系统的安全运行，并要像保护自身安全那样，确保安全软件和操作系统的及时更新。国防部将借鉴私营企业的有益经验，加强对硬件设备和网络系统的维护，使其始终处于最佳运行状态。此外，完善的网络空间防护机制还应包括维护信息安全、向用户和管理员推广网络安全防护措施，以及对网络结构进行有效的智能化管理。这种全方位的努力将为国防部的网络系统提供有效的防护、监管和维护，确保它们的安全性和完整性。

人员是本部门维护网络安全、减少内部威胁的第一道防线。为减少内部威胁，防止泄密事件发生，国防部将加强并努力超越当前的信息安全管理模式，包括研究新的行动概念以减少薄弱环节。为此，国防部还把重点放在交流、人员培训和新技术新程序的应用上，寻求在其雇员中培养强烈的信息安全意识，加强个人责任感，并通过严惩恶意攻击行为规范其言行，威慑图谋不轨的内部人员。这种文化上的转变有可能通过出台新政策、采取新的员工培训方法和创新员工的交流方式等措施实现。

针对网络系统的恶意行动持续增加，国防部已采取积极的网络防护措施，防止并挫败针对其网络系统的攻击。这些措施要求国防部有能力实时同步地发现、监测、分析并减少网络安全的威胁和薄弱环节。国防部需要把保护网络系统安全的传统做法，与新的行动概念结合起来。国防部要通过传感器、软件和情报，在网络系统遭到破坏之前，发现并阻止恶意攻击行为。由于未必能阻止所有网络攻击，国防部将继续改进其网络传感器，以探测、发现、追踪并减少针对网络系统的恶意攻击行为。

为增强网络系统的适应性和多样性，应对现实和潜在的挑战，国防部正研究拟制包括发展和整合移动媒介与云计算在内的新方法和新模式。国防部将坚持改革和创新原则，不断调整其在网络空间领域的政策与措施。

（三）战略倡议之三：国防部将与其他政府部门和私营企业合作，打造“政府一盘棋”式的网络安全战略

> 无论是政府、私营企业，还是公民个人，都无法单枪匹马地应对这一挑战，我们将拓展我们的合作方式。
>
> ——《2010 年国家安全战略》

网络空间所带来的挑战逾越了国内的行业限制和政府的部门界限，跨过国界并已渗入了全球经济的诸多领域。国防部的大量职责和行动有赖于互联网服务提供商和全球供应链等商业网络资产。由于并未获得直接授权，国防部难以有效地降低此类风险。因此，它将与国土安全部、其他跨机构伙伴和私营企业合作，分享观念、发

展新能力并支持集体行动，共同应对网络空间的跨领域挑战。

为建立“政府一盘棋”战略，国防部将继续与跨机构伙伴合作，寻求以创新方式增进国家网络安全。这类合作模式的典型范例便是，2010 年由国防部长和国土安全部长共同签署的，关于协调和加强网络安全合作的备忘协议。国土安全部和国防部不断强化合作伙伴关系，将在以下三个重要方面增进国家网络安全。第一，正规化的结构重申了两大部门合作政策与法律的局限性。第二，共同规划网络空间项目，将提高两大部门的工作效率，特别是将加大两大部门在网络安全需求方面的共识，确保维护个人隐私和公民自由。第三，节约了有限的预算资源。这份协议有助于国土安全部更好地维护行政部门的政府网站，并与州、地方和村镇等各级政府及私营企业展开合作，协调国家关键性基础设施的保护行动。

为提升对敏感信息的保护，国防部还在与国防工业基础机构合作。这些公私机构通过提供人员、防务技术、武器系统、政策和战略倡议，对国防部予以大力支持。为加强对国防工业基础机构网络的保护，国防部于 2007 年启动了“国防工业基础机构的网络安全和信息保护”计划。在该计划的基础上，国防部正在建立一种示范性的公私合作关系，期望借此说明各机构自愿分享有关恶意或未经授权网络行为的信息，交流网络安全防护措施不但是可行的，更是大有裨益的。

随着网络空间技术的迅猛发展，国防部将继续与跨机构伙伴和私营企业合作，创新网络安全的合作方法。对于国土安全部在识别和减少国家关键基础设施的薄弱环节中所发挥的领导作用，国防部将继续予以支持。要想合作成功，有关部门必须设计更多的示范项目、商业模式和政策框架，增进公私机构间的协调配合。公私合作关系仍需在规定与自愿之间取得平衡，并应建立在创新、开放和信任的基础之上。为扩大私营企业的参与度，相关部门还需在某些领域采取激励性措施。为鼓励创新、确保参与的广泛性，国防部必须使大、中、小型企业都参与其中。如果全国上下能够共同努力，就能形成既增强网络安全，又增进社会福祉的可行政策。

为有效管理信息和通信技术部门全球化所带来的风险，国防部将继续支持发展“政府一盘棋”战略。美国有很多技术公司把软、硬件生产部门，甚至还包括数据库部门外包给其他国家的公司。此外，冒牌的信息技术产品和组件也在不断增多。这就需要有关部门采取更多应对措施，降低风险并提高质量。由于国防部所依赖的技术来源无法信赖，技术的可预见性和可靠性大大降低。为此，国防部将与国土安全部等跨机构伙伴合作，更好地识别并处理此类风险。全球技术供应链不仅影响着国防部安全使命的关键环节，还影响着政府部门和私营企业的核心职能，其风险必须通过公私机构的战略合作来化解。

（四）战略倡议之四：国防部将与美国的盟友及国际伙伴建立紧密联系，增进集体网络安全

> 通过建立对外防务联系，美国不仅可以避免危机的发生，而且可以提高应对危机的能力。
>
> ——《2010年四年防务评估报告》

为支持《网络空间国际战略》与跨机构伙伴协同配合，国防部将继续采取行动，建立更紧密的国际联系，彰显美国在网络空间领域的核心承诺和共同利益。发展国际社会共享的网络空间态势感知和预警能力，有助于集体防卫和集体威慑。通过及时共享网络事件的各项指标、恶意代码的威胁信号和正在出现的网络行为体及网络威胁等信息，美国的盟友和国际伙伴能够提高网络空间的集体防卫能力。网络空间是个大网络，连接着全球范围内成千上万个互联网服务提供商。因此，任何国家和组织仅凭一己之力，都无法有效地实施网络防御。

国防部开展的网络空间国际行动，将支持《网络空间国际战略》及总统对基本自由、个人隐私和信息畅通的承诺。国防部将协助制订并推广国际网络空间的规范与准则，促进这一领域的开放性、通用性和安全可靠性。国防部还将与其他政府机构和国际伙伴进行合作，共同鼓励负责任的行为，反对针对网络系统的破坏行为，劝阻并威慑怀有恶意的行为体，保留在必要时保卫国家重要资产的权利。上述努力将使网络空间继续为所有人提供创新和获取收益的机会。

随着国际网络空间合作的不断深化，国防部将加强与盟友之间的密切合作，保卫美国及其盟友在网络空间的利益。国防部将与盟友及国际伙伴建立可以共享的预警能力、加强相关能力建设并实施联合演练。与其他各国接触将为美国创造对话机会，得以同他国分享各自在法医学、能力发展、演习参与及公私合作关系等领域的经验。此外，制定责任分担计划也有助于提升各国的核心力量与能力、弥补合作伙伴的不足之处、增强实力并提升整体的网络安全水平。

国防部将拓展其与盟友及伙伴国军队的正式和非正式网络合作，建立集体防卫能力并增强集体威慑能力。在共同原则的基础上，国防部将为志同道合的国家创造新的合作机会。拓展并加强与盟友和国际伙伴的关系能够最大限度地利用有限的网络能力、降低风险，并建立威慑网络空间领域恶意行为的临时联合体。这些联合体不仅将利于国防部建立正式的同盟和伙伴关系，并将有助于提升范围更广的网络安全。

（五）战略倡议之五：国防部将借助高素质的网络队伍和快速的技术创新，推动国家的创新发展

为应对这些挑战，我们需要通过研发实现技术创新，为此，我们将继续投入资金，用于研发尖端技术。

——《2010 年国家安全战略报告》

保卫美国在网络空间领域的国家安全利益要靠美国人民的聪明才智和技术创新。国防部将把美国的科学、学术和经济等资源集中起来，打造一支能够在网络空间领域展开行动，并实现国防部相关目标的地方和军队人才队伍。技术创新是保卫国家安全的前沿阵地，国防部将培养快速的创新能力，并加强采办流程，以确保网络空间行动的有效实施。国防部将加大对人员、技术及研发的投入，以建立并维持对国家安全至关重要的网络空间能力。

发展并维持一支高素质的网络队伍，对落实上述战略倡议，以及国防部在网络空间领域取得战略胜利来说至关重要。为此，国防部将定期对其网络队伍、需求和能力进行评估。建设网络队伍对国防部意义重大。

对网络人才的需求和网络威胁的严重程度成正比。为使高技术人才能够长期为政府服务，国防部必须使自己变得更具竞争力。为此，国防部将重点建立能够尽早吸引人才的动态项目，并借助2010年的总统倡议，改进政府征召和雇用人员的流程。国防部还将与总统的办事机构展开合作，探索能够简化网络人才雇用流程的办法，并允许网络专业人士在公私机构间不受限制地自由流动，从而挽留和网罗具有创新能力的人才。

除了上述征召、教育和培训计划，国防部还将采用并改良“传帮带”项目，为未来的国防和国家安全任务培养更多的网络人才。改变传统模式（如发展后备役和国民警卫队的网络能力）将使国防部、联邦政府、各州和私营企业拥有更强的行动能力、专业技术和灵活性。国防部还将探索交流和继续教育计划，为网络队伍建设注入新的活力。继续教育与培训将成为网络人才的显著标志，国防部可以借此维持和发展智力资本。

为了复制私营企业的活力、充分利用新兴计算概念的力量，国防部将在信息技术的采办流程中遵循以下五项原则：一是以速度为重点。国防部的采办流程和规定必须与技术发展周期相吻合。就信息技术而言，其周期是12—36个月，不是7年或8年。二是国防部将进行递进式的开发和试验，不会一次性配备庞大而复杂的系统。三是国防部将放弃或推迟某些定制的系统，以加快实现递进式发展。四是国防部根据关键信息系统的优先需求，设置不同的监管级别。这些需求从实现核指挥控制系统的现代化，到更新文字处理软件不一而足。五是加强国防部购买的所有软、硬件系统的安全措施，不允许留有能被渗透的漏洞，不允许保留测试系统模型。上述原则将成为国防部可信赖的防御系统和降低供应链风险战略的一部分，并与之互为补充。对国防部的所有硬件、软件、架构、系统和流程而言，国防部将确保这一可信赖系统的设计、采购及实施绝对安全。

国防部还将为中小型企业提供更多机会，与硅谷等技术创新中心的企业家们合作，将创新理念迅速转化为示范性项目，并在本部门逐级推广。国防部的网络空间采办项目将反映其本身的适应性特点，重点将强调灵活性、支持新的行动概念，并推动科学界与政府各部门间的协作。

国防部将探索全新的途径和架构，以增强自身的防卫能力，并增强其系统抵御恶意攻击行为的能力。国防部还将寻求突破性技术创新，重新思考网络空间的技术基础。为此，国防部将与处于领先地位的科研机构合作，开发对恶意行为抵御能力更强、安全可靠的网络空间新能力。

建设“国家网络靶场”将使上述努力获得成功，它能使国防部及其他政府机构（可能还包括美国政府之外的合作伙伴）测试并评估新的网络空间概念、政策和技术。尽管美国军方经常在靶场举行各类模拟演练，但国防部在模拟网络空间行动方面的能力有限。“国家网络靶场”能够快速建立起多个网络模型，使军方和其他部门得以借此模拟并测试新的技术和能力。

为鼓励私营企业参与建设强大的网络空间能力，国防部将授权相关机构对各种创新概念和技术进行遴选，并对开发出有影响力的创新技术的公司予以奖励。除了与现有的技术研发中心进行交流外，国防部还将通过“小型企业创新研究”计划、合资企业、专项投资及向未经测试的新概念提供资金等方式，充分发挥小型企业和企业家们的创新性与灵活性。

美国的人民、技术与活力为国防部建立网络空间军队和地方人才队伍，发展相关的技术能力提供了坚实的基础。为推动网络安全的技术创新，国防部将继续发展强大的网络空间能力，支持政府各部门与公私机构积极开展交流。在未来，国防部将加大对人员和能力的投入，以实现其网络空间目标并维护美国的国家安全。

四、结语

国防部无法确保其系统在网络空间领域的安全，将会对我们完成当前和未来的防务任务构成重大威胁。

——《2010年四年防务评估报告》

网络空间正在重新界定国家安全。在网络空间领域，国防部面临的挑战与机遇并存。国防部所从事的军事、情报和商务活动成功与否取决于网络空间。本战略对国防部当前面临的机遇和挑战进行了评估，并为国防部完成网络任务提供了战略指南。

本战略所提出的五项战略倡议，为国防部有效实施网络空间行动，维护国家利益并保障国家安全指明了方向。每项倡议既带有自身特点，又彼此密切相关。纵观整个战略，在某项倡议框架下所开展的活动，将有助于国防部完善自身的战略思维，并为其他倡议框架下的活动提供了新思路。

通过落实本战略所提出的各项倡议，国防部不仅能够充分利用网络空间带来的机遇，而且可以防止其网络系统免遭非法入侵和恶意攻击；不仅能够为巩固跨机构、国际社会和重要工业伙伴的网络空间安全提供支持，而且可以形成强大的网络空间能力，并建立起行之有效的伙伴关系。本战略将指导国防部如何在网络空间领域维护美国的国家利益，以使美国及其盟友和伙伴在信息时代继续共享改革创新的丰硕成果。

（译者：解放军外国语学院副教授　潘蔚娟）

英国《建立海外稳定战略》*

2011年7月

国际发展部　　外交和联邦事务部　　国防部

一、前言

“阿拉伯之春”已经证实了世界局势的不稳定。中东和北非地区爆发的这场民主运动可能是21世纪初世界形势发生的最重要变化，这使国际社会有机会支持弹性社会的发展，协助两地恢复稳定。

“阿拉伯之春”也对长期以来的稳定概念构成了挑战。如果以和平方式应对，镇压运动所带来的挑战不仅可成为振兴社会的力量，释放经济潜力，还能排解民众的不满情绪。我们之所以制定本战略，正是基于这样的一种认识：稳定需要社会拥有强有力的合法机构，有能力以和平方式缓解紧张局势。

本战略旨在吸取我们从上述事件中学到的经验教训，并首次提出我国政府将采取“综合跨政府战略”（integrated cross-government strategy）解决冲突事件。我们会把重点放在预警方面，提高对动荡和冲突诱因的预测能力。一旦出现危机，我们会实施快速危机预防和反应行动，提高我们采取快速、适当和有效行动的能力，以预防危机的发生、升级或蔓延。我们将进行前期预防（upstream preven-

* 原文出自 http：//www. dfid. gov. uk/Documents/publications1/Building-stability-overseas-strategy. pdf。

tion）投资，在脆弱国家建立强有力的合法机构，使其有能力应对冲击和紧张局势。

实施本战略需要综合运用我们的外交、发展和防御能力，并借鉴国外专家的意见和建议。通过积极开展远征外交（expeditionary diplomacy），我们将和其他国家建立更稳固的关系，共同促进稳定。我们将寻求与现有国际合作伙伴、新兴大国开展更紧密的合作，并充分利用英国在联合国、欧盟、北约和国际金融机构等组织中的份量及影响。

为巩固本战略，我们业已宣布将额外提供大量资源。到 2014/2015 年，我国用以支持脆弱和受冲突影响国家的官方发展援助将会占总数的 30%。冲突基金由英国外交和联邦事务部、国际发展部和国防部共同管理，在开支审查阶段将增至 11.25 亿英镑。未来四年，“阿拉伯伙伴关系倡议”将斥资 1.1 亿英镑支持中东和北非的政治、经济改革。解决动荡、预防冲突是合理投资，既合乎道义又是我国的利益所在。

我们将共同承担实施本战略的责任，履行去年在《国家安全战略》和《战略防御与安全评估》中做出的承诺。

外交大臣　威廉·黑格

国际发展大臣　安德鲁·米切尔

国防大臣　利亚姆·福克斯

二、序

发生暴力冲突时，国家和国际社会会遭受巨大损失。许多人因此丧生，民众流离失所，贸易链被切断，有组织犯罪团伙或恐怖分子则借机生根，加剧了局势的动荡。“建立海外稳定战略”（Building

Stability Overseas Strategy，BSOS）旨在解决海外的动荡和冲突，既合乎道义又是我国的利益所在。我们将运用外交、发展、军事和安全等一切手段，利用自身独有的经验、关系、声誉和价值观实现这一目标。

BSOS 的重点是：加强“政府一盘棋”策略，并在资源紧张时合理安排优先事项，以此提高我们的工作成效。因此，本战略的目的并不是记录英国政府在解决冲突方面已经开展了哪些工作，也不会全面阐述我国为取得成功都与国际伙伴和多边组织进行了哪些接触。

一旦冲突爆发，国际社会将为管理冲突及其影响付出巨大代价。与应对暴力冲突相比，在预防冲突发生和防止其升级方面投入资金要划算的多。因此，本战略着重强调及早采取行动和前期冲突预防的重要性。

本战略的第一部分首先陈述稳定对英国的重要意义，然后指出英国吸取的经验教训和国际社会实施的有效做法，这些做法越来越多。我们咨询了众多国际知名的思想家和实践者，还收集了学术界、军队、非政府组织、多边机构、议员以及我使馆和海外员工关系网等各方观点。

本战略的第二部分首先阐释我们安排优先事项的方法，然后陈述我们在脆弱和受冲突影响的国家将采取哪些行动。在那些地方，虽然要冒很大的风险，但是知道我们能左右那里的局势。我们需要实事求是地看待我们所能做到的，并将通过以下三大相辅相成的支柱提高工作成效：

第一，预警：即提高我们对动荡和冲突潜在诱因的预判能力。

第二，快速危机预防和反应：即提高我们采取快速、适当和有效行动的能力，预防危机的发生、蔓延或升级。

第三，前期预防投资：即协助脆弱国家建立强有力的合法机构和充满活力的社会，使其有能力应对冲击和紧张局势，减少动荡和冲突发生的可能性。

BSOS 由《战略防御与安全评估》委托政府制订，是源于《国家安全战略》的若干战略之一。在实施过程中，我们将确保与其他相关战略保持一致，特别是与竞争反恐战略、有组织犯罪战略、网络犯罪战略和防卫参与战略保持一致。不仅如此，我们还会把政府在防扩散与军控、能源安全、气候变化和资源竞争等领域所制订的战略也考虑在内。

什么是“稳定”？

我们全力支持的“稳定”是指政治制度具有代表性和合法性，有能力以和平方式管理冲突与变化；社会应尊重人权和法治，满足人民的基本需求，建立保障体制，向所有民众提供社会与经济发展的机会。这种“结构性稳定”建立在民众同意的基础之上，因此在面临冲击时具有弹性和灵活性，并能随着时间和环境的变化不断发展。

什么是“冲突”？

冲突是人类正常互动的一部分，是个人和团体在需求、利益或信仰不一致时的自然结果。我们需要应对的挑战则是在这些根本矛盾得不到妥善处理时所产生的暴力冲突。

在稳定而富有弹性的社会里，冲突可以通过大量正式或非正式机构得以解决。例如，选举决定政治冲突的结果，法院解决法律冲突，社会规范防止邻里冲突升级为暴力。这些机制不但能缓解冲突，避免诉诸暴力，还能推动积极变化。然而，在那些脆弱国家，由于政府机构软弱无力、不具备合法性或职能不健全，有组织的系统暴力或个人的混乱暴力成为解决冲突的主要机制。上述暴力破坏了长期和平与稳定所依赖的制度和关系。

第一部分

三、稳定对英国的重要性

目前生活在脆弱及受冲突影响国家，或是暴力犯罪高发国家的人口超过了15亿。冲突不仅使数百万民众丧失生存和安全等基本权利，还会造成巨大的社会损失。冲突和暴力尤其会对妇女、儿童和年轻人产生负面影响。受冲突影响的国家在应对干旱或地震等自然灾害方面的能力较差。

（一）个人与国家直接面临的灾难

战争被描述为“逆向发展”（Development in Reverse）。重要的基础设施，如道路、学校、医院、工厂等会被摧毁；孩童上学、父母谋生或是孕妇生产均面临危险；私营部门要么渐停运营、要么因战争经济需要畸形发展；社会四分五裂，活着的人们竭力应对令人神经衰弱的不安定因素，经常遭受由恐怖和性暴力造成的心理创伤。

冲突对贫穷国家产生的经济影响巨大。据估计，一场内战对发展中国家造成的“平均”消耗等同于其30年的GDP增长额。每个国家需要花费14年才能恢复到战前的经济增长水平，要达到其战前的贸易水平则需花费20年。同样地，有组织的暴力犯罪也会带来巨大的经济损失。以牙买加为例，如果该国能将谋杀率降低到哥斯达黎加的水平，其年人均经济总量将增长5%以上。全球每10个最贫穷的国家中，有9个是“脆弱国家”。这些低收入的脆弱或受冲突影响的国家甚至连一项千年发展目标[①]都没实现。

（二）对其他国家的影响

冲突的影响很少局限在某国国内。小型武器与轻武器、雇佣军等武装团伙、非法货物以及难民的流动随之产生，经常会导致邻国和更广泛区域的不稳定。西非地区利比里亚、塞拉利昂、几内亚、科特迪瓦、几内亚比绍以及塞内加尔等国的冲突彼此关联便是很好的例证，高加索和中亚地区的动荡局势也是如此。这些影响可能是长期的，例如：前南斯拉夫冲突已经过去15年了，巴尔干地区却还在处理难民问题。

冲突使得叛乱团伙跨越国界的行为变得更有可能，其结果往往导致政府力量的纷纷效仿。冲突还会对周边地区造成严重的经济效应，因为一国的动荡局势往往会抑制其邻国的经济增长率。

（三）对我国安全与繁荣的威胁

在我们这个相互关联的世界里，某地暴力行为的影响会通过难民潮、恐怖活动和有组织犯罪集团等形式蔓延到其他相对稳定的地区，所有这些都会对我们的自身安全产生影响。2009年，处于冲突中的5个国家产生了全世界60%的难民。冲突对政府的治理、责任以及提供安全与公正等服务均会产生影响。也门和索马里等地的混乱局面使“基地”等恐怖组织得以在这些国家进行招募与训练，并成立组织，为攻击我们提供了发射台。同样地，有组织的犯罪集团

---

① 联合国千年发展目标（Millennium Development Goal）是联合国全体191个成员国一致通过的一项旨在将全球贫困水平在2015年之前降低一半（以1990年的水平为标准）的行动计划，2000年9月联合国首脑会议上由189个国家签署《联合国千年宣言》，正式做出此项承诺。——译者注

会利用这些管理不善的空间来创建操作平台。每年大约有 50—60 吨可卡因从西非地区的“脆弱国家”运到欧洲。

从长远来看，我们的繁荣和安全与全世界的和平发展与安全相互交织。一旦爆发冲突，英国的管理费用会很高，势必会影响我们的国家利益。作为最后手段，我们很可能需要部署部队，消耗人力和财力。动荡和冲突不仅制约经济发展，破坏贸易，还会冲击商品价格。在受冲突影响的国家和地区，经济生产活动水平下降；发生重大暴力事件后，贸易水平需要 20 年才能恢复。政治和经济的动荡还会阻碍或破坏外来投资。海盗通常会在动荡或受冲突影响地区活动，他们破坏贸易，每年造成的世界经济损失高达 76 亿英镑。

四、动荡和冲突的起因与动机

目前，内部冲突、恐怖主义和暴力犯罪是动荡的最普遍形式。虽然从冷战结束到 2003 年，冲突的数量大幅减少，但其下降趋势现又处于停滞状态。现存的冲突变得更为棘手，很多国家陷入重复暴力和动荡的循环之中。21 世纪前 10 年开始的冲突中，有 90% 发生在爆发内战的国家。

虽然国与国之间的冲突已不是那么普遍，但却仍是一种风险。在包括南高加索、中东、南亚、东南亚和非洲在内的很多地方，国家间冲突处于冻结或蛰伏状态，但仍是潜在的爆发点，很可能会由某国的内部动荡引发。

（一）突如其来的冲击会使“脆弱国家”陷入冲突和动荡

如能妥善处理社会内部的政治紧张关系，就可以在不引发暴力冲突的情况下推动社会的积极变化。与暴力冲突紧密相联的是管理不善、贪污腐败和缺乏广泛基础的经济发展。表面看似稳定的国家也有可能是脆弱的，受冲击后也没有太强的恢复能力。当一国拒绝独裁统治时，往往会引发暴力事件，就像我们最近在中东和北非地区看到的那样。这些事件也已表明安全形势的恶化速度之快。然而，尽管这些冲击会很突然，如果不能有效解决随之而来的冲突，便可能导致冲突长期存在，正如南斯拉夫解体后的巴尔干地区或是高加索地区的经验所示。

突如其来的冲击如燃料或食物价格的迅速上涨、经济崩溃、一次有争议的竞选结果或是一场有宗教或种族背景的袭击，都会引发国家内部的暴力事件。那些时间长一点的外部压力如邻国冲突的蔓延、跨国恐怖主义、因争夺资源或地区主导地位而产生的紧张关系，则可能导致国家间的冲突。

（二）全球性压力正在加大动荡和冲突的风险

资源匮乏、人口增长以及气候变化可能会加大围绕有争议土地和水资源产生冲突的可能性。食品和能源价格更无常的变化同样会增加“脆弱国家”的压力。这些压力在西非经萨赫勒地区，绕非洲之角和中东，直至西亚、南亚和中亚的这一弧形地带可能会特别大。到2025年，可能会有48个国家超过28亿人口面临水资源匮乏这一问题。

与此同时，来自跨国武装团伙和有组织犯罪集团等外部行为体的威胁正在加大。贩毒集团在影响英国的同时，也向哥伦比亚的公共权威提出了挑战；“圣主抵抗军”在非洲五大湖地区从事恐怖活动，恐怖团伙利用并加剧也门和索马里等国的动荡局势；贩毒分子破坏牙买加法治，贩毒集团腐蚀着几内亚比绍共和国政府。

五、合法有效机构的重要性

当这些冲击对社会机构造成破坏时，最有可能引发普遍暴力。尽管有些国家能以和平方式处理这些冲击并避免暴力，但有些“脆弱国家”，由于其奠定民众信任和信心的复杂机构网，从警察法制到民间社团、宗教团体、政府部门或银行过于脆弱或功能不完善，根本难以应对冲击。政治制度可能会缺乏以和平方式管理危机的实力和合法性。人们要么是对政府的主要机构，特别是那些负责安全和司法的机构缺乏信心，要么就是那些无业人员和党外人士认为，暴力可能是他们的唯一选择。

（一）政治包容是和平的关键

最和平的政治制度不仅对民众负责，给予他们话语权，而且在管理差异和适应变化方面，也是民众信得过的。从 20 世纪 60 年代起，加纳经历了一系列军事政变，直到 1992 年才颁布新宪法。如今，它已经成功建立了人民开始信赖并对未来投资充满信心的政治制度。加纳的近邻科特迪瓦的经历则提供了鲜明对照。其政治制度不鼓励、不允许包括妇女在内的所有群体参与政治和经济生活，这不仅将引发受排斥群体的愤怒，还会使其缺乏合法性，难以用和平方式调停冲突。

（二）建立民主和公民社会能加强和平

民主能为政治权力分配和冲突管理提供有效机制。尽管没有标准模式，但从长远来看，民主为建立负责且回应外界需求的国家提供了最佳路线，能够保障人权并促进社会和经济发展。在那些新成立或脆弱的民主国家，重要的是利用既有的民主元素，而不是试图推行特定的民主模式。虽然对民主来说，选举十分必要，通常是建立合法性的关键部分，但它同时也有风险，其时机的选择、设计和监督十分重要。如果对选举的公正性和质量没有信心，那么举行选举会造成事与愿违的结果。落选者必须对其国家的未来有明显影响，并对制度十分信赖，相信自己不会永远被排斥在权力之外。

同样发挥重要作用的是有效的地方政治，以及公民社会、媒体、工会和商业协会等将人民纳入决策过程的强有力机制。各阶层民众都需要感受到是社会的一分子，包括妇女、年轻人、不同的种族及宗教群体。因此，需要有更多人认同使用暴力是不正常和不可接受的。拥有质疑事情来龙去脉的自由是社会政治健康的重要标志。

（三）安全和公正至关重要

从塞拉利昂到伊拉克和阿富汗，我们认识到如果不发挥安全和司法系统的职能，就无法建立稳定的国家。有效负责的安全系统和更好地利用法律寻求实际公正的司法系统让人们在日常生活中感到安心。它们不仅给予创业者投资信心，也在冲突升级前为人们提供了解决冲突的途径。要想使安全和司法面貌改观，需要拥有当地的所有权和政治意愿。

在很多“脆弱国家”，军队或警察是许多公民面对的主要政府机构，它们的行为严重影响公民对政府合法性的看法。如果安全部队的责任意识淡薄，就会被看作是不安全或压迫的来源，甚至还可能被当作工具，用来制造恐怖或获取经济、政治利益。在推翻高压的独裁统治之后至关重要的是维护安全，地方安全部队要进行改革并明确表示不再像过去那样滥用职权。

支持安全部队建设的努力必须与建立问责性、合法性和尊重人权相一致。这些努力有：加强公民对武装部队的监督；确保议会、媒体和公民社团的正常运作；采取措施指导警察运用适当手段处理性暴力等。通过参与维和行动，有效负责的军队和警察部队在维护地区和全球稳定方面同样发挥着作用。

获得司法保护是全体公民的基本需求。法律、司法系统、尊重人权和打击有罪无罚现象是公正不可或缺的组成部分。贯穿整个刑事司法系统的所有环节都很重要，从维护治安到检举起诉，从法院到监狱。仅凭某个机构的工作几乎不能持续发展，并且会对其他机构造成不当负担。在许多“脆弱国家”，正式的安全和司法系统通常只提供部分政府服务，大多数服务则由非正式或传统系统提供。这些非正式的系统通常有助于解决地方冲突。了解公民为何会求助于司法机构以及如何确保所有公民获得公平公正是很重要的。

（四）正常运作的经济和就业机会至关重要

与那些冲突后无法确保经济增长的国家相比，那些在冲突后能确保经济快速广泛增长的国家不太可能会重陷战争。如果收入低而不均又缺少机会，特别是失业率也高的话，就会加剧动荡和暴力。对于稳定来说，就业机会、经济机会和财富创造是至关重要的。缺少经济机会被公民当作冲突的起因，也往往是年轻人加入帮派、犯罪团伙或反叛组织的最主要原因。

从长远来看，只有健康的私营部门和运转良好的政府才能创造经济增长和持续的工作需求，只有这样才能消除贫困、脆弱和冲突。即使是在那些最脆弱的国家，如索马里，私营部门里的一些要素也能继续蓬勃发展。只要有针对性地支持这些要素，就能创造经济收入和就业机会，阻止暴力冲突的发生。向法治薄弱的地方提供上述支持时，一定要注意避免巩固战争经济。在巩固和平方面，相邻两国民众经济相联的公正合法的边境贸易发挥着关键作用。合法贸易可以建立繁荣、稳定和和平关系。

如果没有经济增长与就业机会，就无法满足人们的基本需求，也无法实现人们对自身及其子女美好生活的良好愿望。在那些城市化进程迅猛和年轻人就业问题严重的地方，更是如此。因此，采取包括外商直接投资在内的举措，支持经济增长和私营部门的发展是至关重要的。在短期内，那些由公共部门出台的方案在创造就业机会方面也能发挥重要作用。

（五）公众的信心至关重要

尽管具有合法性和包容性的政治制度是稳定的必要条件，但是人们只有在看见自己的需求和期望被一一满足时，才会对未来充满信心。国家和地方政府同样重要。它们不仅需要具备在制订法律、提供安全和行使正义等方面的能力，还必须有能力通过有效的税收体制等手段提供一定程度的财政和宏观经济稳定。

国家也需要满足人们更广泛的期望。如果人们看到自己的税款得到有效利用，比如为他们的子女提供教育和卫生保健、修建道路、提供可靠的电力服务等，就能加强机构在维系社会方面的作用。在尼泊尔，对贫困社区基本服务的不满引发了叛乱革命。在巴基斯坦，质量低劣、内容低俗的教育使年轻人极易受到极端主义思潮的影响。

（六）治理不善亦弊亦利

冲突、动荡和有组织犯罪不仅造就了失败者，也成就了胜利者。精英阶层通常具有不揭露政治制度的强烈动机。了解这些精英及其行为的动机非常重要。许多“脆弱国家”都拥有丰富的自然资源，但这并不能带来石油、钻石或矿产方面的税收财富，为国家的美好未来创造良好先机。恰恰相反，这些资源往往会引发冲突，因为那些精英、政治领袖和有组织的犯罪分子会为个人致富和一己私利争得头破血流。例如，在刚果民主共和国东部，那些从事非法采矿和走私的商人和军官等犯罪分子，都是依靠持续动荡的局势从事他们的犯罪活动的。

从索马里、津巴布韦到缅甸，在这些国家，羸弱不善的政府治理根深蒂固。腐败、歧视、经济崩溃、侵犯人权、对妇女和儿童实施暴力，以及缺乏安全、公正或基本服务等问题都激发了民众的不满。在这些国家，人们根本不相信政府机构会为他们服务。

六、预防冲突的方法

当危机逼近某个脆弱国家时，迅速采取行动对预防暴力危机的爆发或升级至关重要。各国所需采取的行动本质不一。由于政府力争在那些处于冲突或政治转型余波中的国家建立信任，因此，这对那些政府来说尤其是个挑战，但同时这也为支持积极的改变提供了机遇。

（一）外交攻势至关重要

在关键时刻，如有不分党派的头面人物积极参与，通常能对冲突的发展产生重要影响。德高望重的资深政治家会给促进冲突各方对话与和解的种种努力赋予合法性。他们的参与标志着国际社会有意确保冲突不会愈演愈烈。为收到良好效果会使用实地走访、穿梭外交和举办多边论坛等方法，在一定程度上为谈判创造空间。例如，肯尼亚2007—2008年有争议的竞选结果就曾导致普遍暴力，而由科菲·安南主持的和谈进程成功阻止其升级为内战。

这些方法取得了一些成效，目前正通过协商谈判而非军事胜利的方法解决越来越多的暴力冲突。然而，和平协议还只是个开始。接下来的进程往往会排斥部分社会群体，通常还会产生有具体诉求和议程的群体，即便是在正式的敌对状态终止后，这些群体仍存在冲突。因此，国际伙伴对包容性的和约以及政治解决方案提供支持至关重要。这些和约和政治解决方案绝不仅仅是精英或武装团体之间的讨价还价，而应有利于解决冲突起因和持续的所有问题。这就意味着要支持那些有着广泛社会基础的联盟，以此来树立信心并开启制度建设的进程。

（二）为和平奠定基础

尽管政治对稳定很重要，但是国际社会经常会寻求可以解决冲突的技术装备。来自“脆弱国家”的最新分析和呼声鼓励国际社会将重点放在如何预防冲突以及协助建立经济发展所需的稳定基础上。首当其冲的是需要关注冲突的敏感性，即对形势加以分析和了解，确保不会犯无心之过，确保建立稳定时的所作所为不会使事情变得更糟。当国际社会对处理某国冲突起因的政治解决方案提供支持时，最有可能取得成功。

第二部分

七、我们的战略反应

尽早识别海外的新兴危机、快速反应加以制止，或是应对尚未出现的动荡与冲突，处理动荡、脆弱和前期冲突的起因是符合英国利益的。在处理动荡和冲突时，我们需要重点改善以下三个相互关联的支柱：

第一，预警：提高我们预见动荡和冲突诱因的能力。

第二，快速的危机预防和应对：提高我们采取快速、适当和有效行动的能力，预防危机发生、升级或蔓延。

第三，前期预防投资：帮助脆弱国家建立强有力的合法机构和生机勃勃的社会，使其有能力应对紧张局势和冲击，减少其发生动荡和冲突的可能性。

我们将关注那些脆弱和受冲突影响的国家或地区。在那些地方，我们的利益正面临危险，虽然要冒很大风险，但我们知道我们能左右那里的局势。我们会审时度势，考虑国家内部或国与国之间存在的紧张关系，寻求确保我们的工作努力能够补充国家安全委员会的议程。

我们将加强自身作为持有共同目标的整体政府在受冲突影响国家的运作能力。我们需要正视自己所能独立完成的，与多边组织和国际伙伴的合作是我们成功的关键。同样地，我们必须正视变化的节奏，提供可预见的长期支持。为确保变革取得预想结果，我们还必须承担风险并接受一定的失败。

我们对结果、透明度以及金钱价值的关注会有助于我们汲取经验，确保我们用来建立稳定的方式仍然是适当有效的。来自于内部与外部的严谨挑战和评估将会验证这一点。我们每年会出台一份进度报告，作为《战略防御和安全评估》整体进度公开声明的一部分。

（一）英国能力最大化

我们将强化我们的综合方法，将英国处理动荡和冲突的能力最大化。这对我们更有效地利用整个政府或国际社会的技术和能力，调整策略应对各种形势大有裨益。这些技术和能力包括：

第一，可靠的情报与评估不仅强化政治分析，有助于发现新出现的风险和机遇，而且可以解析危机时刻产生的大量电子信息。

第二，外交对各国和跨地区的事件都会产生影响。它不仅使我们了解正在发生的事件，而且能通过我们作为联合国安理会常任理事国等方式达成国际共识并采取行动。

第三，研发工作不仅有助于建立或重建那些重要的机构，支持安全和公正，而且还能创造就业机会，建立公众信心。

第四，防卫参与对支持安全部门改革和发展可靠的安全服务至关重要，后者能够赢得人们的信任。

第五，为促进贸易、开放市场所做的工作可以创造经济机会。

第六，稳定工作单位能够代表政府并与其他主要参与方合作，对冲突或冲突前的局势做出快速反应。该单位不仅利用政府各部门、警察和军队的专长，而且负责管理民事稳定小组。这个小组拥有1000余名民事专家，分别来自公共和私营部门，均具备与稳定工作相关的关键技能和经验。

英国的能力不局限于政府。我们同样可以借鉴大学、非政府组织、智库和私营部门的经验和技能。上述组织对冲突和动荡的了解均有一定深度，这也是英国享有相对优势的重要组成部分。

八、预警

由联合政府于2010年创立的国家安全委员会，将更紧密地关注那些最优先考虑的国家，比如阿富汗和索马里这些最直接威胁我们利益的国家。

中东和北非地区所发生的事件也已表明动荡和冲突是会迅速发展的。我们将重点关注风险领域的识别问题，而不是试图去预判事件的发生。我们将更加系统地关注那类仅处于国家安全委员会常规关注之下的国家，并且加强我们对冲突和动荡风险较高地区的认识。这项工作将由总干事级别的建立海外稳定督导组负责并定期审查。督导组成员分别来自英国国际发展部、外交和联邦事务部、国防部以及包括内阁办公厅在内的其他感兴趣的部门。在需要得到相关部长的关注和需要英国采取重大行动时，督导组会建议或咨询国家安全委员会。

我们将建立预警系统，在全球范围内审视那些会在未来12个月内由于政治、经济和安全冲击而引发暴力的国家。来自内阁办公厅、外交和联邦事务部、国防部以及政府外专家的全源分析（all-source analysis）将会为此提供支撑，每半年还会以新预警报告的方式进行总结。督导组将对预警信号是否需要英国做出反应予以斟酌，如果确实需要，将采取必要的行动。

凭借内阁办公厅的材料，包括其每半年发布一次的《存在动荡风险的国家之评估》报告，我们将出台一份待监视"脆弱国家"的内部清单，对那些冲突和动荡风险大的国家以及事关英国重大利益的国家进行评估。这份清单每年会被审查一次。督导组将对英国在清单中所列国家的行动进行系统评估，确保我们建立稳定的整体方案切实可行，资源分配适当合理，实现了充分整合，并且已经最大可能地利用了国际伙伴的支持。

白厅有许多审查和战略的功能用于展望5年后的前景。其中，有些用于展望某个主题或地区的前景，还有很多则关注与安全相关的问题并能对我们的预警工作提供指导。我们将把这些功能的成果一并纳入《年度远景审查》，这是一份有关海外稳定新问题的报告。督导组将考虑应如何指导预警系统的运行。

为推动这一工作，在对那些清单所列国家进行评估时，我们将确保咨询那些感兴趣的部门和机构，并将考虑会和哪些政府部门与机构共享预警报告和清单。例如，这些材料可以在出口许可证方面为业务创新和技能部门、在反恐方面为内务部、在领事活动方面为外交和联邦事务部提供有益帮助。

九、快速危机预防和反应

发生在中东和北非地区的事件所展现的速度强调了我们有必要做出快速、灵活和信息灵通的应对。在我们致力于协调一致的国际努力时，最有可能取得成功。我们将发挥英国在速度、灵活性和自愿去适应等方面的相对优势，利用“政府一盘棋”的能力，影响国际社会做出的反应。

（一）早期行动基金

我们需要有合适的融资机制和能力为做出迅捷的反应提供支持。英国的冲突基金由三个部门共同负责，尽管为预防冲突提供了跨政府资源，但由于缺乏灵活性，无法对预警信号、动荡和冲突情况下所出现的机遇提供反应所需的资金。因此，我们将在冲突基金中建立“早期行动基金”（Early Action Facility，EAF），每年拨款2000万英镑。这将使当前开支审查期的总额达到6000万英镑。政府各部门将综合使用官方开发援助和非官方开发援助提供这笔资金。EAF将有助于我们对警告和机遇做出更快速的反应，例如，为迅速评估提供资金，以便为更重要的援助做好准备；为利用其他部门的工作提供帮助。

（二）稳定反应小队

敏捷的反应同样意味着工作的新方式。《战略防御与安全评估》提出了“稳定反应小队”（Stabilisation Response Teams，SRT）的概念。SRT是个综合团队，成员来自政府各部门，由军人、警察、公务员和其他专家组成。他们不仅能在艰难环境中迅速完成部署，而且能使英国在双边、多边或多国稳定努力的支持下，对新兴危机做出快速反应。5月份，第一支SRT部署于利比亚。它所起到的作用表明SRT将是政府处理动荡和冲突的重要新增工具。我们将吸取在利比亚的经验，继续发展并完善SRT的准备工作。

利比亚稳定反应小队

2011年5月底，一支以英国为首的国际SRT被部署于班加西，执行为期三周的任务。这支小队寻求在利比亚需要临时稳定这一问题上达成国际共识，并着眼于支持联合国提出的冲突后规划。这支小队强调了国际社会对维护利比亚稳定所作的努力，包括对全国过渡理事会提供援助，使其有能力为利比亚东部人民提供服务，确保人民安全有保障，并能重建重要的基础设施。

（三）远征外交

对于建立共识、采取行动预防冲突或缓和危机来说，快速展开外交攻势是至关重要的。在最近的危机反应和塑造危机未来发展形势方面，英国的远征外交发挥了中心作用。这一类的事例有：我们针对利比亚班加西的全国过渡理事会展开的外交攻势；为促成南苏丹独立公投与喀什穆和朱巴等地重要行为体的外交接触；以及“阿拉伯之春”事件期间在中东和北非多所城市进行的外交活动。同样地，英国与新兴大国、传统盟友，以及联合国、北约和欧盟等国际组织的外交关系，对建立利比亚和科特迪瓦的国际行动联盟，以及支持“阿拉伯之春”改革也很重要。我们将继续建立英国的外交能力。通过“外交卓越”项目，我们将确保拥有具备适当技能的合适人选。通过对即将发生或正在发生的危机做出有效反应，建立长期的海外稳定等办法，我们会把这些人适时部署到能够保护并促进英国明确的国家利益所需的地方。

（四）人道主义行动

当危机引发人道主义危机时，采取人道主义行动是英国做出的重要反应。保护平民是英国预防、管理和解决冲突政策的核心。英国政府认为需要保护并扩大人道主义空间，包括在那些脆弱和受冲突影响的国家。获得人道主义援助是确保受灾民众得到援助和保护的基础，但是这也越来越富有挑战性。英国将保证依据自身许下的主要国际承诺，在人道、中立、公平和独立的基础上，仅按需求提供人道主义援助。在提供援助时，我们将坚守原则，不强加政治条件。在危机结束时，实现从人道主义反应到长期援助的过渡很关键，这为未来的稳定和发展奠定了基础。

十、前期预防投资

（一）中长期综合方案

当围绕同一战略综合开展外交攻势、经济发展和防卫活动时，预防冲突的工作最有可能取得成功。正如《战略防御和安全评估》清楚指出的那样，我们必须努力应对冲突和脆弱的起因；支持包容性的政治制度以便建立联系更为紧密的社会；加强国家自身提供安全、公正和经济机会的能力。完成这些变化不仅需要时间，而且需要长期奋斗。

我们将运用新办法，对冲突进行跨部门战略性评估。我们将对那些脆弱和受冲突影响的国家采用这种评估办法，以便确定在不同形势下应采取哪些具体干预措施，才最有可能成功预防冲突、建立稳定。对冲突的联合评估将集政治、经济、社会和安全分析于一体，并考虑践踏人权、合适的政治制度的本质以及冲突经济的动态发展等问题。

如果国家制订的战略能确定稳定和预防的短期、中期和长期措施，各方面的支持工作也能围绕战略展开并做到协调一致，那么成功的前景就是最大的。我们将协助伙伴国制订并实施这样的战略。正如《战略防御和安全评估》所述，我们将为主要国家和地区制订综合英国战略。我们的战略性冲突评估将对这些战略起指导作用。

（二）增加稳定投资

我们已在前期预防中注入更多资金。到 2014/2015 年，我们将把英国支持受冲突影响和脆弱国家的官方发展援助比例提高到 30%。我们的计划不仅将帮助政府更好地完成工作，而且有利于创造财富，改善安全与公正、卫生和教育等方面的服务。

英国援助在脆弱国家的影响

精心设计的英国援助对解决贫困问题、处理冲突和脆弱的诱因均能产生巨大影响。到 2015 年，我们将帮助尼泊尔 3000 名前战斗人员重新回归平民生活。

英国提供的援助不仅有助于加强公民的安全，还帮助他们伸张正义。作为英国资助的结果，埃塞俄比亚获得更多安全和公正的女性人数增加了 50%。到 2015 年，我们将帮助塞拉利昂 50% 的偏远社区建立仲裁机构。

我们还为其他一些基本服务提供支持。到 2015 年，我们不仅将使尼日利亚北部地区受教育的儿童人数再增加 80 万，而且还会为 80 万苏丹人民长期提供安全饮用水。

对于和平与发展来说，就业机会和蓬勃发展的私营部门同样至关重要。到 2015 年，英国提供的援助不仅将帮助索马里创造 4.5 万个就业机会，而且会为尼泊尔修建、改良、维护或翻修 500 多公里道路。

（三）冲突基金

政府的冲突基金是个重要机制，由英国国际发展部、外交和联邦事务部以及国防部联合实施。这项基金综合利用官方和非官方开发援助的资源，为范围广泛的冲突预防工作提供资金。不仅如此，这项基金还在市场定位等方面发挥了重要作用。例如，它不仅为地区和跨境工作提供支持，还为提高国际伙伴的效益注入资金。

《战略防御和安全评估》宣布，冲突基金所用的资源在开支审查期将增至11.25亿英镑。我们需要确保依据战略投放上述资源，为英国在一国开展更大范围的努力提供有效支撑。因此，我们不仅将加强对项目结果的关注，而且还将改进项目的管理工作。我们要努力确保冲突基金能为国家或地区战略长期提供可预见的资源，帮助它们建立自由、透明和包容性的政治制度；（通过防卫参与等手段）建立有效负责的安全与公正；使当地民众、地区及多边机构有能力预防并解决影响他们的冲突。

（四）对非政府合作伙伴的投资

我们的合作对象不仅限于那些脆弱和受冲突影响国家的中央政府。一旦认识到我们的参与会对各政治行为体之间的关系产生重要影响，我们还会和当地政府、社区、私营部门、宗教团体、民间团体和媒体等主要组织进行合作。这些组织所开展的活动可以触及那些最无力的民众，包括政府无法或不愿触及的那些民众。我们将支持开展以下两项工作：加强并发展有效的冲突管理以及在社区、国家和地区内构建和平的能力。

软实力将在支持上述工作中发挥重要作用。通过相互了解价值观以及公民、政府和全球社团所发挥的作用，英国文化协会在英国建立关系和信任方面所作的工作很重要。英国广播公司国际部为脆弱国家的人民提供获得可靠新闻的渠道，其基金会和那些为建立国内新闻服务能力提供帮助的机构所开展的工作也很重要。威斯敏斯特民主基金会这类组织也在援助议会和政党方面发挥重要作用。

（五）支持女性发挥作用

女性在建立稳定方面发挥核心作用。联合国安理会就女性、和平与安全问题通过第1325号决议，我们依此制订了国家行动计划。根据这一计划，我们将继续制止侵害女性的暴力行为，并且支持女性在建立和平中发挥作用。例如，为了加强和阿富汗妇女的联系，英国军队已在当地部署了女性行动组。我们同样支持阿富汗妇女成立民间团体，以增强阿富汗女性在公共生活中的影响，并且通过对法律改革的支持，提高对她们的保护，使其免受暴力侵害。我们正努力通过联合国、欧盟和北约推动国际社会采取行动，支持联合国安理会就妇女和冲突相关问题所通过的第1325、1820、1888、1889和1960号决议。

（六）支持负责任的私营部门

对于困难国家和地区的那些负责任的私营部门，我们将予以更多支持。英国国际发展部下属的私营部门组将为脆弱国家里那些讲诚信、信誉好的私营部门提供更有力的支持，并推动其通过就业和创收等手段实现长期的和平与稳定。例如，在阿富汗就有一笔新的商业创新基金，将为那些新兴企业提供援助和小额补助。这些企业无一例外都把重点放在造福穷人的服务、就业和收入等问题上。

（七）处理腐败问题

英国政府还积极应对冲突的国际诱因，其中就包括腐败问题。英国援助为伦敦大都会警察局和伦敦市警察提供资金，对英国公民、公司或金融机构涉嫌参与发展中国家贪污腐败事件的指控进行调查。英国的新《反贿赂法案》将对大英刑法重新进行改革，创建新型受贿罪。这就明确提出了以下规定：向外国公职人员行贿属于违法行为；英国公民在其他地方犯罪，会接受英国法庭的审判；企业有责任建立合适的制度，预防在商业活动中发生行贿受贿事件。

英国致力于在部分地区支持并建设执法能力，这些地区经历动乱和政治动荡并会对英国产生影响。例如，在西非地区，英国积极支持当地政府的努力，解决一系列有组织的犯罪威胁，其中就包括毒品、欺诈和腐败问题。位于西非的两个站点相互合作，实现了情报和作战信息的共享，并能协调一致地进行能力建设。在加纳有个以英国为首的平台，塞内加尔的平台则以法国为首。即将出炉的《有组织犯罪战略》不仅将会列出英国打击有组织犯罪的新方法，包括解决动乱等有组织犯罪的起因，还将重点放在发展国际合作和与伙伴合作、扰乱并阻止前期犯罪活动上。

（八）防卫参与

防卫参与活动弥补了英国政府在以下诸多领域开展的广泛活动：加强安全和公正；与对口机构和整个国家一起树立英国影响；建设能力支持国际社会的维和行动。我们将确保在《防卫参与战略》中用实战术语说明将如何履行《战略防御和安全评估》中的承诺，把更多非作战性的防卫参与活动引入预防冲突工作。这项工作将对英国高附加值的防卫安全资产进行检验，确保它们能为英国在那些优先国家和地区施加全球性影响做出最大贡献。该工作将在2011年秋季完成。

防卫参与

我们拥有的资产具有很强的灵活性和适应能力，包括武官网、军事训练队、国际国防训练/教育以及皇家海军舰艇互访等。

在与某国军队进行合作时，我们不仅要建设他们的能力，还要有能力加大他们对国际维和行动的支持力度。例如，英国支持和平队在南非和肯尼亚为训练地区非洲待命部队提供支持。英国还向位于萨拉热窝的支持和平作战训练中心提供资金，为整个地区的军官提供高质量的训练。在实施所有训练时，都会适当考虑人权和国际人道主义法。在必要的场合，还会采取其他保障措施防止潜在的侵犯人权行为，包括寻求提供高度保障不让那些新能力用在或误用于侵犯人权上。

在中东，我们着重建立巴勒斯坦政府安全部队的能力，这事关未来巴勒斯坦国的生死存亡。在伊拉克，我们努力确保其部队作为独立负责的世俗机构，有能力提供国内安全，不仅能应对正在发生的极端主义威胁，维持强大的海上边界，还能保护重要的石油基础设施。此外，国际防务培训为许多外国军队和文职人员开设的课程旨在促进安全部队的职业化和可靠性。在2009/2010年度，大约有3000人接受了培训。培训一方面在英国进行，另一方面也通过向埃塞俄比亚、乌拉圭和乌克兰等国派遣培训人员，在这些地区建立伙伴国和盟友的军事能力，并加强他们的协同作战能力。由于英国对这些国家的影响程度不一，这些类型的行动通常还具有附加利益。

为这些脆弱国家的安全部门提供援助意味着我们必须同这些国家和机构进行合作，因为我们关注它们尊重人权和民主的状况。在提供援助时有两点十分重要：一是在与那些安全和司法部门打交道时，我们要通过促进人权而不是破坏人权的方式；二是我们必须采取措施减轻任何针对人权的潜在威胁。

（九）适当情况下利用地区途径

在适当情况下，我们将通过地区途径建立稳定。“阿拉伯之春”为中东和北非地区提供了建立更加包容和富强社会的重要机遇。国际发展部、外交和联邦事务部共同负责的“阿拉伯伙伴关系基金”为此提供了1.1亿英镑的资金。利用这笔资金，我们同那些改革中的政府、民间团体、议会、媒体和司法机构建立双边关系，努力建立稳定和反应灵敏的机构，促进包容性的经济增长并加大国民的参与力度。

“阿拉伯伙伴关系倡议”

“阿拉伯伙伴关系倡议”是将外交和联邦事务部以及英国国际发展部的方法用于“阿拉伯之春”事件上。由于认识到正面临建立更稳定、开放和繁荣的中东和北非这一历史性机遇，外交和联邦事务部在2011年2月推出500万英镑基金的基础上，在5月份将其金额确定为未来4年共推出1.1亿英镑。“阿拉伯伙伴关系”包括由外交和联邦事务部主导的“参与基金”（高达4000万英镑），以及由国际发展部主导的“经济基金”（高达7000万英镑）。

“参与基金”用于支持本地区所有国家开展有意义的政治改革，并与民间团体、议会、媒体和司法机构进行合作。目前已经实施的项目用于支持埃及和突尼斯两国的政治过渡。例如，在突尼斯制宪议会选举前，英国政府正努力和英国广播公司国际部基金会、国际及当地的民间社团进行合作，确保法律框架保护下的言论自由，并建立选举期间提供平衡、准确报道的能力。

“经济基金”将为支持经济改革提供技术援助，帮助建立更加开放、包容、充满活力和国际一体化的经济。这一援助同样有助于加强法治、话语权和问责制。它将重点关注那些拥护改革的国家，从埃及和突尼斯开始，随后扩大到约旦和摩洛哥等国。

十一、同舟共济

我们要想成功建立稳定，与他国合作并利用它们的专家和资源将是至关重要的。例如，与一系列战略伙伴的合作可以作为我们在“阿拉伯伙伴关系倡议”下开展的双边活动的补充。为确保对该地区的全面支持，我们通过“多维尔伙伴关系”① 与八国集团紧密联系，通过“欧洲睦邻政策”与欧盟密切合作。“阿拉伯伙伴关系”的“经济基金”将与包括地区开发银行在内的各大国际金融机构直接开展合作，帮助这一地区的国家从它们的援助中获得最大的利益。我们将更加紧密地同国际和多边组织合作，鼓励它们为建立稳定、预防冲突综合使用各类方法。

（一）国际组织

与联合国合作是关键，特别是要与联合国安理会进行合作，建立后者的宗旨就是解决针对和平与国际安全的威胁。作为常任理事国，我们将支持安理会发挥作用，例如，使国际社会关注新出现的冲突，或是为改变主要交战国的行为对其实施制裁，阻碍其获得资源、资金和军事装备。我们不仅将把成功建立在支持联合国的远景审查工作上，还将进一步鼓励安理会把气候安全纳入其冲突工作的主要议程。

由安理会授权并由区域组织领导的联合国维和行动包含暴力，

① “多维尔伙伴关系”（the Deauville Partnership）源于八国集团聚焦应对阿拉伯世界变革的第37届首脑会议。2011年5月27日，这次峰会在法国多维尔闭幕，八国宣布启动面向中东北非国家的《多维尔伙伴关系》计划，并在发表的最终声明中称，作为“多维尔伙伴关系”的一部分，峰会决定通过多边发展银行，对突尼斯和埃及两国提供200亿美元的援助。——译者注

不仅要稳定冲突后的脆弱局势，而且还要在无需英国直接军事干预的情况下，减少敌对状态复发的可能性。尽管与联军行动相比花费相对较少，但国际维和行动仍然开销巨大。我们将继续率先努力提高联合国维和行动的效率和效能，确保这些干预措施所支持的政治进程能带来长期稳定。我们还将努力确保联合国维和行动适可而止。

在联合国内部，我们将鼓励用更多的联合方法建立和平、建设国家。联合国所有部门应就此议程做出更大努力。此外，我们将继续努力促进联合国在预防冲突中做出贡献，继续参与并支持联合国各部门及其推出的基金和项目，以便提高其综合效能并确保国际体系为那些脆弱和受冲突影响的国家带来明显成效。这就包括努力确保联合国的和平建设框架和其政治、人道主义、安全与发展等工具的结合更加有效。

我们将与世界银行合作，特别是要针对《2011 年度世界发展报告：冲突、安全与发展》提出建议，指导那些为脆弱和受冲突影响国家提供捐助的行为体从寻求短期技术性的局部解决方案，转为切实强化机构功能，为人们提供安全、公正和就业机会。

（二）区域组织

欧盟拥有一系列建立稳定的重要方法和手段，超过半数的世界发展援助都是由它提供的。欧盟的扩张和睦邻政策，包括其贸易政策，是我们在巴尔干半岛西部、东部和南部邻国建立稳定的重要方法。目前，欧盟为建立全球稳定实施了多种外交政策，包括对政权施加制裁；在科索沃、刚果民主共和国和阿富汗等国执行共同安全与防务政策中的民事行动；以及像欧盟在索马里海域打击海盗活动那样，实施共同安全与防务政策中的军事行动。只要有可能，我们会确保上述方法和手段为我们的努力提供支持并提升其价值。

我们希望欧盟不仅能为建立稳定进行有效干预，在危机出现时予以应对，而且能对冲突做出反应。我们将鼓励“欧洲对外行动署”（European External Action Service，EEAS）制订综合战略，为预防并解决冲突综合开展安全、政治和发展等活动。我们要敦促 EEAS 具备随时介入冲突的能力，并能在各地、各国综合利用欧盟的所有手段。EEAS 和欧盟委员会共同决定向我们的邻国推出新的欧洲睦邻政策，对此，我们表示支持。这一政策不仅为那些寻求重大改革的国家提供了重要的激励机制，还提出了明确条件。作为需要重点关注的优先事项之一，我们将努力提高欧盟的预警能力和反应。

北约自成立以来就是安全的建立者和提供者，拥有独一无二的冲突管理能力，其在战场部署和维持强大军事力量的能力无与伦比。在 2010 年通过的“北约战略概念”中，该组织 28 个成员国承诺：一方面将利用其政治和军事能力预防危机、管理冲突、稳定冲突后的局势；另一方面将广泛开展各种活动，旨在加强危机时期的军民综合规划，建立适度的民事危机管理能力以便与民事伙伴进行更有效的联系，并在危机地带建立培训和发展地区武装的能力。为开展上述活动，英国将为北约指挥体系提供资金，在必要时提供军事和民用能力，并对该联盟的政治活动提供支持。

建立欧洲安全合作组织和非洲联盟等区域组织在预防冲突、调停仲裁、提出冲突后的政治解决方案等方面，不仅物有所值，而且有利于各地区自行处理冲突。在地区层面取得成功的范例是英国对“西非国家经济共同体”（the Economic Community of West African States，ECOWAS）建立能力的支持。为此，英国调动了外交和联邦事务部、国际发展部和国防部的资源，并与国际伙伴密切合作。迄今为止，ECOWAS 已经在其区域范围内成功调停并预防了好几起冲突，还通过协商达成了若干停火协议。ECOWAS 一直努力改善其境内人员和货物的自由流动状况，制订冲突后的和平建设方案。目前，它正努力运用综合手段解决该地区的毒品和人口贩卖问题。我们将继续努力加强各地区的工作，积极参与区域组织的活动。

（三）超越传统伙伴的行动

我们将继续与美国、法国等传统伙伴紧密合作，建立稳定。不仅如此，英国外交和联邦事务部在远征外交方面走得更远。它不仅积极寻求加强与中国、巴西、南非和海湾地区各国的联系，强化与印度的关系，还不忘振兴与英联邦伙伴的关系。这些国家不仅在其地区内发挥重要作用，还将在全球范围内发挥越来越重要的作用。我们将付出更大的外交努力，与这些国家建立新的“预防冲突伙伴关系”（Prevention Partnership）。

我们会继续和那些受冲突影响的脆弱国家合作。例如，通过“建立和平与建设国家”国际对话，加强它们从双边和多边捐助中获得更多有效支持的努力。

（四）加强以法规为基础的国际体系

努力加强以法规为基础的国际体系将有助于我们应对外部压力，后者是导致局势动荡和管理不善的根本原因。“建设部门透明倡议”是个正面典型。这份由20国集团领导人达成的协议与反腐的全面行动计划有关。这份协议同时也是份有力的声明，20国集团借此表达了要在反腐行动中率先垂范的政治意愿。这个计划列出了国家应采取的一系列具体步骤，范围涉及公共和私营部门在国内外存在的腐败问题。比较重要的事项还有，确保缔结一份健全的军火贸易条约，这将有助于规范全球军火贸易，防止那些利用武器破坏稳定和民主的行为体获得武器。我们还需要在强化应对工具、解决跨境有组织犯罪方面付出更多努力。

十二、实现目标

为建立海外稳定提供有效支持需要采取综合方法，即把政府所有部门和国际社会的不同资源、能力和专业技术领域汇集起来。一方面，我们必须有能力及时做出反应；另一方面，我们还要为应对新兴挑战提前做出规划，列出在瞬息万变的复杂情况下应该优先考虑的战略重点，并有谋略地利用我们的资产。为了实现这一目标，我们需要在政府各部门之间建立有效的协调机制，明确划分业务范围，并对资金的用途和效果加以关注。

在国家安全问题上，国家安全委员会是做出及时、连贯和协调一致的决策的关键。在国家安全委员会中，外交大臣、国际发展大臣和国防大臣是建立海外稳定的领头人，三位大臣将共同负责实施这一战略。

来自国际发展部、外交和联邦事务部以及国防部的总干事负责《战略防御和安全评估》中的海外稳定建设。他们会和白厅里的其他同仁密切合作，监督这一战略的实施情况，确保英国的努力严格按优先事项的顺序并能紧密地结合在一起。依据《战略防御和安全评估》成立的建立海外稳定理事会将就战略的实施问题达成一份资源分配合理的计划。此外，他们还对冲突基金的改革问题负有特别的责任。

（一）监测与评估

我们致力于确保我们的投资提供实实在在的成效，并向英国纳税人民保证投资是透明和物有所值的。我们认识到在衡量自身影响时，需要做出阶段性改变，减少主观的内部评估，更多地借鉴外部的专业技能和数据。

我们将实施跨政府的系统报告框架，借此对那些在冲突基金支持下开展活动的单位统一要求，以便衡量我们在各地区的影响。我们还将与国际伙伴合作，建立统一的进度量化指标，对质量报告进行补充。例如，公众对国家的信心通常取决于国家是否有能力提供其最关注的就业、安全和公正等服务。为此，我们需要有能力严格衡量公众是否对脆弱国家提供上述服务的能力更有信心。

本战略的核心部分是英国政府加大对前期冲突预防的关注。这就对建立监测和评估指标提出了特别的挑战。归根到底，英国要想对冲突预防有所帮助需要依靠反事实分析，即如果不进行干预，最有可能会发生哪种水平的冲突。我们将努力为此找到健全的方法。

（二）外部挑战

我们的工作将接受更多的外部挑战和评估，我们会利用独立的视野看待政府在冲突预防工作中的表现，挑战我们的思维并推动持续发展。新成立的援助影响独立委员会直接向议会的国际发展委员会汇报工作。作为工作的第一步，它已表示将对 2011/2012 财年冲突基金所用的官方援助进行评估。这将涉及三个部门的所有工作。在此基础上，我们将为冲突基金制订一份开支审查阶段的评估战略。这对我们集中规划和积累经验均有帮助。

我们将推出由非政府组织和专业学者等外部专家组成的专家挑战小组，对我们的分析进行审查，还将找寻新的创新方式对整体方法进行评估。例如，我们将帮忙想办法，对政府冲突预防工作的整体表现进行独立评估。

（三）加强证据基础

过去10年的研究强调：没有哪种办法能应对所有脆弱，“环境决定一切”。研究过程中所形成的框架则重点关注冲突政治，寻求建立包容、可持续的政治解决方案，既需要国家也需要社会的关注。尽管取得了上述进展，我们在与脆弱国家打交道时仍然缺乏证据基础和理论依据，在某些领域还存在争议。

英国将继续努力加强证据基础。我们正在为两个研究冲突和脆弱问题的长期项目提供支持：一个研究如何获得安全和公正；另一个研究生计、基本服务和社会保障问题。我们还委托他人对证据进行系统评价，包括创造就业机会对稳定的影响，干预发展中国家对其减少暴力犯罪的影响，气候变化的影响以及裁军、复员和安置项目的成效等。

十三、原始资料

为准备本战略，我们借鉴了以下组织的分析成果和数据资料。它们是：联合国、世界银行、国际原子能机构、经济合作与发展组织等国际组织；海德堡国际冲突研究所、公共政策研究所、国际小型武器防制网、国际警戒机构、海外发展研究所、乐施会和更安全世界协会等非政府组织。

（译者：解放军外国语学院助教　王瑜）

2011 年度《日本的防卫》防卫白皮书[*]

防卫省、自卫队

2011 年版防卫白皮书刊行寄语

——防卫大臣　北泽俊美

今年的白皮书是政权交替后发行的第二版。如今，我国的安全环境瞬息万变，在本白皮书的年度内，国内外也发生了诸多与防卫省、自卫队有关的具有划时代意义的事件。

首先便是 3 月 11 日发生的东日本大地震。作为我国观测史上最大规模的地震，东日本大地震给我们带来了前所未有的灾难。防卫省、自卫队不分昼夜、不遗余力地承担了救援受灾民众、应对核辐射灾害等一系列工作。

自卫队不顾自身驻地和基地也遭受到了地震灾害，在接到菅首相的指示后，迅速召集 10 万人的队伍来应对此次灾难。我认为这不仅使受灾民众，也使众多国民感到安全和放心。国民和防卫省、自卫队之间的关系从未如此亲近。菅首相说："作为自卫队的最高司令官，我为自卫队员英勇无畏的行动感到自豪，同时也向每名队员表示由衷的感谢。"这对我来说也是莫大的荣耀。

其次是制订新的"防卫计划大纲"（以下简称为"防卫大纲"）

* 日本每年发行防卫白皮书，2011 年是第 37 次。2011 年版防卫白皮书的内容基本截止到 2011 年 6 月底。电子版出自 http://www.clearing.mod.go.jp/hakusho_data/2011/2011/pdf/23_Boei_PDF.zip。——译者注。

和“中期防卫力量整备计划”（以下简称为“中期防”）。去年 12 月，在新政权下我们初次制订了防卫大纲和中期防。政权交替后，经过一年的时间，防卫省在“政务三役”（政務三役）[①] 的领导下展开了充分的讨论。相关阁僚也以“新时代安全保障和防卫力量恳谈会”（新たな時代の安全保障と防衛力に関する懇談会）的报告为材料，进行了充分讨论，最后推敲出了具有现实意义的政策。

新的防卫大纲，基于当前的安全环境，提出了以防卫力量的运用为重点的“动态防卫力量”这一新理念，倡导在确保有效威慑和应对的同时，致力于亚太地区的稳定和世界安全环境的改善。为实现这一目标，根据新的中期防，重新从根本上审视自卫队整体的装备、人员、编制等问题，防卫省、自卫队正在推进“提高防卫力量实效性的结构改革”的讨论。

再次，我于6 月份访美。时隔 4 年，日美两国的外交、防卫当局再次召开“2 +2” 会谈，全面讨论共同面临的安全问题。两国不仅发表了新的共同战略目标，总结了在安全和防卫合作、在日美军再编、应对地震灾害等诸多领域所取得的具体进展，还明确了今后的发展方向。通过在民主党政权下召开“2 +2” 会谈，我国 80% 以上的政治力量都参与了日美同盟，这一点具有重要意义。未来，我们将努力推进本次共同声明中所列的合作项目，使日美同盟更加有效地应对诸多事态，并在亚太地区和国际社会发挥更加积极的作用，进而使日美同盟在今后半个世纪也能永葆活力地致力于各项议题。

展望我国周边地区，北朝鲜的核导弹问题仍旧处于变幻莫测的形势中，炮击韩国延坪岛等事件使朝鲜半岛的紧张局势持续升温。中国军事力量在推进广泛并迅速而现代化的同时，在我国周边海域扩大其活动的规模和频率。俄罗斯的军事活动也呈现持续活跃的

---

① 政务三役：各部大臣、副大臣、政务官。民主党政权上台后，将政务三役作为决策中心。——译者注。

趋势。

在亚太地区，去年 10 月首次召开了“东盟防长扩大会议”（拡大 ASEAN 国防相会議、ADMMプラス），为稳定地区安全环境作出了更为具体的努力。国际社会的和平与稳定同我国自身的和平与安全紧密相联，因此，自卫队在戈兰高地和加勒比海的海地等地持续进行维和行动。为了确保海上运输的安全，护卫舰和 P－3C 巡逻机继续在非洲的索马里海域及亚丁湾一带活动。海洋、太空和网络空间的稳定利用作为全球性的安全问题也被重新提了出来。为应对这些新议题，防卫省将积极推进各种国际合作。

在今年的防卫白皮书中，我们注重收集来自现场执行任务的自卫队队员们的心声，向国民广泛介绍东日本大地震的应对措施。此外，由于这是新的防卫大纲和中期防制订后第一次刊行的白皮书，本书不仅在追溯防卫大纲历史演变的同时对其内容进行详细介绍，还力求根据新防卫大纲和新中期防所提出的理念，对防卫省和自卫队所进行的各种努力加以说明。

如果缺少了国民的信赖与支持，国家防卫是难以实现的。我由衷地希望有更多的国民能读一读这本防卫白皮书，哪怕是多一个人也好。我希望这本白皮书能有助于大家加深对防卫的理解。

一、特集：应对东日本大地震

2011 年 3 月 11 日发生的东日本大地震给以东北地方沿岸为中心的地区造成了毁灭性的破坏。为确保受灾民众的安全和生活稳定，防卫省与自卫队在震灾发生后竭尽全力展开了各种活动。

这些活动规模大、范围广，统一使用了陆、海、空自卫队，还召集了快速反应预备自卫官（即応予備自衛官）和预备自卫官（予備自衛官），美国等国也对此予以协助，有很多内容值得大书特书。

因此，这里就防卫省、自卫队应对东日本大地震的情况加以说明。

（一）防卫省、自卫队的行动准备（略）

（二）救援行动

1. 生命救助

（1）搜救行动

（2）失踪人员的营救行动

2. 运输援助行动

3. 生活援助行动

（1）供水援助

（2）食品援助

（3）燃料援助

（4）洗浴援助

（5）医疗援助

（6）其他生活援助

4. 应急修复援助行动

（三）应对核灾害

1. 注水、供水

2. 去除核污染

3. 监控作业

4. 援助核电站周边地区的居民

5. 搜索核电站周边地区的失踪人员

（四）召集快速反应预备自卫官和预备自卫官（略）

（五）来自各国军队的援助

1. 美国

（1）概况

（2）地震灾害援助活动

（3）核灾害援助活动

（4）日美之间的协调和合作

2. 其他国家

（1）澳大利亚

（2）韩国

（3）泰国

（4）以色列

（5）法国

（六）派遣队员康复的综合对策（略）

二、日本的周边安全环境

（一）概览

1. 国际社会的动向

2. 国际社会的主要安全议题

3. 亚太地区的安全环境

（二）国际社会的议题

1. 网络空间的动向

（1）网络空间和安全保障

由于近些年来的信息技术革命，互联网等信息通信网络正成为人类生活不可或缺的事物。然而，针对信息通信网络，特别是日常生活基础设施网络所展开的攻击行为，却给人们的生活造成了巨大影响。为此，保障网络安全已成为世界各国的一大挑战。

网络攻击包括秘密潜入信息通信网篡改和窃取信息、传输大量信息流造成网络阻塞等多种类型。随着互联网相关技术取得日新月异的进步，网络攻击也日益呈现尖端和复杂趋向。网络攻击基本具有以下特征：第一，不对人或物体造成物理性损伤，能在不发生实际接触的情况下实施攻击；第二，如果能使重要的信息通信网发生故障，将会造成巨大损失；第三，因不受地理和时间等因素的制约，可随时随地实施攻击；第四，攻击主体采取利用电脑病毒绕过众多电脑发起攻击等隐蔽手段，便能避免被人识别，因此，很难掌握直接证据指认攻击主体。

对于军队来说，信息通信是从指挥中枢到末端部队实行指挥控制的基础。由于 IT 革命，军队对信息通信网的依赖程度正不断增加。正是由于军队对信息通信网络存在依赖性，网络攻击被赋予利用敌军短板、削弱敌军优势的非对称战略地位。据悉，有很多国家的军队都在开发网络空间的攻击能力，并以情报搜集为目的，入侵他国的信息通信网。

（2）网络空间威胁的动向

在此状况下，针对各国政府机构和军队等部门信息通信网的网络攻击时有发生。

近年来，在政治或军事冲突爆发之际，也时常发生网络攻击事件，尽管其行为主体未必明确。例如，在 2006 年以色列和真主党的军事冲突，以及 2008 年以色列和哈马斯的军事冲突中，据说都发生过网络攻击。2008 年 8 月，格鲁吉亚冲突爆发之际，格鲁吉亚总统府、国防部、媒体机构及银行等均遭受大规模网络攻击，导致部分网页浏览困难，部分内容也遭到篡改。虽然上述网络攻击并未给格鲁吉亚军的军事行动造成太大影响，但却导致格鲁吉亚政府针对该冲突发布的官方声明无法打开，在一定程度上影响了其职能的发挥。2008 年，计算机病毒通过移动存储介质，入侵管理美国中央司令部（负责指挥美军在伊拉克和阿富汗的作战行动）秘密情报的网络，相关情报有被外泄的可能，安全形势一度严峻。美韩两国包括国防部在内的政府机构网站，分别于 2009 年 7 月和 2011 年 3 月遭受网络攻击，导致网页无法浏览。此外，在有些事件中，网络连接的从业者改变网络信息的流向，使之在瞬间通过特定国家，这可能使各种信息被置于能够被解读、删除或者改变的状况下。

2010 年 7 月被发现的名为“Stuxnet 病毒”的计算机病毒，拥有高度复杂的构造，在以编入特定软件和硬件的控制系统为目标这点上，尚属首次。该病毒具有在不被检测到的情况下进入目标系统并实施信息窃取及系统变更的能力。针对政府和军队的信息通信网以及重要基础设施的网络攻击，会对国家的安全保障造成重大影响，因此日本必须持续关注网络空间相关威胁的发展动向。

（3）网络攻击的对策

鉴于上述网络空间威胁的增多，各国政府整体层面和包含国防部在内的相关省厅层面[①]，都在进行着各种努力。

在政府整体层面，从国际社会和各国政府有效应对新安全问题

① 日本称国防部为“防卫省”，日本的“省”相当于我国的“部”——译者注。

的必要性来看，目前各国正在推行的网络安全政策有如下倾向：第一，对分散于各部的网络安全相关部门及操作单位进行整合；第二，通过增设专职岗位和研究机构、提升相关职能等方式，提交政策与研究部门的能力；第三，增强情报机构在网络攻击应对方面的作用；第四，重视国际合作。

在国防部层面，应对网络攻击、确保网络活动安全是各国军队的头等大事，国防政策也越来越重视应对网络攻击。各国都在采取增设统管全军网络作战的机构、把应对网络攻击列为国防战略的重要目标等相应措施。

近年来，网络攻击已成为新的安全挑战。为了有效应对网络攻击，必须对下列事项予以讨论并加以关注。首先，是难以确定网络攻击者的身份，而且在很多情况下由于攻击者并无任何事物需要保护，因此让攻击者放弃攻击的念头比较困难。其次，在网络攻击是否相当于国际法中所规定的武力攻击这一问题上，国际社会并未达成共识，所以很难将军队现有的交战规则应用于网络攻击。最后，在规范国家网络空间行为和国际合作方面，也未达成广泛共识。目前，国际社会已经就上述问题展开相关讨论，旨在推动威慑网络攻击、制订网络空间交战规则以及根据国际共识制订统一的行为规范等新举措。

A. 美国

美国依据 2009 年 5 月发表的《网络空间政策评估》，在白宫新设了网络安全协调官一职，就网络安全政策与相关部门进行协调。2011 年 5 月发表的《网络空间国际战略》则提出了美国对网络空间未来的构想。这份文件以实现该构想为目标，为美国开展与其他政府和国民的合作设定了议程。为了使将来的网络空间保有开放性、兼容性、安全性和可靠性，为了在建立合理的网络空间行为规范方面达成国际共识，美国将综合使用外交、防卫和发展等手段。此外，该战略还指出了应该优先发展的 7 大政策领域，它们分别是：经济、网络防护、执法、军事、互联网治理、国际发展和互联网自由。

美国国土安全部负责联邦政府及重要基础设施的网络防护工作。国家网络安全局（NCSD）隶属该部，负责战略目标设置和总体协调等事务。此外，国土安全部还在2009年新设了国家网络安全与通信整合中心（NCCIC），负责整合政府各部门网络安全机构的业务，是24小时态势的警戒监视中心。

作为国防部的举措，2010年2月发布的《四年防务评估报告》认为全球公共领域（Global Commons）除陆、海、空、天外，还包括网络空间，美国必须确保进入全球公共领域。报告还将网络空间的有效作战作为美军强化战力的6大任务领域之一。为此，《网络空间的国际战略》指出，针对网络空间的敌对行为，美国将像处理其他威胁一样应对，美国有权利合理行使包括军事手段在内的符合国际法规定的所有手段。在此基础上，第一，承认并适应军队越来越需要安全可靠的网络这一事实；第二，为了对抗网络空间的潜在威胁，构筑并强化军事同盟；第三，以提高集体安全为目标，强化与盟国以及伙伴国在网络空间领域的合作。在2010年8月发布的报告中，国防部副部长威廉·J. 林恩提及正在制订的网络战略框架，强调要落实所谓积极防御的防卫系统、制订网络防卫的交战规则、防护政府和私营部门的网络、与盟国进行合作并保持技术优势。

在部门的组织机构方面，时任国防部长罗伯特·M. 盖茨于2009年6月决定创设网络司令部，统管网络空间作战。2010年5月网络司令部初步运行，11月开始正式运行。

2010年10月，国土安全部和国防部缔结备忘录，共同商定了合作框架，双方将在制订国家网络安全战略、相互援助能力开发以及协调现有活动等方面，提供对方所需的人员、装备和设施。

B. 北约（NATO）

北大西洋理事会是北约的最高决策机构，不仅统管北约网络安全的相关政策和作战行动，还拥有自己的网络防卫政策。2010年11

月公布的《新战略概念》决定强化网络攻击的预防检测能力、网络防护能力以及遭受网络攻击后的修复能力，将 NATO 的所有机构置于集中式的网络防护之下。NATO 国际参谋部内部也在进行体制整备，2010 年 8 月新设的新兴安全挑战局（ESCD）负责网络防卫等新安全议题的企划立案。网络防卫管理局（CDMA）负责协调 NATO 内部的网络防卫任务。2008 年新设的 NATO 合作网络防卫中心（CCD COE）则从事网络防卫的研发工作。从 2008 年开始，NATO 每年都实施网络防卫演习以提高网络防卫能力。

C. 英国

英国在 2009 年 6 月发布的《网络安全战略》中决定：在内阁府中设置网络安全办公室（OCS），为政府制订网络安全战略，并负责相关的协调事务；在政府通信本部（GCHQ）设立网络安全作战中心（CSOC）负责监视网络空间。之后，网络安全办公室又被赋予信息保障职能，更名为网络安全与信息保障办公室（OC-SIA）。2010 年 10 月，英国发布了《国家安全战略》和《战略防卫与安全评估》两份报告，不仅将网络攻击列为优先级别最高的风险之一，还决定成立国防网络作战大队，负责统合国防部内部的网络活动。

D. 澳大利亚

2009 年 11 月，澳大利亚发布了《网络安全战略》报告。该战略指出，由网络安全政策协调委员会负责协调并监督包括危机管理和国际合作在内的政府网络安全政策，这一委员会的主席由总检察长担任。2009 年 5 月，澳大利亚在发布的《国防白皮书》中指出，网络攻击威胁可能会以难以预料的速度激增，强调应将网络战能力作为澳军优先强化的能力之一。根据该白皮书，国防部于 2010 年 1 月在国防通信局（DSD）下成立网络安全作战中心，为政府提供网络空间高级威胁方面的分析，并在处理重大网络安全事件时对政府机关进行协调和支援。

E. 韩国

在网络安全方面，韩国在《韩国信息保护白皮书》等文件中提出，有必要在国家层面建立集中式的管理结构。国家情报局长负责监督协调国家网络安全的相关政策和管理工作。为了保护军队的网络，国防部已经设立了国防情报战应对中心。2010 年 1 月还在国防情报本部下创设了网络司令部，负责网络空间作战的计划、实施、训练和研发工作。伴随网络司令部的创立，同年 12 月公布的《2010 年韩国国防白皮书》再次确立了情报保护的相关任务。

2. 大规模杀伤性武器的转移和扩散

核生化武器等大规模杀伤性武器及其运载工具弹道导弹的转移与扩散，一直被认为是冷战后的重大威胁之一。特别是那些很难发挥传统威慑有效作用的恐怖分子等非国家行为体，他们获取并使用大规模杀伤性武器的情况依然令人担忧。

（1）核武器

在美苏冷战最盛期的 1962 年爆发了古巴导弹危机，两国之间爆发全面核大战的危险性世人共知。1970 年生效的《不扩散核武器条约》（NPT）规定，除了 1966 年以前进行过核试爆的国家，其他国家禁止拥有核武器，同时也要求有核国家通过双边谈判控制并削减核武器。

现在已经有 190 个国家在《不扩散核武器条约》上签字，有的国家过去曾经拥有核武器，现在已将其放弃并作为无核国家重新加入，印度、以色列和巴基斯坦等国至今仍拒绝加入。还有一些国家，如朝鲜在 2006 年 10 月和 2009 年 5 月宣布进行了核试验，已宣布开发并拥有了核武器。

2009 年 4 月，美国总统奥巴马发表旨在实现无核世界的演说，推动了国际社会向核不扩散与核裁军的方向发展。

该演说称，废除核武无法在近期内实现；只要核武器存在，美国就会保持核威慑。然而，该演说也表明美国为建立无核世界，将采取以下措施：降低核武器在国家安全中的作用；与俄罗斯缔结削减与限制战略进攻武器的新条约，以取代美俄《第一阶段削减战略武器条约》（START Ⅰ）；谋求批准《全面禁止核试验条约》（CT-BT）。

2010年9月，联合国安理会举办了“核不扩散与核裁军峰会”，同样体现了建立无核世界的决心。2010年4月，美俄两国总统在取代START Ⅰ的新条约上签字。为了减少核恐怖主义的威胁，同月召开的核安全峰会通过决议，规定在未来4年内将采取措施彻底解决所有脆弱核物质的管制问题。在同年5月召开的NPT评估会议上，就NPT的三大支柱——核不扩散、核裁军与和平利用原子能等问题，通过了包含未来具体行动计划在内的最终文件。2011年2月，美俄两国签署的《新削减战略武器条约》经由各自议会批准，通过换文仪式正式生效。

就这样，国际社会向核不扩散与核裁军的方向迈出了坚实的一大步，这有利于国际安全环境的改善，是受人欢迎的。

（2）生化武器

生化武器不仅造价低、制作简单，其所需的物资、器材、技术还有很多是军民两用的，所以极易伪装。因此，对于那些追求非对称攻击手段的国家和恐怖分子来说，生化武器颇具吸引力。

生物武器具备以下特征：第一，制作简单、造价低；第二，从外泄到症状显现通常存在数日的潜伏期；第三，一经使用，一般人很难察觉得到；第四，即使最终不使用，也能给敌手造成巨大的心理压力；第五，在不同场合运用不同的武器会造成巨大伤亡。

生命科学的进步使误用、滥用生物武器成为可能。鉴于这种担忧，2009年11月，美国制订了应对生物武器扩散以及恐怖分子使用该武器的政策，采取措施彻底管理病原菌和毒素。

至于化学武器，伊拉克曾在两伊战争中多次使用芥子气、塔崩和沙林毒气。20世纪80年代后半期，伊拉克还使用化学武器镇压国内的库尔德人，据说其中还有毒性较强的VX神经毒气和较易管理的二元弹。

据说有些国家一直希望获得这些武器，比如朝鲜。使用化学武器的典型事例有1995年发生在我国的地铁沙林毒气事件，2001年和2004年2月发生在美国的炭疽病菌和蓖麻毒素邮件案。这些事件表明，恐怖分子使用大规模杀伤性武器所带来的威胁是很现实的。一旦在城市中使用，后果非常严重。

（3）弹道导弹等

弹道导弹不仅能将重物投射到很远距离，还是核生化武器等大规模杀伤性武器的运载工具。此外，它还具有一旦发射，自动计算弹道飞行轨迹，以高角度和高速度下落等特征，因此很难予以有效阻止。

如果在武力冲突持续不断的地区配备弹道导弹，冲突被激化和扩大的危险会更大，军事对峙地区的气氛势必更加紧张，整个地区将会变得更不稳定。此外，弹道导弹还可作为对常规力量占优势的国家进行远距离攻击或威吓的手段。

近些年来，除了弹道导弹威胁，巡航导弹所带来的威胁也不容忽视，因为后者更容易被恐怖分子等非国家行为体获取。与弹道导弹相比，巡航导弹不仅造价更低，保养与训练起来也更方便，许多国家都能进行制造和改造。它的命中精度更高，飞行时难以探知。此外，由于它个头较小，还可以藏匿在船舶之中，偷偷接近攻击对象。如果在弹头中载有大规模杀伤性武器，则会构成重大威胁。

（4）大规模杀伤性武器转移与扩散的威胁增大

即便有些国家是出于自卫目的才购入或开发某些武器，但一旦其国内生产步入轨道，这些武器就很有可能会被出口或转移。比如，那些因资源无法投入到常规力量却又希望通过大规模杀伤性武器进行补充的国家，正在从那些不顾政治风险的国家手里获得大规模杀伤性武器和相关技术。还有一些寻求获得大规模杀伤性武器的国家由于政府的统治能力太弱，并不理会这些武器会给本国及其民众带来危险，导致国际恐怖组织在其国内的活动十分活跃。因此，在这些情况下，大规模杀伤性武器被实际使用的可能性很大。

此外，由于这些国家不能有效地管理相关技术和材料，这些化学或核材料很可能会转移或外流，这是令人十分担忧的。比如，只要那些恐怖分子获得了放射性材料，即便他们不懂相关技术，也能使用脏弹作为攻击手段。对于恐怖分子等非国家行为体获取并使用大规模杀伤性武器这一问题，各国都表示担心。

据说，巴基斯坦从 20 世纪 70 年代便开始进行核开发。我们能确定的是，2004 年 2 月，巴基斯坦的 A. Q. 汗博士等人将铀浓缩等核技术提供给了朝鲜、伊朗和利比亚。这些核技术的转移，是利用横跨欧洲、非洲、中东和东南亚等地的核交易网秘密进行的。据国际原子能机构（IAEA）时任总干事艾尔·巴拉迪称，与该网络相关的国家就有 30 余个。

2002 年 10 月，时任美国助理国务卿的詹姆斯·凯利在访问朝鲜时表示，朝鲜承认存在用于核武器的铀浓缩计划，这表明朝鲜不仅在开发基于钚的核武器，还有可能在推进基于铀的核武开发。2010 年 11 月，朝鲜向到访的美国专家开放了铀浓缩设施。这所工厂已为供应轻水反应堆的燃料装备了数千台离心机。不仅如此，朝鲜据说还在为叙利亚秘密进行的核活动提供支持。

（5）伊朗核问题

自 20 世纪 70 年代起，伊朗便打着按照 NPT 和平利用原子能的旗号，借助外力推进核电站的建设计划。然而到了 2002 年，伊朗政府的反对派公开披露了伊朗正在秘密建设大规模铀浓缩设施。IAEA 经调查发现，在未向其申告的情况下，伊朗长期从事与核武器开发相关的铀浓缩活动。2005 年 9 月，IAEA 理事会认定伊朗违反了 NPT 保障措施协定。

伊朗声称其所进行的所有核活动皆以和平为目的，但国际社会对此得不到确凿证据因而深表担忧，联合国安理会和IAEA理事会还通过一系列决议要求伊朗停止一切浓缩和再处理活动。

为了解决伊朗核问题，英法德三国（EU3）展开行动。经过斡旋，三国于2004年11月同伊朗达成协议（《巴黎协议》），使其中止了与浓缩相关的所有活动。但是在2005年8月，伊朗重启了铀浓缩初始阶段的铀转化活动，2006年2月又开始了铀浓缩活动。针对此种情况，IAEA特别理事会通过了将该问题提交联合国安理会讨论的决议；3月联合国安理会通过主席声明，要求伊朗停止与铀浓缩和再处理相关的活动。6月，EU3和美中俄（EU3+3）六国达成协议，制订了综合方案，提议在伊朗充分解除国际社会对其担心的前提下与其合作。然而，伊朗继续从事核活动。针对这种做法，联合国安理会于7月通过第1696号决议，要求伊朗停止一切与铀浓缩和再处理相关的活动，之后又通过一系列决议，根据联合国宪章第7章第41条对其施加了更为严厉的制裁。

2009年9月，伊朗没有按照与IAEA缔结的保障措施协定履行其申告义务，进行了新的铀浓缩设施建设。2010年2月，它又开始铀浓缩活动，将铀浓度由5%以下提高到20%左右。IAEA担心这些核开发活动可能与导弹核弹头开发有关，并指出无法确定这些活动都是出于和平目的。对于违反安理会决议不断进行铀浓缩的伊朗，联合国安理会于2010年6月通过了对其追加制裁的第1929号决议。直到现在，伊朗核问题仍未得到解决，包括联合国安理会在内的国际社会将继续寻求通过谈判，以和平与外交等方式予以解决。

3. 国际恐怖主义的动向

（1）概况

2001年发生的“9·11”恐怖袭击事件让全世界重新认识到国际恐怖主义的威胁，从此，以美国为首的世界各国开始了与恐怖主义的作战。

恐怖袭击发生后，由美英军队主导的阿富汗战争随即爆发。被认为是导演了“9·11”恐怖袭击的“基地”组织以及为其提供庇护的塔利班中，有很多骨干人员或遭击毙或被逮捕。2011年5月，潜伏在巴基斯坦的“基地”组织领导人奥萨马·本·拉登在美国的一次行动中被击毙。然而，“基地”组织并不会因此停止攻击，在据称是其余党和塔利班潜伏的阿巴边境地区，由美国主导的多国军队和阿巴军队仍在进行扫荡行动。

一方面，“基地”组织的核心成员仍有意图攻击西方，继续寻求多样的攻击手段并努力招募熟悉西方的成员。另一方面，也有人指出，由于失去了经验丰富的组织成员，“基地”组织为继续炫耀其影响力，有可能会加快作战节奏，组织实施规模较小、简单易行的攻击。

在“基地”组织与其附属机构之间的关系上，尽管其宣扬的伊斯兰激进思想在全世界不断蔓延，但其核心团体的指挥控制能力却在不断削弱。有人认为，有组织大规模攻击的可能性会有所减少，但其附属机构却会变得更加活跃，努力创新各自的攻击手段，使其变得更加先进。还有人指出，奥萨马·本·拉登死后，“基地”组织及其相关团体和支持者很有可能实施报复性攻击。

将“基地”作为其名称一部分的相关组织主要以北非和中东地区为据点实施恐怖活动，但它们在战略目标、在据点外区域的参与程度、实施恐怖活动的能力等方面均存在差异。

此外，近年来还出现了一些虽然从未和“基地”组织网络有过联系，但却接受其意识形态的激进团体和个人，他们也变成了恐怖分子。特别是在2005年伦敦地铁连环恐怖袭击事件发生以后，人们开始关注所谓的“本土恐怖分子”。比如在美国，2009年5月至2010年11月间，有22名“本土恐怖分子”遭到起诉。有人认为，虽然很难找到驱使这些人实施暴力的共同动机，但无外乎有以下可能：以过激的观点看待外国的冲突地区、对美国的生活感到失望和对欧美的对外政策感到愤怒等。

（2）世界各地发生的恐怖袭击事件

近年来，也门屡次发生袭击外交代表和其他团体的恐怖事件。2010年10月，从运往美国的数件航空物品中均发现了爆炸物，这些物品都是从也门寄出的。有人认为，该事件是由“基地”组织的附属机构实施的，也门政府统治状况的恶化今后可能会容许这些附属机构计划实施更进一步的攻击。据悉，目前也门有数百名“基地”组织成员，其势力还在不断扩大。

尽管索马里过渡联邦政府已于2005年成立，但它还不能有效掌控整个国家，伊斯兰激进组织“青年党”（Al-Shabab）和政府军的战斗仍在继续。据说，“青年党”领导人和“基地”组织有一定关联，例如：它在意识形态上与“基地”始终保持一致，曾发表过称赞奥萨马·本·拉登的声明，还曾表示与“基地”组织在2010年1月的运动中有过合作。

2007年，阿尔及利亚接连发生多起针对政府和军队的恐怖袭击事件，“伊斯兰马格里布各国‘基地’组织”（AQIM）声称对此负责。据悉近年来，AQIM的派系不仅在阿尔及利亚，还在撒哈拉以南区域（马里、尼日尔、毛里塔尼亚）活动。到目前为止，该组织主要以欧美人为袭击目标。2008年以后，发生了被认为是由该组织实施的绑架欧美人事件。

长期以来，南亚一直是恐怖袭击事件的高发区。2008年11月，印度孟买接连发生恐怖袭击事件，造成包括日本人在内的多名外国人员死亡。被称为纳萨尔派（Naxalites）的极端主义组织主要在东部地区活动，成为当地治安的威胁。此外，自2007年以来，巴基斯坦也先后发生了多起恐怖袭击事件，其中包括原总理布托遇刺、武装分子袭击政府机关和军队、警察等治安机构。

尽管东南亚地区在对抗恐怖组织方面取得了一些进展，但伊斯兰激进派等恐怖主义威胁依然存在。印度尼西亚在管制恐怖主义方面取得了一定成果。例如，2007年伊斯兰激进组织“伊斯兰祈祷团”（JI）的最高领导人扎尔卡斯和阿布·杜加纳被捕。2009年，JI分支领导人努尔丁被击毙，据说他是参与同年7月雅加达多家外资旅馆同时爆炸案的嫌犯。在菲律宾，共产主义“新人民军”（NPA）、伊斯兰激进组织“阿布萨耶夫武装”（ASG）、“摩洛伊斯兰解放阵线”（MILF）等组织都是国内治安需要解决的最大问题，菲律宾政府也在努力应对。2011年2月，阿基诺政权与NPA及MILF就重启正式和谈达成一致，展示了与这些组织合作的努力。

4. 复杂多样的地区冲突和国际社会的应对

（1）为促进国际社会稳定所付出的努力

近年来，世界各地发生的地区冲突其性质未必相同，起因可能是民族、宗教、领土或资源等问题，还有可能出现多种原因相互交织的情况，这些冲突的程度各异，从武力冲突到军事对峙不一而足。此外，气候变化等全球性问题所带来的影响也可能成为冲突的导火索。同时，伴随冲突而产生的人权侵害、难民、饥饿、贫困和恐怖主义也有可能成为国际问题。因此，对于国际社会而言，认清这些复杂多样的冲突的本质，据其研究应该采取的措施和干预方法，探索适当的对策是更为重要的。

冷战结束后，在冷战时期并未充分发挥作用的联合国维和制度被大家赋予很高的期待，联合国也设立了多项维和行动（PKO）。这些行动涉及的领域广泛，除了监督停火、撤军等传统任务外，还包括监督裁军、治安部门改革、监督选举及政府、为归国难民提供人道主义援助等民事活动。此外，近年来，还出现了在欧盟（EU）和非盟（AU）等地区框架内采取措施，或根据联合国安理会决议授权，派遣多国部队进行治安维持、人道主义及重建援助等活动，这些都是应对冲突的妥善办法。以维和、预防冲突和建立和平等为目的的行动也在日益增多。

然而，近些年来维和行动所处的环境趋于严峻。虽然根据联合国宪章第 7 章的规定，联合国维和行动已被赋予很高的权限，但是要想在一个基础设施并非完备的地区进行卓有成效的维和行动，如何确保装备、材料、维和人员的安全以及如何提高部队能力都是需要解决的议题。2009 年 7 月，联合国 PKO 局和实地援助局对 PKO 所面临的主要政策和战略困境进行了评价，并制订了“新的伙伴关系议程：构建联合国 PKO 的新视野计划”，供相关方就对策问题进行讨论。联合国以该文件为基础，开始进行被称为“新视野进程”的讨论，并于 2010 年 10 月发表了与该进程进展状况相关的报告。该报告称，有可能会对目前规模不断扩大的 PKO 进行整合；在文民保护及和平构建等重要领域的政策制定、任务实施所需能力的提升等方面均已加强了努力，以便应对 PKO 改革所带来的挑战。

（2）地区冲突的现状

A. 阿富汗局势

B. 伊拉克局势

C. 中东和平相关局势

D. 叙利亚局势

2011 年 3 月以后，叙利亚各地爆发了寻求民主化的反政府示威活动，民众与治安部队的冲突造成了巨大伤亡。鉴于这种局势，叙利亚政府于同年 4 月在撤废《紧急事态法》等举措的同时，在多所城市投入军队和治安部队，希望通过武力镇压示威活动。未来前景尚不明朗。

针对叙利亚治安当局镇压示威活动的举动，美国及欧盟对包括阿萨德总统在内的政权领导人实施了制裁，希望其通过与国民对话的方式实施政治改革。

E. 利比亚局势

2011 年 2 月，长期处于革命领导者卡扎菲统治之下的利比亚发生了反政府示威活动，致使卡扎菲政权对本国国民实施暴力。为了应对这一形势，联合国安理会先是通过第1970号决议，要求停止暴力并禁止向利比亚出口武器，随后取消了利比亚领空的所有航班，最后通过第1973号决议，赋予联合国各成员国采取一切必要措施的权限，保护利比亚公民及其人口聚集地免受攻击之威胁。

2011年3月19日，由美、英、法等国组成的多国部队开始对利比亚实施军事行动，主要包括以下三个方面：保护利比亚公民免受政府军的攻击；设定禁飞区；强化对利比亚的武器禁运。在行动初期，由美国指挥统管多国部队；3月底，所有军事行动的指挥统管权均移交给NATO。

多国部队的初期军事行动以破坏利比亚政府军的防空能力为主，数日后，禁飞区设定完毕。之后，多国部队一面对禁飞区实施侦察监视，一面重点对利比亚政府军地面部队实施攻击以保护市民，紧接着便通过舰艇实施海上警戒活动以强化武器禁运。多国部队的军事行动开始后，由反政府势力组成的临时国家委员会占领了中部多所城市，并向首都的黎波里所在的西部地区进发，但被政府军击退，东部地区仍处于胶着状态。2011年6月，NATO表示将最初的90天作战计划再延长90天。

在利比亚，国际社会不仅实施军事行动，还付出了政治努力。联合国和阿拉伯联盟等国际组织、NATO各成员国以及阿拉伯各国于2011年3月底决定成立“联络小组”。目前，非盟和土耳其已经提出斡旋方案，但尚未取得成功。

根据安理会第1970号决议，国际刑事法庭（ICC）检察官开始进行调查，并于2011年5月要求法官以反人类罪名，出具对革命领导人卡扎菲等三人的逮捕令。对此，ICC预审分庭于6月发布了对以上三人的逮捕令。

F. 苏丹局势

G. 索马里局势

H. 海地局势

I. 东帝汶局势

2006 年 8 月，联合国东帝汶综合特派团（UNMIT）在东帝汶成立，旨在推进政治对话以实现国民和解，通过援助东帝汶的国家警察恢复并维持治安。通过不懈的政治和经济努力，目前的治安状况趋于稳定。面临 2012 年的议会和总统选举，出于促进该国和平、稳定与发展的考虑，UNMIT 将托管期限延长至 2012 年 2 月 26 日。东帝汶也希望在那一年加入东盟（ASEAN）。

（二）各国的国防政策

1. 美国

（1）安全和国防政策

（2）军事态势

（3）亚太地区的军事态势

2. 朝鲜半岛

在朝鲜半岛上，同一民族的南北分裂状态已经持续了半个多世纪。现在，隔着非军事区（DMZ），双方共有约 160 万地面部队处于紧张对峙的状态。

维持朝鲜半岛的和平与稳定对我国乃至整个东亚地区的和平与稳定都是极为重要的议题。

（1）朝鲜

A. 概况

朝鲜，不管是在思想、政治、军事、经济还是其他任何领域，都标榜要建设成为社会主义的强国，以建设“强盛大国”为基本国策。为了实现这个目标，朝鲜采取了“先军政治”的政治方式。先军政治，“是一种全面推进社会主义伟业的领导方式，它强调军队是革命的支柱，并以军事优先为基本原则，解决在革命和国家建设中出现的所有问题”。事实上，金正日作为朝鲜劳动党总书记和国防委员会委员长，完全掌控着军队。从他频繁视察军队等现象来看，朝鲜重视并依赖军队的状况今后还将延续下去。

尽管朝鲜现在仍面临严重的经济困难，粮食等资源还依靠国际社会援助，但它却把国家资源重点分配给了军队，用以维持并强化军事能力和战斗准备。比如，朝鲜的军人占总人口的比例非常高，总人口的5%左右都是现役军人。此外，朝鲜军队的一个显著特征是大部分军事力量都被部署在非军事区附近。根据 2011 年 4 月朝鲜最高人民会议的公开声明，朝鲜当年的军费占国家总预算的 15.8%，但很多人认为这只是军费的一部分。

此外，朝鲜在致力于开发大规模杀伤性武器和弹道导弹的同时，还保有数量庞大的特种部队，维持并强化所谓的非对称军事能力。同时，朝鲜还在朝鲜半岛接连发起军事挑衅。

朝鲜的这些军事举动使朝鲜半岛的局势更加紧张，对于包括我国在内的整个东亚地区的安全来说，都是重大的不稳定因素。

不言而喻的是，除了不允许朝鲜拥有核武器外，我们还要记住还有一些与朝鲜有关的安全事项值得担忧。朝鲜在开发、部署和扩散弹道导弹等方面的动向以及朝鲜半岛上的军事对峙也需要我们持续关注。

因为朝鲜政权不公开，我们很难明确掌握其政策和行动的具体细节和意图，因此有必要继续对其保持密切关注。

B. 大规模杀伤性武器和弹道导弹

在大规模杀伤性武器方面，朝鲜除了核武计划外，还拥有生化武器能力。朝鲜核问题不仅影响我国安全，从防扩散的角度来看，它还是整个国际社会需要解决的一大难题。特别是把朝鲜的核试验与增强大规模杀伤性武器的运载工具的弹道导弹能力二者结合起来看的话，朝鲜的核问题是对我国国家安全的重大威胁，会对东北亚和国际社会的和平和稳定带来明显的危害，是坚决不能容忍的。

在弹道导弹方面，朝鲜不仅在加紧部署现有导弹，推进导弹射程远程化和燃料固体化的研究，还造成了大规模杀伤性武器的扩散。朝鲜的弹道导弹以及核武问题是包括亚太地区在内的整个国际社会的不稳定因素，其动向令人担忧。

C. 军事态势

（a）概况

朝鲜一直在按照四大军事路线（全军干部化、全军现代化、全民武装化、全境要塞化）增强军事力量。

朝鲜的总兵力约为 120 万人，以陆军为核心。朝鲜军队现在依然在维持并强化战斗力和快速反应能力上下功夫，不断进行渗透训练，但是，其装备大多比较陈旧。

此外，朝鲜还拥有大规模的特种部队，从事情报搜集、密谋破坏和游击作战等多种活动，据说人数约为 10 万人。朝鲜各地都有为数众多与军事相关的地下设施，这也是其军事力量的特征之一。

（b）军事实力

朝鲜陆军大约有 100 万人，约 2/3 部署在非军事区附近。其主体虽为步兵，但据说还包括拥有 3500 多辆坦克的装甲兵和炮兵。朝鲜在非军事区附近长期配备 240mm 多管火箭炮和 170mm 自行火炮等长距离火炮，韩国包括首都首尔在内的北部城市和据点都在其射程范围内。

朝鲜海军拥有约 650 艘 10.7 万吨级的舰艇，但以高速导弹艇等小型舰艇为主。除了拥有 20 艘左右的罗密欧级潜水艇外，还有约 60 艘小型潜水艇和 130 艘气垫登陆艇可用于协助特种部队潜入与撤离。

朝鲜空军拥有约 620 架作战飞机，其中大部分都是中国和原苏联的旧式飞机，但也有为数不多米格 –29 和苏 –25 之类的所谓第 4 代战机。此外，它还拥有不少较陈旧的 An –2 运输机用于输送特种部队。

从维持并强化快速反应能力来看，朝鲜军队正在积极进行各种训练。但由于其国内存在严重的粮食匮乏问题，据说其军队在训练的同时还在进行支农活动。

D. 内政

（a）政权的稳定程度

有报道指出，这些年来由于朝鲜国内贫富差距扩大和拜金主义风潮导致社会统治松散、军队士气低下，朝鲜政权出现了一定程度的动摇，但是国家的各项活动以及同他国的交往都在有条不紊地进行。由此看来，朝鲜现在仍处在以金正日国防委员会委员长为中心的统治轨道上。另一方面，在金正日委员长的健康问题和继任者问题广受关注的同时，朝鲜在时隔 44 年之后于 2010 年 9 月召开了朝鲜劳动党代表大会。在该会上，金正日的三公子金正恩被选为朝鲜劳动党中央军事委员会副委员长，这被普遍认为是构筑其继承体制的开端。2008 年底开始，金正日国防委员长频繁地出现在现场考察等公务活动中，结合他已经 69 岁的年龄来分析，在不久的将来，一旦朝鲜的权力构成发生变化，不排除体制也会变得不稳定的可能性。

（b）经济状况

在经济方面，由于社会主义计划经济的脆弱性，以及冷战结束后同原苏联和东欧等国家经济合作的减少，朝鲜近些年来正面临慢性经济衰退、能源与粮食不足等问题。特别是粮食问题，一直以来朝鲜不得不依靠国外的粮食援助。据说很多朝鲜人都存在吃不饱饭和规范意识低下的情况。

对于各种各样的经济困难，朝鲜也在尝试推行有限度的经济改善政策并对部分经济管理系统的体制进行改革。2009 年朝鲜开展了被称做是“150 天战斗”和“100 天战斗”的动员活动，希望以此来调动大家的生产积极性，年末又进行了币制改革。此外，2011 年 1 月，朝鲜制定了新的《国家经济开发 10 年战略计划》，对朝鲜经济发展做出了展望，即“到 2012 年时具备踏入世界强国之列的基础，到 2020 年达到发达国家的水平”。然而，因为朝鲜不太可能对目前的统治体制进行彻底的结构改革，所以要想从根本上改善其经济现状，它必定还将面临各式各样的挑战。

E. 延坪岛炮击事件

2010 年 11 月 23 日，朝鲜于韩国军队在位于黄海的延坪岛举行射击训练之际，对该岛实施了炮击，韩国方面已出现了包括平民在内的伤亡。韩国政府解释说，此次射击训练是定期实施的常规训练；朝鲜方面则将炮击解释为对韩国不顾再三警告而向朝鲜领海进行炮击的军事挑衅行动的还击，意在将炮击合理化。

炮击事件发生后，韩国总统李明博和美国总统奥巴马进行了电话会谈，为延续美韩之间密切的防卫合作，双方就今后举行联合军事演习和扩大训练规模达成了一致。同年 11 月 28 日至 12 月 1 日，两国在黄海举行了联合军演。此外，韩国军队还于 12 月 20 日再次实施由于炮击事件而被迫中断的延坪岛射击训练。

F. 对外关系

（a）同美国的关系

美国明确表态要通过与其他国家的紧密合作促使朝鲜放弃核计划，希望通过六方会谈解决朝核问题。朝鲜则认为朝鲜半岛无核化是“金日成主席的遗愿”，在 2005 年 9 月第 4 次六方会谈后所发表的共同声明中答应放弃“所有核武器和现有核计划”。但是，朝鲜借口美国仍然没有对其放弃“敌视政策”，继续批评美国的各种政策，美朝双方的立场分歧依然很大，无核化进程并未取得进展。此外，对朝鲜可能造成的核武器与相关材料的扩散问题，及其开发、部署和扩散弹道导弹等问题，美国还多次表示担忧。

虽然美国在恐怖主义的国别报告中写到，绑架日本人问题还没有得到解决，“淀号”劫机犯集团现在依然居住在朝鲜，但是 2008 年 10 月，由于朝鲜同意就同年 6 月提交的核计划申报书接受一系列核查措施，美国已将其从“支持恐怖主义国家”的黑名单上划除。

（b）同韩国的关系

关于朝鲜半岛的南北关系，自2009年夏李明博执掌韩国政权以来，南北之间的往来限制解除。同年9月底，南北离散家属的会面活动在中止了约两年后重新恢复。然而，一方面导致南北军事关系紧张的事件也时有发生，如2009年11月，在黄海一侧的北方限界线附近，朝韩两国舰艇相互开火；2010年3月发生了韩国警戒舰沉没事件；2010年11月又发生了延坪岛炮击事件。另一方面，朝鲜在2011年的新年联合社论中，呼吁结束南北对峙状态，促进对话与合作。同年2月召开了为“南北高级军事会谈”做准备的事务级会谈。但是，会谈最终没有达成一致。5月，朝鲜宣布不再与李明博政权打交道，强化了与韩国的对峙姿态。

（c）同中国的关系

朝鲜和中国的关系自1961年缔结《中朝友好合作互助条约》起一直持续至今。1992年中韩两国建交之后，虽然中朝之间出现了不同于冷战期间密切关系的变化，但后来通过两国的首脑互访等活动，两国关系取得了进展。目前，中国是朝鲜的最大贸易伙伴，在其心目中具有举足轻重的地位。2010年，国防委员会委员长金正日破例两次访问中国。在2011年5月的第二次访问中，他表示两国关系密切。对于朝鲜核问题，中国反复声明支持朝鲜半岛无核化，作为六方会谈的主席国对于朝核问题的解决发挥了积极作用。

（d）同俄罗斯的关系

朝鲜和俄罗斯的关系随着冷战的终结渐行渐远，但是2000年2月，两国签署了与以往条约不同的不含军事同盟条款的《朝俄友好睦邻合作条约》。之后，两国展开了首脑互访等活动，两国关系出现改善动向。

（e）同其他国家的关系

自1999年起，朝鲜尝试同西欧各国以及其他国家建立联系，希望与它们建立外交关系，并参加了东盟地区论坛（ARF）的部长级会议。

欧盟和东盟也表达了一直以来对朝鲜核问题的担心。

(2) 韩国、驻韩美军

A. 概况

B. 韩国的国防政策与国防改革

C. 韩国的防卫力量整备

D. 对外关系

3. 中国

(1) 概况

中国与周边的 14 个国家接壤，拥有绵长的国境线和海岸线，领土面积广阔，是全世界人口总数最多的国家。中国也是一个有着为数众多的不同民族、宗教和语言的国家。少数民族多居住在边境地区，还有一些侨胞居住在境外。中国历史悠久，形成并维持着固有的文化和文明，对其独特历史的自豪感以及 19 世纪后的半殖民经历使其国民对增强国力有着强烈欲望，民族主义应运而生。

中国是社会主义国家，致力于在中国共产党的领导下建设社会主义现代化。

近年来，中国的贸易额大幅度增加，对外投资也越发活跃；以沿海地区和城市为中心，经济取得了飞跃发展。即便受到世界金融危机的影响，中国仍然实现了稳定的经济增长。2010 年，中国名义国内生产总值（换算成美元）已经超过日本，经济规模仅次于美国。此外，中国在 20 国集团（G20）的“金融市场与世界经济会议”以及联合国框架下的《气候变化公约》缔约国会议（COP）等国际会议上的动向也备受关注。不仅如此，中国还在 2010 年举办了上海世博会，2011 年召开了“金砖五国”（BRICS）领导人会议，国际影响力不断扩大。中国在非传统安全领域也发挥了一定作用，除积极派遣人员参与联合国维和行动外，还一直参与打击索马里海域和亚丁湾的海盗活动，赢得了国际社会的高度评价。

一方面，作为名副其实的大国，中国在保持经济高速增长的同时，在世界和地区问题上也发挥着日益重要的作用。中国与世界各国加深了经济相互依赖关系，受到包括我国在内的国际社会的热烈欢迎。但中国和其他国家也在贸易不均衡、汇率和人权等问题上产生过摩擦。此外，在与包括我国在内的周边国家存在利害关系的问题上，中国可以说是采取了“高压政策”，给国际社会带来了不稳定因素。我们期待中国认识到其大国的责任，在遵守国际规范的同时，在地区和全球性问题上发挥更加积极的协调作用。

另一方面，中国国内也存在着诸多问题。除了中央和地方共产党干部的腐败这一严重的政治问题之外，随着经济的快速发展，城乡差别以及沿海和内陆地区的差距都在扩大，城市内部的贫富差距、物价上涨、环境污染、工农业用水不足等问题也越发明显，预计未来还会出现与人口快速老龄化相关的问题。为避免国内民众因不满情绪日益高涨而将矛头指向政府，中国政府近来正努力加强社会管理，但也有人指出控制民众的行动可能会加剧社会的动荡。目前，中国国内还存在少数民族问题，在西藏自治区和新疆维吾尔自治区等地，少数民族的抗议活动引发了与当局的冲突。另外，中国还存在少数民族的分裂和独立活动。中国政府正在以“科学发展观”为指导方针，以构建“和谐社会”为基本政策，优先解决上述问题。

在外交领域，为了维护国家稳定，中国不仅与美俄等大国保持良好关系致力于维护国际战略环境的稳定，还与周边各国保持良好关系维护其稳定、推进世界多极化、确保能源供给等经济发展所必需的利益。

在军事领域，中国在军费持续增长的背景下，努力推进军事力量的现代化。中国把台湾问题看做是国家主权的核心问题，并给予了高度重视，中国军力的现代化也意在阻止台湾独立。但近几年，中国大陆也开始致力于获得应对台湾问题以外任务的能力。由于中国作为一个政治和经济大国正在不断发展，因此各国也都在关注中国的军事动向。

（2）军事

A. 国防政策

中国国家现代化建设的战略任务是建设符合国家安全与发展利益的稳固国防与强大军队。其国防政策的主要目标和任务是：捍卫国家的主权、安全和发展利益，维护社会的和谐与稳定，推进国防和军队现代化，维护世界的和平与稳定。

为了应对在海湾战争、科索沃战争、伊拉克战争中出现的世界军事发展趋势，中国基于“在信息化条件下打赢局部战争”的军事战略，积极推进以军队机械化和信息化为主要内容的“有中国特色军事变革”的军事方针。在军事和战争中，中国强调既要采取物理手段，也要重视非物理手段，把所谓的“三战”——“舆论战”、“心理战”、“法律战”融入到军队政治工作中去。中国还提出了“使军事斗争与政治、外交、经济、文化和法律等领域的斗争密切呼应”的政策。

在中国军队的现代化过程中，中国与俄罗斯等陆地邻国的关系稳定发展。目前，中国军队最优先考虑的议题还是台湾问题，具体来说就是阻止台湾独立，防止外国军队援助台湾。近几年，中国大陆也开始致力于获得应对台湾问题以外任务的能力。在长远规划方面，中国提出了“2020年前基本实现军队机械化并在信息化建设上取得较大进展”的目标，“努力提高以打赢信息化条件下局部战争能力为核心的遂行多样化军事任务的能力，全面履行军队在新世纪新阶段的历史使命”，在增强国力的同时发展军事力量。

中国目前正大力推进核、导弹战斗力和以海、空军为中心的军事力量的广泛而快速的现代化，增强远距离投射战力的能力。同时致力于培育和提高各军兵种之间联合作战能力，培养高素质人才担当指挥实战演习和信息化部队的重任，加强国内国防产业基础。现在的人民解放军仍有很多老式装备，虽然目前正在推进的军事现代化旨在全面提升军队能力，但其未来的具体走向还不甚明朗。另外，中国在其周边海域的活动规模和频率日益扩大。由于其国防政策缺乏透明度，包括我国在内的地区和国际社会对其军事动向十分担忧，有必要进行慎重分析。

B. 军事透明度

中国从未公布过其军队的具体装备、采购目标或实际采购情况、主要部队的编制与部署、主要军事行动与演习的记录以及国防预算的详细内容。

1998年以来，中国大约每两年发布一份国防白皮书《中国的国防》，还与他国的国防部门进行各种对话。2007年8月，中国表示将重返联合国军备登记体制，加入联合国军事支出报告体制，并已根据以上制度提交了年度报告。

中国定期发布与本国安全有关的系统文件，重返并加入联合国军备登记与军事支出报告体制，这一举动有助于提高军事透明度，是值得肯定的。

但是，中国将国防开支的详细内容分为人员生活费、训练维持费及装备维修费三类，只公布了三类开支的总额及大致用途。虽然《2008年中国的国防》白皮书在信息公开上有了些许进展，但却没有公布主要装备的采购费用等基本情况，其透明度依然没有满足国际社会对一个负责任大国的期待。此外，2009年中国根据联合国军事支出报告制度所提交的报告，也不是基于包括我国在内的许多国家使用的详细记载军事支出内容的标准报告，而是与中国已公布的国防白皮书内容几乎相同的简要报告。

关于2004年11月发生的中国核潜艇在我国领海潜航这一违反国际法的事件，其详细原因依然不明。2007年1月，中国在进行反卫星武器试验时，其政府并未就试验的内容与意图进行充分说明，打消我方忧虑。2007年11月，中国在美国“小鹰”号航母预定停泊日通知不允许其在香港停靠，此后又通知允许其停泊，但美国海军舰艇业已放弃停泊计划。2010年10月，日本海上自卫队训练舰队原定停靠青岛港一段时间，但中国在舰队到来前夕突然通知日方推迟停靠，日本训练舰队被迫放弃停靠计划。这些事件令人对中国的军事决策和行动感到担忧。

中国是政治和经济大国，取得了稳步发展，各国也在关注其军事动向。为了消除他国忧虑，中国提高国防政策和军事力量的透明度已变得越来越重要。我们也期待中国通过公开国防政策和军事力量的具体信息，提高军事透明度。

C. 国防开支

中国宣布，2011年度的国防预算大约是5836亿元人民币，与上一年度相比，增加了约12.4%（约645亿元）。中国公布的国防预算继续保持高速增长，5年来已增长了一倍以上，是20年前的18倍。中国在《2010年中国的国防》白皮书中说明了国防与经济的关系，即“坚持经济建设与国防建设协调发展的方针”，将国防建设摆在与经济建设同样重要的位置上。因此，可以预料中国将在不影响经济建设的前提下，继续为强化国防力量投入资源。

此外，有观点认为中国公布的国防开支金额只是中国实际军事支出金额的一部分，这一点我们需要留意。例如，并不是所有的装备采购费和研发费等都包括在公布的国防开支中。

D. 军事态势

中国军队由人民解放军、人民武装警察部队和民兵构成，由中央军事委员会领导和指挥。人民解放军由陆、海、空军和第二炮兵（战略导弹部队）组成，是中国共产党创建和领导的人民军队。

（a）核力量及导弹部队

自20世纪50年代起，中国就致力于独立开发核力量和弹道导弹力量，试图借此确保威慑、补充常规力量并维护在国际社会的发言权。中国采取的核战略是：尽可能维持自身的核能力，以便在受到核打击时能够使用核武器对敌国城市等少数目标实施报复，以此来遏制针对本国的核攻击。

中国拥有洲际弹道导弹（ICBM）、潜射弹道导弹（SLBM）、中程弹道导弹（IRBM/MRBM）和近程弹道导弹（SRBM）等多种射程不一的弹道导弹。这些导弹从液体燃料推进型向固体燃料推进型转变，其生存能力和反应能力都有所提高。同时，中国还在努力提高这些导弹的性能，如增加射程，提高命中精度和推进多弹头化等。

作为战略核力量的洲际导弹，以往的主力是固定式的液体燃料推进的导弹，但中国现已开发出由固体燃料推进、能够搭载于移动发射车（TEL）的新型洲际导弹“东风 31”及其射程延伸型导弹“东风 31A”，并已经开始装备部队。此外，在潜射弹道导弹方面，中国目前正在开发射程可达 8000 公里的“巨浪 2”型潜射弹道导弹，制造搭载该型导弹的“晋”级战略核潜艇（SSBN）。“东风 31”和“东风 31A”的装备部队，以及“巨浪 2”的实际使用将大幅提升中国的战略核力量。

一方面，在射程涵盖包括我国在内的亚太地区的中程导弹方面，中国除以前就部署的由液体燃料推进的“东风 3”和“东风 4”型导弹外，还部署了搭载于移动发射车的“东风 21”型中程导弹，这些导弹还可携带核弹头。中国拥有了以“东风 21”为基础的命中精度较高的常规弹头弹道导弹，并且正在开发能够攻击航母等海上舰艇的常规弹头反舰弹道导弹（ASBM）。除了中程导弹，中国还拥有射程达 1500 多公里的巡航导弹“东海 10”，而且拥有可携带核弹头巡航导弹的“轰 6”（图 –16）中程轰炸机。这些导弹补充了弹道导弹的战力，其射程可能覆盖包括我国在内的整个亚太地区。在短程弹道导弹方面，中国拥有大量“东风 15”和“东风 11”，部署在台湾的正对面。

另一方面，2010 年 1 月，中国宣布进行了中途拦截导弹技术的试验，中国在弹道导弹防御方面的未来动向也值得关注。

（b）地面力量

中国拥有约 160 万人的地面部队，其规模乃世界之最。为适应军事现代化的要求，中国自 1985 年起在地面力量中裁减人员、精简机构、提高效率。中国逐渐裁撤了装备和技术落后的部队，把重点放在提高军队的作战能力上。具体而言，就是由此前的区域防卫型向全境机动型转变，不仅要提高步兵部队的摩托化和机械化水平，提高机动性能，还要加强空降部队（隶属空军）和特种部队的建设。此外，中国目前正在推进部队的多功能化，努力构筑旨在提高联合作战能力和高效运用的指挥系统，同时还进行了以提高后勤支援能力为目的的改革。中国在 2009 年举行了迄今为止规模最大的跨军区演习“跨越 2009”。2010 年也实施了同样的机动演习“使命行动 2010”。据分析，这些演习旨在检验和提高向偏远地区输送陆军部队的能力，如：陆军的远程机动能力、包括民兵和公共交通动员在内的后勤支援能力等。

（c）海上力量

中国的海军由北海、东海和南海三个舰队组成，共有舰艇约 950 艘（其中潜艇约 50 艘），总排水量约 134 万吨。中国海军承担着保卫国家海上安全，保护领海主权和海洋权益的任务。中国海军从俄罗斯引进了现代化的“基洛”级潜艇，并在积极建造国产新型潜艇，以增强潜艇战斗力。同时，中国还在建造防空能力和反舰导弹能力更强的水面战斗舰艇，增加并改进登陆舰和补给舰。中国的大型医疗船也于 2008 年 10 月开始服役。随着中国海军的现代化，中国将具备在更远海域执行作战任务的能力。

关于拥有航母的问题，包括国防部长梁光烈在内的一些军方高级官员均对此做出了积极表态。另外，中国还从乌克兰购买了未完工的库兹涅佐夫级“瓦良格”号航母，对其实施整修，并在陆地上建造了类似航母的建筑物以及用于起降训练的机场。由此可见，中国正在为拥有航母进行相关技术的研究与开发。

（d）航空力量

中国的空军和海军共有约 2040 架作战飞机。第四代战机的数量也在不断增加，不仅国产的歼 10 战斗机实现了量产，中国还从俄罗斯引进、获俄罗斯许可在国内生产苏 –27 型战斗机。中国正在进口拥有对地和反舰攻击能力的苏 –30 战斗机，据说还在开发新一代国产战斗机。为提高防空能力，中国从俄罗斯进口射程较远的高性能地对空导弹。据说中国在不断努力提高空中加油和预警等现代化航空装备所需能力的同时，还计划从俄罗斯引进大批大型运输机。

中国还努力提高飞机的电子战能力和情报收集能力，不断加强对周边国家的情报收集活动。近年来，中国飞机对我国进行了多次可能是情报收集活动的飞行。2007 年 9 月，多架轰 6 型中程轰炸机进入东海上空的我国防空识别圈，进入日中中间线附近空域。2010 年 3 月，中国的 Y –8 预警机也飞到了日中中间线附近。2011 年 3 月，Y –8 巡逻机以及 Y –8 情报收集机越过中日中间线到达了尖阁群岛（中国称“钓鱼岛”，下同）周边离我国领空仅 50 公里的位置。据说在南海上空，空军战斗机还进行了空中加油等训练。

从上述航空力量的现代化和飞机活动状况来看，中国在提高国土防空能力的同时，正在构筑空军在更前方进行制空战斗及对地和对舰攻击的能力，并提高远程运输能力。今后必须继续关注中国航空力量的发展动向。

（e）太空的军事利用和网络战能力

一方面，中国正在努力开发太空，此前曾用国产火箭发射过各种人造卫星，并实施了载人航天飞行，成功发射了绕月卫星。有观点认为，中国开发太空是为了弘扬国威，开发宇宙资源。另一方面，在太空开发中，军事领域和非军事领域相互关联，因此中国可能会利用太空实现情报收集、通讯和导航等军事目的。据一些中国空军干部透露，中国空军打算积极地利用太空。

中国也在研发反卫星武器。2007年1月，中国利用弹道导弹技术进行了摧毁本国卫星的试验，并在开发利用激光破坏人造卫星功能的装备。

中国对网络战极为关注，组建了专门的网络战部队并开展训练。

中国重视反卫星武器和网络战的原因在于，在需要迅速高效发挥战斗力的军事领域，信息收集和通信指挥对人造卫星和计算机网络的依赖程度越来越高。

E. 在我国近海等区域的活动

（a）在我国近海等区域活动的情况

近年来中国的海洋活动日趋活跃，有一些海军舰艇在我国周边海域执行训练任务和情报收集活动，还有一些政府船舶为保护海洋权益进行着监视活动。

经确认，中国海军舰艇部队已经进入太平洋。例如2008年10月，中国“现代”级驱逐舰等4艘舰艇穿过津轻海峡后，南下太平洋，绕我国航行一周。同年11月，中国最先进的“旅州”级驱逐舰等4艘舰艇从冲绳本岛和宫古岛之间海域穿过，进入太平洋。2009年6月，“旅州”级驱逐舰等5艘舰艇从冲绳本岛和宫古岛之间海域穿过，进入冲之鸟岛（中国称“冲之鸟礁”，下同）东北海域，实施被视为训练的活动。2010年3月，“旅州”级驱逐舰等6艘舰艇穿越冲绳本岛和宫古岛之间海域进入太平洋，据说这些舰艇后来进入了南海。此外，同年4月，“基洛”级潜艇和“现代”级驱逐舰等10艘舰艇穿越冲绳本岛和宫古岛之间海域进入冲之鸟岛西部海域，实施被视为训练的活动。当时，中国的舰载直升机曾数次盘旋接近监视这些舰艇的日本海上自卫队护卫舰。同年7月，“旅州”级驱逐舰等2艘舰艇穿越冲绳本岛和宫古岛之间的海域进入了太平洋。2011年6月，“现代”级驱逐舰和“江凯II”级护卫舰等11艘舰艇穿过冲绳本岛和宫古岛进入太平洋，不仅展开了射击训练，还进行了无人机和舰载直升机的海上补给和飞行训练。除了这些军事训练，近来中国执法机构也加强了在我国近海等地的监视活动。2010年9月，一艘中国渔船在尖阁群岛周边领海内与我海上保安厅巡逻船相撞。

此外，2004年11月，中国核动力潜艇违反国际法在我国领海内实施潜航；2005年9月，包含1艘中国“现代”级驱逐舰在内的5艘舰艇在东海的“樫”（中方称“天外天”）油气田附近航行，其中部分舰艇围绕该油气田的开采设施绕航一周。2006年10月，在据说是冲绳近海的海域，中国的“宋”级潜艇在美国“小鹰”号航母附近上浮，对于这一外国潜艇接近美国航空母舰的事件应当引起军事上的关注。2008年12月，中国国家海洋局两艘海洋调查船在尖阁群岛附近的我国领海内，实施了“徘徊”、“漂泊”等国际法上禁止的航行。2011年3月和4月还多次发生了据认为是属于中国国家海洋局的直升机，贴近在东海执行警戒和监视任务的海上自卫队护卫舰飞行的情况。

中国还加强了在我国近海以外的地区，比如在南海地区与东盟国家存在领土争端的南沙和西沙群岛附近的活动。2009年3月，中国海军舰艇、国家海洋局的海洋调查船、渔业局的渔政船以及拖网渔船接近在南海活动的美海军监测船，实施了妨碍该船航行的行为。此外，还有报道说，2010年3月有6艘舰艇在南海实施了为期3周的训练。同年7月，水面舰队和航空部队还举行了多兵种、大规模的联合实弹演习。近年来，越南和菲律宾等国对中国在该海域的活动提出了抗议，中国与周边国家在南海问题上的摩擦日益公开化。

（b）在我国近海等区域活动的目标

中国法律明确规定：中国海军的任务是维护海洋权益、保障海上安全。结合中国所处的地理位置和经济全球化等综合因素，中国海军的海洋活动旨在实现以下目标：

第一，为保卫中国领土和领海，将对敌作战控制在尽可能远的海域。近年来科学技术的发展使得中国海军得以提升其远距离打击的效能。

第二，构建遏制和阻止台湾独立的军事实力。比如，中国大陆要想在解决台湾问题、实现中国统一的问题上不受外国势力的干涉，依靠自身实力阻止外国势力介入四面环海的台湾，就必须充实自身的海上作战能力。

第三，获取并维护自身的海洋权益。中国一直在东海和南海开采石油和天然气资源，并为此建立设施和勘测。2005 年 9 月，中国海军舰艇在“樫”油气田附近海域的航行便可被视做中国海军彰显自身具备攫取、维持并保护海洋权益能力的行动。

第四，保卫本国的海上运输通道。通向中东地区的海上石油运输线对于日益全球化的中国经济来说就是生命线，其重要性不言而喻。未来中国海军如何保护自身的海上运输线将受到国际形势的影响，但考虑到近年来中国海、空军的现代化进程，其能力覆盖的范围将远远超出其近海范围。

基于中国上述海洋活动的目标以及近年来的动向，今后中国将会在东海、太平洋以及南海等我国近海区域进一步扩大活动范围，并力图使这种活动常态化。因此，除了密切关注我国周边海军舰艇的活动以及各种监视活动之外，我们还需要了解作为活动据点的设施的建设情况以及对方做出的有关本国专属经济区等法律地位的单方面解释。

F. 军队的国际活动

中国军队近年来开始执行维和、人道主义援助、救灾、打击海盗等非传统安全任务，并为执行这些任务积极向海外派遣部队。这种积极参与国际活动的姿态背后有着如下意图：随着中国国家利益扩大到海外，中国越来越需要通过保护和促进在海外的国家利益，展示作为大国对国际社会负责的一面来强化本国的地位。

中国一贯支持并积极参加联合国维和行动，根据《2010 年中国的国防》白皮书，中国到目前为止总共派出了 17390 名军人参与维和行动。据联合国统计，截至2011 年5 月，中国已向联合国利比里亚特派团（UNMIL）、联合国苏丹特派团（UNMIS）、联合国海地稳定特派团（MINUSTAH）等11 项维和行动派遣了2036 名部队要员、文职警官和军事观察员，在联合国维和行动中发挥了一定的作用。中国积极参与维和行动，目的是为了通过该行动强化与所在地区，特别是非洲国家的关系。

中国也参加了国际社会打击索马里海域、亚丁湾海盗的行动。中国海军首次赴远洋执行任务，从2008 年12 月开始向该海域派遣海军舰艇，承担为中国船只护航的任务。这不仅有助于提高中国海军在远方海域的作战能力，同时也说明中国更加重视保护本国海上运输线。

由于利比亚形势恶化，中国在2011 年2—3 月从利比亚撤走中方人员之际，动用了民航包机等手段，并向当地派遣了海军护卫舰和空军运输机。据说这是军队首次参与撤离滞留海外中方人员的行动。有人指出，中国试图通过这些行动树立军队和平、人道的形象，向国内外表明其重视非战争军事行动的意图，同时验证向远方投送战力的能力。

G. 教育和训练情况

人民解放军近年来不断加强在实战层面的现代化训练，并多次进行包括陆、海、空军联合演习和登陆演习在内的大规模演练。2006 年召开的全军军事训练会议还强调将机械化条件下的军事训练转变为信息化条件下的军事训练。2009 年开始实施的新《军事训练与评价大纲》中，除了多军种联合训练外，非战争军事行动训练、信息化相关知识与技能教育、高科技装备的模拟训练、网络训练、受到电磁干扰等复杂电磁环境下的训练等也都备受重视。

在教育层面，人民解放军旨在培养精通科学技术的军事人才。从2003 年起，中国开始推进军队人才战略工程，培养能够担负未来信息化作战指挥和信息化部队建设重任的高素质人才。其目标是，到 2020 年人才建设取得飞跃式发展。人民解放军近年来提高军人工资的做法也被认为是出于留住优秀人才的目的。此外，从 2000 年起，为了确保优秀的高学历人才，中国军队开始向非军事院校的大学生发放奖学金，这些人毕业后被授予军衔进入部队工作。

为了能够在战争等紧急状态下有效利用民间资源，中国正在推进动员体制建设。2010 年 2 月，中国制定了作为战时动员基本法的《国防动员法》，同年 7 月实施。

H. 国防工业的状况

中国从俄罗斯等国进口其无力生产的高性能装备和零部件，但随着对装备国产化的日益重视，越来越多的装备已经实现了国产化，而且中国还在积极推进新型装备的研发工作。随着经济增长带来的民间工业基础的提升，中国的国防工业除了依靠自身努力，还利用军民两用技术和引进国外技术，有力支持了中国军队的现代化。

中国的国防工业曾因过度强调保密而缺乏效率，其稳步发展受到了一定限制。近年来，国防工业不断推进改革，特别是在把军用技术利用到国民经济建设的同时，也将民用技术吸收到国防建设中去，促进双向交流。具体而言，国防工业技术一直以来都对航天开发、飞机制造和船舶工业的发展做出了贡献。

此外，中国还鼓励并支持军民两用产业领域的国际合作与竞争，借助军民两用领域吸引国外技术。

（3）对外关系

A. 概况

中国积极开展与各国军方的高官互访和联合军演等军事交流活动。近年来，除了与美俄等大国和东南亚等周边国家外，中国还与非洲和中南美各国频繁进行军事交流。此举是中国保护国家利益的战略手段，被视为全方位外交战略的环节之一。其目的在于：通过强化关系消除他国对中国的顾虑；构建对中国有利的安全环境；扩大中国在国际社会的影响；确保能源资源和海外基地。

B. 同台湾的关系[①]

中国坚持“台湾是中国的一部分，台湾问题是中国的内政问题”的原则。一方面，“一个中国”原则是两岸进行磋商的前提和基础。中国还表示，绝不放弃实现和平统一的努力，致力于解决台湾人民关心的问题，并实行维护台湾人民正当权利的政策和措施。另一方面，中国多次表示，强烈反对外国势力旨在干涉中国统一及谋求台湾“独立”的立场，不放弃行使武力。2005年3月制订的《反分裂国家法》中规定，在发生导致台湾从中国分裂出去的重大事态时，中国将采取非和平方式，将不放弃使用武力明文化。

2008年5月就任的马英九总统（台湾地区的称法，下同）提出了通过扩大与中国大陆的经济交流来促进台湾经济发展，实行维持现状而不“独立”的政策。在时隔10年之后两岸于2008年6月举行了两岸事务协商对口机构会谈，同年12月实现日常直航包机航班、海运直航以及邮运直航，两岸关系取得了很大发展。2010年6月，两岸签署了相当于自由贸易协定的“经济合作框架协议”（ECFA），两岸关系以经济贸易为中心逐步向前推进。在安全方面，中国国家主席胡锦涛呼吁，两岸可以适时就军事问题进行接触、交流，探讨建立军事安全互信机制；马英九总统则向中国大陆提出撤除瞄准台湾的导弹等要求，今后两岸关系动向值得关注。

C. 同美国的关系

美中之间存在各种悬而未决的问题，如中国的人权问题、大规模杀伤性武器扩散问题、台湾问题及贸易问题等。然而对中国来说，稳定的美中关系是其进行经济建设的必要条件，今后中国也期待这种稳定关系能够延续下去。

---

① 日本的《防卫白皮书》中，将中国大陆同台湾的两岸关系列于中国的“对外关系”小节当中进行介绍，译者在翻译过程中并未对文章结构进行调整，特此说明。——译者注

美国欢迎中国在世界经济复苏、气候变化、大规模杀伤性武器扩散等国际问题上与国际社会合作，发挥负责任的主导作用。另外，美国一方面关注中国军力现代化，承认美中间存在意见不一致的问题，在人权等问题上坦率表明美国立场，另一方面则认为美中间的意见分歧不应妨碍两国在有共同利益的问题上进行合作。

对此，中国国家主席胡锦涛表示“要共同构筑21世纪积极、合作、全面的中美关系”，表明了重视通过广泛领域的务实合作稳步发展中美关系的姿态。

美中两国在军事方面的交流也取得进展，除了进行各种政策对话，中国还派观察员观摩美军演习，利用海军舰艇互访的机会进行联合训练。2008年4月，两国国防当局之间还开通了热线。尽管中国希望发展美中两军关系，但同时也主张要实现两军关系的健康发展，美国需要解决对台军售、美军舰艇和飞机在中国专属经济区活动、两军交流的法律障碍、美方对华战略缺乏信任等一系列问题。2008年10月和2010年1月，美国国防部通知国会拟对台军售时，中国采取了宣布中断与美国的主要军事交流等反制措施，因此，美中军事交流存在不确定的一面。对此，美国认为，中国军力发展和决策过程缺乏透明度等问题容易让外界对中国将来的行动和意图产生怀疑。美中关系需要通过增进互信、减少误解作支撑。在军事交流方面，应当改善美中军事交流经常中断的状况，努力建立更稳定的可保持沟通渠道的关系。比如，2011年5月，两国就在美中战略和经济对话中创设了战略安全对话机制。

D. 同俄罗斯的关系

自1989年中苏对抗结束以来，中俄双方一直表现出重视两国关系的姿态。自20世纪90年代中期中俄两国确立“战略合作伙伴关系”以来，双方一直强调要深化这种关系。2001年两国缔结了《中俄睦邻友好合作条约》，2004年解决了多年未能解决的中俄边界问题。两国均认为应推进世界多极化、建立国际新秩序，近年来，经济动机也是中俄两国保持良好关系的重要因素。

在军事方面，中国自20世纪90年代起便从俄罗斯购入了苏－27、苏－30战斗机、“现代”级驱逐舰、“基洛”级潜艇等现代化武器。对于中国来说，俄罗斯是最大的武器供应国。但也有人指出，在中国武器国产化取得进展的背景下，近几年来中俄军备交易额呈下降趋势。

另外，还有人指出，俄罗斯的方针是不向与自己陆地接壤的中国提供特定的高性能武器，以免受到威胁。

关于中俄两国的军事交流，除了军方高层的定期往来之外，两国还举行联合军事演习。2005年8月，首次中俄联合军演在中国的山东半岛等地举行。2007年8月，上海合作组织成员国举行了以反恐作战为内容的联合军演。2010年10月，两国还举行了以反恐作战为内容的“和平使命—2010”联合军演。中国通过与俄罗斯举行联合军演，不仅可以增进两国军队的相互理解与信赖，展示两国各自作为多极化世界一极的存在，还可以学习俄制武器的使用方法及俄罗斯军队的作战理念等。

E. 同朝鲜的关系

朝鲜与中国有着“传统的友谊”，在很大程度上依赖中国的粮食援助和能源供给，因此一般认为中国比其他国家对朝鲜更具影响力。安理会第1695号决议谴责朝鲜2006年发射弹道导弹，第1718号决议决定对同年进行核试验的朝鲜采取制裁措施。2009年4月，朝鲜发射弹道导弹，安理会发表主席声明予以谴责。2009年5月，朝鲜进行核试验后，安理会通过第1874号决议，决定对其采取追加制裁措施。一方面，对安理会的上述决议，中国都表示赞成。除此之外，自2003年以来，中国一直在北京举行的朝核问题六方会谈中担任主席国，发挥了积极作用。国际社会期待中国为解决朝核问题继续采取积极措施。另一方面，中国在2010年3月“天安”号警戒舰沉没和同年11月延坪岛炮击事件上，态度谨慎并未对朝鲜采取严厉措施，这导致中国与其他相关国家的意见分歧明朗化。有评论认为，中国之所以这么做是因为担心朝鲜半岛局势动荡会波及本国，同时也想保持对朝鲜的影响力。

F. 同其他各国的关系

（a）同东南亚各国的关系

在中国与东南亚各国的关系上，双方首脑级别的高官往来一直很频繁，中国谋求与该地区所有国家发展双边关系。特别值得一提的是，中国一直和缅甸保持着良好的双边关系，援助缅甸的基础设施建设，包括其国内的油气管道建设和港口及铁路开发等。缅甸也被认为是中国的主要武器出口国之一。有人指出，中国这些举动的原因是中国可以通过缅甸以最短距离进入印度洋。

此外，中国还积极参与“东盟与中国（ASEAN +1）”、“东盟与中日韩（ASEAN +3）”、“东盟地区论坛”等多边框架。中国在利用外交场合深化与东盟各国经济、文化合作关系的同时，近年来还积极推动安全领域的合作关系，军事交流日益活跃，包括军方高官互访和军队交流合作等。

（b）同中亚各国的关系

中国西部的新疆维吾尔自治区与中亚相邻。中国与哈萨克斯坦、吉尔吉斯斯坦、塔吉克斯坦三国接壤，在同三国接壤的边境地带两侧居住着少数民族，人员交流也很频繁。因此，中亚各国的政治稳定和伊斯兰激进分子的恐怖活动等安全形势是中国非常关心的问题。2001年6月成立的上海合作组织体现了中国的这种关心。另外，中国对中亚各国的能源资源也十分关注，正积极建设连接本国与中亚的石油和天然气管道，推进与中亚各国的能源合作。

（c）同南亚各国的关系

由于边界纠纷等问题，中国与印度一直处于对立关系，但与巴基斯坦一直保持良好关系。一方面，巴基斯坦与印度处于对立关系，与中国则在武器出口、武器技术转让等军事领域存在合作关系，包括联合研制 JF－17 战斗机等。另一方面，近年来中国在考虑与巴基斯坦保持关系平衡的同时，也努力改善与印度的关系，积极进行首脑互访，并将与印度的关系定位为战略合作伙伴关系，过去恶化为军事冲突的中印边界划定问题也取得了进展。可以认为，中印关系发展的背景是两国重视经济发展，以及中国对于美印加强合作关系动向的应对。

在军事交流方面，自 2003 年以来，中国与巴基斯坦、印度进行了海军联合搜救训练。2007 年 12 月，中印两国自 1962 年边界冲突以来在中国云南省举行了名为“携手—2007”的首次联合反恐训练。2008 年 12 月，在印度南部进行了中印陆军反恐联合训练。

(d) 同欧盟各国的关系

近年来，中国与欧盟各国的贸易增长显著。特别是在经济方面，对于中国来说，欧盟已成为与日本、美国同等重要的伙伴。中国利用各种外交场合，强烈要求欧盟各国解除 1989 年以来实行的对华武器禁运。

在信息通信技术、飞机电子设备及潜艇的不依赖空气推动系统等方面，欧盟成员国所具有的军事技术比中国和向中国出口武器的俄罗斯更加先进。因此，如果欧盟解除对华武器禁运，中国便可以引进欧盟各国的武器和军事技术，并在与俄罗斯的武器交易谈判中获得有利的筹码。我国对欧盟表明了反对解除对华武器禁运的立场，今后有必要继续关注欧盟内部的讨论。

(e) 与中东各国、非洲各国、太平洋岛国和中南美各国的关系

据报道，2010 年 9—10 月，中国与土耳其举行了首次空军联合演习。同年 10 月温家宝总理访问土耳其，与阿卜杜拉总统会谈，决定将两国关系升格为战略合作关系，双边关系越发密切。

中国努力在经济方面加强与非洲各国的关系，包括积极援助基础设施建设和投资资源开发等。除国家首脑和军方高官频繁互访外，中国还积极派遣海军军舰访问非洲，并向非洲出售武器，中国正在

多方面加大对非洲的影响力。

中国还加强和太平洋岛国的关系。中国在巴布亚新几内亚开发石油、天然气和钴矿等资源，还与该国签署了军事合作协议。此外，中国还持续对其他岛国积极开展经济援助，与斐济和汤加两国推进军事交流。

在与中南美各国的关系上，中国的军方高官频繁出访阿根廷和巴西等国。据报道，中国正努力加强和中南美各国的双边关系，如 2010 年 11 月，中国和秘鲁举行了首次联合军演“和平天使 2010”。

（f）武器的国际转让

中国向亚洲和非洲等地的发展中国家提供小型武器、坦克、飞机等，除了将巴基斯坦、伊朗、孟加拉国和缅甸列为主要出口国外，还向纳米比亚、埃及、阿尔及利亚和苏丹等非洲国家以及委内瑞拉和秘鲁等南美国家出口武器。有人指出，中国转让武器和其意欲扩大在国际社会的话语权以及获取能源资源有关。还有人指出中国正在向存在民主和人权问题的国家提供武器。值得关注的是，中国会不会考虑国际社会的担忧，提高向国际社会出口武器的透明度。

（4）台湾的军事力量

台湾在马英九总统提倡的“固若磐石”的国防建设方针指导下，以预防战争、国土防御、应对紧急事态、防止冲突及维护地区稳定为战略目标，实行以“固守防卫、有效吓阻”为内容的军事战略。

台湾以提高士兵的专业性为目的，正在努力实现如下目标：一方面将 27.5 万人的总兵力削减至 21.5 万人，另一方面到 2014 年底将由征兵和义务兵组成的台湾军队转变为完全志愿制。此外，台湾军队重视先进科技的引进及联合作战能力的建设。2009 年 8 月的台风灾害造成了严重损失，根据这一情况，台湾军队正在努力加强防灾救灾能力。

2005 年 8 月，时任“总统”陈水扁为了满足增长的国防需求，提出了 3 年内将防卫预算额占当年国内生产总值的比例由 2.4% 提高至3%的方针。2008年度的台湾防卫预算额占国内生产总值的3%。马英九政府也表示，原则上防卫预算占国内生产总值的比例不低于3%。

台湾军队现在共有约21.5万人，其中陆军有41个旅，海军陆战队有3个旅。此外，台湾在发生战事时能够投入约165万人的陆海空预备役部队。在海上战斗力方面，台湾除了有从美国引进的“基德”级驱逐舰外，还有现代化水平较高的护卫舰。在航空战斗力方面，台湾拥有F-16A/B战斗机、幻影-2000战斗机、“经国”号战斗机等。

在中国大陆军队扩充导弹部队和海空军实力的背景下，台湾军队面临的议题依然是实现装备现代化。2008年10月，美国国防部通知国会，决定对台湾出售“爱国者-3”地对空拦截导弹和“阿帕奇”攻击直升机等武器。2010年1月，美国国防部通知国会，决定对台湾出售“爱国者-3”反导系统、“黑鹰”直升机和“鱼鹰”级扫雷艇等武器。台湾还希望从美国购入F-16C/D战斗机等武器，今后的动向值得关注。

台湾也在推进独立的装备开发，除了部署“天弓II”型地对空导弹和“雄风II”型反舰导弹之外，还在研发“雄风IIE”型巡航导弹和“天弓III”型地对空导弹，以分别获得远程攻击能力和应对导弹的能力。

此外，2011年4月，台湾举行了“汉光27号”军事演习。演习期间，台军还于2007年以来首次举行了空军战斗机在高速公路上的起降训练。

可以认为，两岸军事实力的一般特点如下：

第一，在陆军方面，虽然中国大陆具有压倒性的兵力，但其对台湾本岛的登陆进攻能力有限。然而，近年来中国大陆建造了大型登陆舰，正在努力提高登陆进攻能力。

第二，在海军和空军方面，中国大陆不仅在数量上处于压倒性优势地位，而且在台湾过去占优势的质量方面，中国大陆海军和空军也在切实进行现代化。

第三，在导弹攻击力方面，人们普遍认为中国大陆拥有许多将台湾纳入射程的短程弹道导弹，台湾则缺乏有效的应对手段。

对军队实力进行比较，不仅要看兵力、装备性能及数量，还要看军事作战的目的、作战形态、指挥机制、人员训练情况以及后勤支援体系等各种要素。然而，中国大陆正在迅速推进军事力量的现代化，从整体来看，两岸军事对比正向有利于中国大陆的方向发展。有必要关注两岸部队今后的现代化情况以及美国对台出售武器的动向。

4. 俄罗斯

（1）概况

（2）安全和国防政策

A. 基本情况

B. 军事改革

（3）军事态势

A. 核力量

B. 常规力量等

（4）我国周边的俄罗斯军队

A. 概况

B. 部署在北方领土的俄罗斯军队

C. 在我国周边的活动

（5）对外关系

A. 概况

B. 同独联体的关系

C. 同美国的关系

D. 同欧洲、NATO 的关系

E. 同亚洲各国的关系

F. 武器出口

5. 东南亚

（1）概况

（2）各国的国防政策

A. 新加坡

B. 马来西亚

C. 印度尼西亚

D. 泰国

E. 越南

F. 菲律宾

（3）各国军队的现代化

（4）南海动向

东南亚诸国与中国在南海围绕南沙群岛、西沙群岛的领土问题上存在不同主张。而且，近年来海上航行自由的问题，不仅周边诸国，也吸引了国际的关注。中国起初主张通过两国间谈判解决该问题，但是后来表现出通过相关国家整体和平解决该问题的动向，在 2002 年 11 月召开的东盟（ASEAN）和中国首脑会议上，与会各国签署了旨在和平解决领土问题的《南海各方行为宣言》。另外，在 2010 年 10 月召开的东盟和中国首脑会议上，各国领导人除了同意努力履行上述宣言外，还确定了相关方针以制定《南海行为准则》。中国还积极劝说相关国家搁置主权争议、优先开发群岛周边海域的资源。

然而，周边诸国围绕南沙群岛和西沙群岛开展的领土主权宣示活动及其引发的抗议活动却屡见不鲜。据报道，2010 年中国将南海定位为“核心国家利益”，其执法机构加强监视活动引起了与周边诸国的摩擦。各国也就南海问题纷纷发表各自见解，比如，美国国务卿希拉里在2010年7月东盟地区论坛部长级会议后的记者见面会上言及南海航行自由；在同年10月的东盟防长扩大会议（ADMM-plus）上，各国也言及和平解决南海问题的愿望。另外，在2011年5月召开的第五届东盟国防部长会议的共同宣言中，初次提及南海问题，加入了彻底落实《南海各方行为宣言》、推进制定《南海行为准则》和航行自由的重要性等内容。如此看来，南海问题可能会影响地区乃至国际社会的和平与稳定，相关国家的动向以及问题解决的走向将受到持续关注。

（5）地区合作

（6）地区问题

6. 南亚

（1）印度

A. 概况

B. 安全和国防政策

C. 对外关系

（2）巴基斯坦

A. 概况

B. 国防政策

C. 对外关系

7. 澳大利亚

（1）概况

（2）安全和国防政策

（3）对外关系

A. 同美国的关系

B. 同中国的关系

C. 同东南亚各国的关系

D. 与其他国家的关系

（4）海外活动

A. 东帝汶

B. 所罗门群岛

C. 阿富汗

8. 欧洲

（1）概况

（2）安全框架的强化与扩大

A. 预防冲突、危机管理以及护持和平职能的强化

B. 安全框架与伙伴关系在地理范围上的扩大

（3）各国为确保应对多样化事态能力而进行的努力

A. 英国

B. 德国

C. 法国

三、我国的基本防卫政策和新防卫大纲、新中期防等

（一）我国防卫的基本构想

1. 确保我国安全的方略

和平和安全是国民安居乐业和国家持续繁荣发展之必需。一国的独立必须得到捍卫，才能保证国家自主地决定政治、经济和社会方式，坚守其文化传统和价值观。和平、安全和独立，仅有愿望是难以确保的，只有基于相互依赖关系日渐密切的国际社会现状，依

靠自身的防卫力量，综合使用包括外交努力、与盟国和国际社会的合作在内的各种政策，才能确保。

特别是对我国而言，由于资源和粮食高度依赖海外、发展繁荣基于自由贸易，维护国际社会的和平与和谐显得尤为重要。因此，我国积极强化以日美同盟为首的双边合作关系，在亚太地区推动地区合作，同联合国合作以防止和解决冲突与争端、发展经济、促进军控和裁军、确保海洋安全、增进相互理解和信赖。从国内来看，我国在经济和教育等领域实施各种政策，确立安全的基础，以稳定国民生活，充实守卫国家的国民气概，消除招致侵略的机会。

但是国际社会的现实状况表明，仅仅依靠非军事手段，未必能够做到防外敌入侵于未然，万一遭到侵略更无法应对。防卫力量是体现国家应对侵略的意志和能力的安全屏障，其功能是其他手段所无法替代的。

正如本文第一部分所总结的那样，复杂多样且相互交织的安全挑战和不稳定因素将引发各种紧急事态，为确保对此做出适当的应对，防卫力量不可或缺。另外，从改善我国安全环境、预防发生对我国的威胁来看，防卫力量在亚太地区和国际社会合作中所扮演的角色正日益重要。

基于上述原因，我国正在推进适当的防卫力量整备。这种适当的自我防卫力量和日美安保体制结合能构筑完整的防卫态势，足以确保我国安全。

我国已认识到防卫力量的重要性，并在各领域竭尽全力确保国家安全；同时，我国也关注亚太地区乃至全世界的和平和安全。

2. 宪法和自卫权

（1）宪法和自卫权

二战后，我国决意避免重蹈战争苦难之覆辙，致力于建设和平国家。持久和平是日本国民的愿望。日本国宪法彰显了这种和平主义的理想，在第9条中做出规定：放弃战争、不保持战斗力、否认交战权。但是，既然我国是独立国家，那么该规定并不能否认我国作为主权国家所固有的自卫权。

我国政府认为，既然没有否认我固有的自卫权，那么宪法是承认为自卫而保持必要且最低限度的实力的。基于这种观点，我国依据宪法规定，将专守防卫作为基本方针，保持自卫队作为实力组织，推进其整备和运用。

（2）关于宪法第9条主旨的政府见解

A. 可以保持的自卫力量

根据宪法规定，我国可以保持的自卫力量必须以自卫为目的，是必要和最低限度的。

根据当时的国际形势和军事技术水平，这一限度会不断变化，为此将由国会代表国民，通过审议年度预算决定具体限度。在我国保持的整体军力方面，必须考虑宪法第9条第2款中所禁止保持的“战斗力”。因此，自卫队是否可以拥有某件武器，取决于有了这种武器之后我国实力是否会超过宪法所规定的限度。

但是，某一件武器如果在性能上专门用于对对象国国土进行毁灭性破坏的话，即所谓攻击性武器，因为超出自卫必要且最小限度的范围，在任何条件下都不被允许。比如，洲际弹道导弹（ICBM）、远距离战略轰炸机、攻击型航母是不允许拥有的。

B. 行使自卫权的必要条件

一直以来，政府认为，动用武力行使宪法第9条中所允许的自卫权必须满足以下三个条件：

第一，存在针对我国的紧急非法侵害；

第二，没有其他合适的手段可以消除这种侵害；

第三，武力行使仅限于必要和最低限度；

C. 能够行行使自卫权的地理范围

我国动用必要且最低限度的武力行使自卫权保卫国家的地理范

围，不限于我国的领土、领海和领空，具体会延伸到哪里，根据具体情况会有所不同，不能一概而论。

但是，宪法不允许以行使武力为目的，向他国的领土、领海和领空派遣武装部队；这类海外派兵行为超出了自卫所需的必要和最低限度。

D. 集体自卫权

国际法规定的集体自卫权是指，如果与本国有密切关系的其他国家遭到武力攻击，即使本国没有直接受到攻击，也可以使用武力阻止这种攻击的权利。我国既然是主权国家，自然就具有国际法所赋予的集体自卫权，但是使用武力阻止针对他国而并非直接针对我国的攻击，超过了宪法第 9 条中所允许的武力使用范围，因此是不允许的。

E. 交战权

宪法第 9 条第 2 款规定“不承认国家的交战权”。但是，这里的“交战权”并不是指交战的权利，而是交战国在国际法中所拥有的各种权利的总称，包括杀伤和破坏对方国家的兵力、占领对方国家的领土等权限。

然而，行使自卫权，为了防卫我国而使用必要且最小限度的武力当然是被允许的，比如，我国行使自卫权杀伤和破坏对方国家兵力的时候，虽然表面上看是同样的杀伤和破坏，但却与行使交战权是不同的概念。但是，占领对方国家的领土超过了自卫所需的必要且最小限度，因此不被承认。

3. 基本防卫政策

（1）国防的基本方针

我国在宪法指导下所推进的防卫政策的基础是 1957 年国防会议和内阁会议所通过的《国防的基本方针》。

《国防的基本方针》规定，国防旨在防止直接和间接侵略于未然，一旦发生侵略则予以阻止，守卫我国以民主主义为基调的独立与和平。为了实现上述目的，制订了以下 4 条基本方针。

第一，支持联合国的活动，谋求国际合作，期待实现世界和平；

第二，确立稳定民生、高扬爱国心和保障国家安全所需的基础；

第三，根据国情，在自卫所需的必要限度内，逐步整备有效的防卫力量；

第四，对于来自外敌入侵，在联合国发挥有效阻止功能之前，以美日安保体制为基础加以应对。

(2) 其他基本政策

A. 专守防卫

专守防卫是指在受到对手武力攻击后才使用防卫力量，仅限于自卫所需的必要和最低限度。保持的防卫力量也限于自卫所需的必要和最低限度，这种被动型的防卫战略姿态与宪法精神相符。

B. 不成为军事大国

虽然没有对“军事大国”的明确定义，但是我国不成为威胁他国安全的军事大国是指不拥有给他国造成威胁的强大军事力量，不超出我国自卫所需的必要和最低限度。

C. 无核三原则

无核三原则是指不拥有、不制造、不运进核武器。我国将之作为国策并坚持至今。

另外，制造和拥有核武器是《原子能基本法》所禁止的。根据《不扩散核武器条约》（NPT），我国作为非核武器国家，负有不制造、不获取核武器的义务。

D. 确保文民统制

文民统制，又称文民控制，是指在民主国家政治优先于军事，民主主义的政治控制军事力量。

我国基于对战前历史的反省，为了确保自卫队根据国民意志加以整备和使用，采用了与旧宪法完全不同的严格的文民统制制度。

国会代表国民，通过法律和预算方式决定自卫官的人数和主要机构，并发布防卫行动指令。

与国家防卫有关的事务，作为一般性行政事务，完全属于内阁的行政权；组成内阁的内阁总理大臣和其他国务大臣必须是宪法上的文民；内阁总理大臣代表内阁对自卫队行使最高指挥监督权；防卫大臣作为国家防卫专门的主任大臣统管自卫队的队务。另外，内阁中设置安全保障会议，负责审议与国防相关的重要事宜。

在防卫省内，防卫大臣负责与国家防卫相关的行政事务，管理和使用自卫队。在政策和企划方面，有一名防卫副大臣和两名防卫大臣政务官负责辅助防卫大臣。

在防卫省所辖事务的重要事宜上，防卫大臣辅佐官利用自身所具备的专业知识与经验，向防卫大臣谏言；在防卫会议上，政治任命者、文官、自卫官三者汇聚一堂，在防卫大臣的带领下审议防卫省所辖事务的基本方针，以彻底实现文民统制。

如上所述，文民统制制度业已确立，但是为了取得实效，在国民关心防卫的同时，仍有必要加强政治和行政方面的管理工作。

（二）新防卫大纲

一直以来，我国根据国际形势、自卫队现状、我国周边各国状况和经济财政状况，采用最合适的方法，推进防卫力量整备。《防卫大纲》便是说明日本安全基本方针、日本防卫力量的意义和作用、自卫队的具体编制、主要装备的整备目标水准等今后防卫力量的基本方针。

本章第1节将阐述防卫大纲的发展历程，第2节和第3节将叙述2010年12月批准的《2011年度以后的防卫计划大纲》（新防卫大纲）的制订背景与内容。

1. 防卫大纲的发展历程

我国 1958 年之后的防卫力量整备基于 4 次防卫力量整备计划。1976 年（昭和 51 年）10 月，国防会议和内阁会议首次制订《1977 年度以后的防卫计划大纲》（51 大纲），明确了我国应该保有的防卫力量水准，说明了我国防卫力量的整备现状。1995 年（平成 7 年）11 月，安全保障会议和内阁会议通过了《1996 年度以后的防卫计划大纲》（07 大纲），以应对冷战终结等国际形势所发生的巨大变化和对自卫队参加国际活动的期待。2006 年（平成 16 年）12 月，通过了《2005 年度以后的防卫计划大纲》（16 大纲），以应对国际恐怖组织的活动、大规模杀伤性武器和弹道导弹的扩散等国际社会的共同问题。我国基于上述大纲，1986 年后至今，每 5 年制定一次中期防卫力量整备计划（简称“中期防”），实施防卫力量的整备、维持和运用。

本节将说明我们以往所制订的防卫大纲的要点。

（1）《1977 年度以后的防卫大纲》（51 大纲）

（2）《1996 年度以后的防卫大纲》（07 大纲）

（3）《2005 年度以后的防卫大纲》（16 大纲）

2. 新防卫大纲的制订背景

（1）新的安全环境

距离“16 大纲”制定已有 5 年多的时间，国际安全环境发生了巨大变化。在制定新防卫大纲时，我们主要考虑了以下事项：

A. 国际形势——安全问题的复杂性和军事力量功能的多样化

B. 亚太地区局势——合作关系的深化、不可预知的不确定因素

C. 我国的特性

D. 我国应着手处理的问题

从以上三点来看，发生大规模登陆进攻、影响我国存亡的真正侵略的可能性很小，但是我国所面临的安全问题与不稳定因素却复杂多样、相互交织。我国必须应对可能发生的各种事态，同时与盟国、友好国家及其他相关国家合作，积极应对地区和全球性安全问题。

（2）“16 大纲”的重新审议经过

A. 2009 年的讨论以及重新审议日期的变更

B. 2010 年政府与防卫省的评估

3．新防卫大纲的内容

（1）基本构想——构筑动态防卫力量

为应对安全环境的变化，新防卫大纲以构筑“动态防卫力量”（動的防衛力）为特点。

当今世界有很多安全问题越过国境四处蔓延，因此，各国在平时进行合作非常重要。在这种情况下，军事力量的功能更加多样化，在平时进行救灾、维和、人道主义援助和打击海盗行动等的现象更为普遍。自卫队就参加了多次国际和平合作活动，并经常遂行海外作战。为此，自卫队具备持久力等从事这些连续性活动的能力显得尤为重要。

我国周边依然存在包括核武器在内的大规模军事力量，有很多国家都在推进军队现代化，各种军事活动也日趋活跃。在这种情况下，重要的不仅是靠防卫力量本身来威慑对手，还要通过运用防卫力量实现“动态威慑”，即在平时，及时安排适当的活动，展示国家的意志和强大的防卫能力。此外，由于军事科技的飞跃式发展，从端倪初现到事态发生的时间间隔大有缩短之势。因此，必须对事态做出迅速反应，快速反应等综合运用部队的能力显得愈发重要。

因此，对于防卫力量，不能基于之前重视“防卫力量存在”的“基础防卫力量构想”（基盤的防衛力構想），而应聚焦于“防卫力量的运用”，基于“动态防卫力量”，主动开展各项活动，有效地运用防卫力量。因此，新防卫大纲要求构筑具备快速反应性、机动性、灵活性、持续性以及多目的性，基于军事技术水平的动向，由强大的技术力量和情报能力支撑起来的“动态防卫力量”。这种“动态防卫力量”构想着眼于通过自卫队的作战行动，发挥防卫力量的作用。

为了应对日渐严峻的安全环境，日本有必要整备适当规模的防卫力量。因此，鉴于财政困难，新防卫大纲采取“选择和集中”措施，通过评估自卫队整体的装备、人员、编成和配置等情况，精简机构提高效率，即有选择地将资源集中于那些真正有必要的功能上，对防卫力量进行结构性改革，做到以有限的资源取得更多的成果；新防卫大纲还从根本上重新讨论人事制度，在限制人事费用和提高效率的同时，推进部队年轻化、精壮化，以改善人事费用过多因而压迫自卫队活动经费的防卫预算的结构。防卫力量的结构性改革和人事制度改革也是新防卫大纲的特征之一。

（2）我国安全的基本理念

新防卫大纲为了明确我国安全的最基本事项，首先阐明了我国安全的基本理念。

具体而言，安全的目标是：第一，预防并消除针对我国的威胁，使损害最小化；第二，通过进一步稳定亚太地区的安全环境和改善全球安全环境，预防威胁的发生；第三，为了世界和平和稳定以及人类安全做出贡献。

为达成上述目标，我国要推动外交上的努力，积极利用外交和防卫力量，支持联合国维护国际和平与安全的活动，与各国确立良好的合作关系；统合推进我国自身努力、与盟国合作、亚太地区合作、全球合作等多层安全合作。

依据日本国宪法所规定的专守防卫、不做给他国造成威胁的军事大国等原则，我国将继续坚持文民统制、无核三原则、整备适当的防卫力量等基本方针，积极致力于国际维和行动。对于核武器的威胁，我国将以实现无核武器世界为目标，积极能动地为核裁军、不可扩散发挥作用，同时在现实依然存在核武器的时间里，与美国紧密合作，保持并提升美国延伸威慑的可信度，积极致力于民防与弹道导弹防御。

（3）我国安全的基本方针

A. 我国自身的努力

B. 与盟国的合作

C. 与国际社会的多层安全合作

（4）防卫力量的作用

A. 有效威慑与应对

B. 进一步稳定亚太地区安全环境的努力

C. 全球安全环境的改善

（5）防卫力量的具体内容

A. 自卫队的态势

B. 自卫队的体制编制

（6）发挥防卫力量功能的基础

A. 有效利用人力资源

B. 充实、强化物质基础的举措

C. 防卫设施与周边地区的和谐

（7）其他注意事项

（三）面向新的防卫力量体制

政府为了有计划地向《2011 年度之后的防卫计划大纲》（新防卫大纲）所确定的体制过渡，于 2010 年 12 月在安全保障会议和内阁会议上通过了《中期防卫力量整备计划（2011—2015 年）》（新中期防）。这是基于新防卫大纲的第一个中期防，为实现该大纲构想的防卫力量设定了路线。

另外，防卫省正紧锣密鼓地讨论如何推进结构性改革，以构筑新防卫大纲和新中期防构想的动态防卫力量，提高防卫力量的效能。

本章将就新中期防、提高防卫力量有效性的结构性改革、2011年度的防卫力量整备等加以说明。

1. 新中期防卫力量整备计划

（1）新中期防的制订过程

（2）新中期防的意义

防卫力量整备最终要根据各年度的预算进行，但是国家的防卫是国家存立的基础，同时装备的研发和使用、设施整备、队员的教育、部队的培训等不是短期能够完成的，考虑到这一点，防卫力量整备有必要立足于中期展望，持续而有计划地实施。

因此，政府从 1986 年开始以 5 年为期制订中期防卫力量整备计划，据此实施各年度的防卫力量整备。

新中期防是新防卫大纲出台后的第一个中期防，为构筑新防卫大纲中规定的动态防卫力量，该整备计划规定了 5 年内的防卫力量整备的方针和主要的事业、所需经费的总额限度等。

（3）新中期防的方针

（4）骨干部队的重组

A. 陆上自卫队

B. 海上自卫队

C. 航空自卫队

D. 自卫官定额

（5）与自卫队能力相关的主要行动

A. 有效威慑与应对

B. 进一步稳定亚太地区的安全环境

C. 改善全球安全环境

D. 体制整备时的重要事项

E. 防卫力量能力发挥所需的基础

（6）强化日美安保体制的举措

A. 战略对话以及政策调整

B. 日美防卫合作的强化

C. 驻日美军顺利且有效的驻留举措

（7）整备规模

（8）所需经费

（9）其他事项

2. 提高防卫力量效能的结构性改革

（1）背景

（2）研讨的具体事项

（3）研讨现状

3. 2011 年度的防卫力量整备

（1）2011 年度防卫力量整备的主要事项

（2）预算编成的经过

4. 防卫相关费用

（1）防卫相关费用及其演变

防卫相关费用除了自卫队的维护管理经费外，还包括改善防卫设施周边生活环境以及援助驻日美军等所需的经费。

在严峻的财政形势下，2011 年度防卫相关费用的岁出预算是 66625 亿日元，与上一年度相比，减少了 201 亿日元（0.4%），连续第 9 年下降。但是，2011 年是基于新防卫大纲和新中期防所制订预算的第一个年度。为遵循财政规律，同时整备防卫力量有效应对我国不断复杂的新周边环境，防卫省将资源集中到那些应该优先整备的功能上，确保了必要的经费。

（2）防卫相关费用的细目

（3）与他国的比较

5. 基于最近动向的举措

（1）开发利用太空的相关举措

（2）稳定利用网络空间的相关举措

（3）保护环境的相关举措

A. 气候变动给安全环境造成的影响

B. 保护环境的举措

（4）海洋政策的相关举措

四、我国的防卫举措

（一）自卫队的运用

我国实现国家安全之本在于依靠自身的努力。

基于这种认识，《2011 年度以后的防卫计划大纲》（新防卫大纲）规定，全国在平时将举全力应对，在各种事态发生时将视事态的发展灵活应对。因此，在国家实施各种综合战略性举措的同时，防卫省和自卫队不仅要在各种事态发生时运用自卫队，还要在平时实施各种举措以提高应对能力。

本章第 1 节说明国家的基本框架，包括武力攻击事态时自卫队的运用等。第 2 节说明发生各种事态时自卫队的具体应对。第 3 节就我国整备新法、确保海洋运输安全的重要性、以及根据《联合国国际海洋法公约》实施的海盗应对措施做一说明，包括法律制度等。

1．武力攻击事态等的应对

（1）武力攻击事态等的应对框架

A. 武力攻击事态等的应对

B. 其他紧急事态（除武力攻击事态）的应对

（2）根据《武力攻击事态处置法》采取的措施

A. 为保护国民人身安全、尽可能减少对国民日常生活影响而采取的措施

B. 终结武力攻击事态的措施

C. 确保国际人道法的实施

D. 为应对武力攻击事态所做的努力

（3）国民保护

A. 武力攻击事态等发生时保护国民的措施（国民保护措施）

B. 国民保护的基本指针

C. 自卫队保护国民的作用

D. 防卫省、自卫队为保障国民保护措施顺利实施而采取的措施

（4）自卫队的联合作战体制（統合運用体制）

A. 联合作战体制概述

B. 为了充实联合作战体制进行的基础整备

2．有效威慑和应对

（1）确保周边海空区域的安全

A. 警戒监视周边海域

B. 警戒领空侵犯和紧急起飞（紧急出动）

C. 应对领海内的潜水艇

D. 应对武装间谍船等

（2）应对登岛入侵

A. 自卫队的应对

B. 防卫省、自卫队的举措

（3）应对网络攻击

A. 自卫队的应对

B. 防卫省、自卫队的举措

（4）应对游击队、特种部队的攻击

A. 应对游击队、特种部队的攻击

B. 应对武装间谍人员

C. 应对核生化武器

（5）应对弹道导弹攻击

A. 我国的弹道导弹防卫

B. 立法与作战方面的整备

C. 美国的导弹防卫和日美弹道导弹防卫技术合作

D. 应对朝鲜导弹发射事件等

（6）应对大规模的非传统灾害

A. 救灾调度概述

B. 应对灾害

C. 应对灾害的准备工作

（7）应对真正侵略事态

A. 防空作战

B. 周边海域防卫作战

C. 陆上防卫作战

D. 确保海运安全的作战

（8）应对其他状况

A. 改善自卫队设施的警戒态势

B. 运输在外日本人等

C. 应对周边事态

D. 应对新型流感

E. 收集军事情报

3. 打击海盗活动的举措

（1）基本构想

（2）海盗活动的现状和国际社会的举措

A. 海盗活动的现状

B. 国际社会的举措

（3）我国的举措

A. 打击海盗活动的立法工作

B. 自卫队的活动

（4）对我国举措的评价

（二）日美安保体制的强化

日美安保体制以《日美安保条约》为基础，是我国国防的支柱之一。日美同盟以这一体制为核心，是确保我国乃至亚太地区和平与稳定所不可缺少的基石。日美之间的紧密合作关系则以日美同盟为基础，对于有效解决全球诸多安全难题发挥着重大的作用。在向国际社会推广日美两国所共有的民主主义、法治意识、尊重人权和资本主义经济等基本价值观方面，日美同盟已变得越来越重要。新防卫大纲也认为要深化发展日美同盟，以适应新的安全环境。

驻日美军的存在是日美安保体制的一大核心要素，不仅有利于我国的防卫，而且对威慑和应对亚太地区紧急事态都有着重大作用。然而，由于驻日美军的驻留问题会对当地居民的生活环境产生影响，我国必须努力减轻冲绳等地的负担，使其与各地区的实际情况相符。

日美安保体制对我国的安全保障具有重要意义，为此，本章第1节将对日美安保体制的意义及基本框架、驻日美军现状等情况进行说明，第2节对日美同盟的成立背景以及“同盟深化的进程”加以说明，第 3 节则阐述普天间机场搬迁等与驻日美军驻留相关的举措。

1. 日美安保体制概要

本节将对日美安保体制做一简单说明，主要内容有：日美安保体制对我国安全保障的意义、支撑这一体制的基本框架、驻日美军现状以及与驻日美军驻留的相关框架。

（1）日美安保体制的意义

A. 确保我国安全

B. 确保我周边地区的和平与稳定

C. 改善国际安全环境

（2）支撑日美安保体制的基本框架

A. 日美之间的政策协商

B. 《日美防卫合作指针》和确保其实效的各种举措

（3）驻日美军现状

A. 驻日美军存在的意义

为了继续发挥日美安保体制在本章第 1 节中所表述的作用，驻日美军的存在是非常必要的。它不仅可以在我国安全乃至本地区的和平与稳定中发挥威慑作用，而且还能确保驻日美军迅速机动地应对我国及周边地区出现的紧急事态。

为此，我国依据《日美安保条约》允许美军驻留。如果有哪个国家试图对我国发动如前所述的武力攻击，它势必要做好同我国自卫队和美军直接对决的心理准备。驻日美军是防止我国遭受侵略的威慑力量。当发生针对我国的武力攻击事态的时候，根据《日美安保条约》第 5 条相关规定，日美要迅速共同进行应对。为了保证这种应对的实现，美军必须能够安定地驻扎在日本。此外，为了保卫我国，美军的行动不仅仅局限于驻日美军，适当时还可能有其他美国兵力前来援助，而驻日美军，就是美军前来援助的基础。

为了使驻日美军能够发挥上述作用，有必要统合包括驻日美军在内的美军各军兵种的职能。比如说，日美两国在合作应对针对我国的武力攻击时，美军是“矛”，主要发挥打击作用。在发挥这一作用时，驻日的美国海、空军和海军陆战队要实施一体化作战，充分发挥各自的作战职能。

需要注意的是，尽管《日美安保条约》的第5条规定了美国对日本的防卫义务，但其第6条也规定了日美双方要在承担义务时保持平衡，即我国允许美国为保障我国安全和维持远东地区和平与安全，使用我国的设施和基地。这就和《北大西洋条约》截然不同，后者只规定了缔约国负有共同防卫的义务。

B. 驻日美军的设施、基地及当地社区

为了使驻日美军的设施、基地充分发挥其应有功能，其所在社区的理解与合作也是不可或缺的。《日美安保条约》缔结后这数十年间，由于城市化建设的逐步推进等原因，驻日美军设施、基地的周边社会环境发生了巨大变化。为了得到我国国民的真心支持与认可，也为了使驻日美军的设施、基地充分发挥作用，有必要依据环境变化，尽可能减少驻日美军设施、基地所带来的影响。

我国的国土狭长且平原较少，驻日美军的设施基地和城市、工业区相邻的情况不在少数。在这些地区，驻日美军设施基地的存在、飞机的起飞着陆等因素无疑会给当地居民的生活环境和地方经济振兴造成较大影响。因此，有必要根据各地的实际情况，努力减少当地的负担。

C. 冲绳的驻日美军

一方面，冲绳与夏威夷、关岛或美国本土相比，距离东亚较近。一旦有需要，驻扎在该地区的美军能够及时应对东亚的紧急事态。同时，冲绳的地理位置也占据优势，距离我国周边诸国均有一定距离。另外，它在安全保障方面处于极其重要的位置，大体位于西南诸岛中央，距离我国的海上交通线很近。以美国海军陆战队为首的美军具有高度机动能力和应急反应能力，能够对各种紧急事态做出第一反应。这样的美军驻扎在具有上述地理特征的冲绳，有利于我国乃至整个亚太地区的和平与稳定。

另一方面，机场、演习地域、后勤援助设施等驻日美军的诸多设施和基地都位于冲绳县内。截至2011年1月，驻扎在我国的美军设施、基地（专用设施）中，从面积来看大约有74%都集中在冲绳。因此，我们有必要在充分考量上述安全因素，尽最大努力减轻冲绳的负担。

（4）确保驻日美军稳定驻留的举措

A. 我国基于日美地位协定的措施等

B. 驻日美军驻留经费负担（HNS）

C. 新的特别协定

D. 驻日美军的相关经费

（5）日美联训与联合演习

（6）日美《物资劳务相互提供协定》（ACSA）

（7）防卫装备与技术领域的相互交流

2. 日美同盟的深化

（1）发展历程

（2）“同盟的深化进程”

（3）日美安全磋商委员会（“2+2”）会议（2011年6月21日）

A. 共同的战略目标

B. 日美同盟的安全保障以及防卫合作的强化

C. 驻日美军再编的进展

D. 在应对东日本大地震中的合作

E. 驻日美军驻留经费负担

3. 驻日美军驻留的相关政策

(1) 驻日美军在冲绳的驻留

A. SACO[①] 设置前驻日美军的设施基地的重组、强化及削减

B. SACO 的概要和现状

C. 冲绳美军再编的经过和进展状况

D. 减轻冲绳美军基地负担的举措

E. 利用驻留军用地拆除后的土地

(2) 冲绳外驻日美军的驻留

A. 神奈川县驻日美军设施基地的重组

B. 路线图所示美军再编的现状

(3) 推进驻日美军再编的举措

A. 再编补助金

B. 公共项目特殊补贴率

C. 与股份公司日本政策金融公库业务相关的特例等措施

D. 针对驻军当地雇员的措施

E. 法律的有效期限

(4) 减少驻日美军设施基地影响的措施

A. 与驻日美军设施基地相关的环保措施

2000年9月，日美举行了两国防长和外长的“2+2”会议。两国政府基于对环境保护重要性的共同认识，将保障驻日美军设施基地周边的居民、美军相关人员及其家属的健康和安全作为两国的共同目标，发表了“有关环境原则的共同声明”。为深化该声明的主旨，日美加强了共同协商。具体来说，两国的相关部门（省）和机构（厅）共同参与，不仅在《日本环境治理标准》（JEGS）定期评估方面加强了合作，还就环境情报交流和环境污染应对等问题进行

---

① SACO：冲绳事务特别行动委员会。——译者注

了磋商。2011年1月，驻日美军在官方主页上公布JEGS（英文版）后，防卫省根据冲绳县军用地转用促进·基地问题协议会以及涉外关系主要都道县知事联络协议会的请求，制作了2010年JEGS的日文暂译本，并于2011年6月公布。

在2010年5月召开的“2+2”会议上，日美两国从共同担负的环保责任出发，命令事务当局针对驻日美军的设施与基地，研讨建立“绿色同盟”的可能性。双方还讨论了把可再生能源技术引入日本国内整备的美国基地，纳入驻日美军驻留经费负担，其结果在HNS总体评估中有所体现。此外，这次会议还指示事务当局迅速、认真地对相关的环境协议进行讨论，其中就包括在环境事故发生时进入美军设施和基地，以及在这些设施和基地返还前进行环境调查的协议。为此专设了工作小组，日美双方的事务当局还进行了多次协商。

B. 其他措施

除上述措施外，我国还改善了驻日美军设施、基地周边地区的生活环境，向当地的市町村提供带有固定资产税性质的基地担保金。

此外，在驻日美军设施、基地的周边地区，美军相关人员所引发的事端与事故还在影响着当地的居民。政府要求驻日美军采取教育和纲纪整肃等有效措施，避免类似事件的再次发生。除了与驻日美军在这些防范措施上进行合作，日本政府还根据事端与事故造成的损失情况，迅速采取措施给予适当补偿。

（三）与国际社会的多层安全合作

1. 推进亚太地区的安全合作和对话

（1）安全合作对话与防卫合作交流的意义和变化

（2）东盟防长扩大会议（ADMM-plus）下的措施

（3）东盟地区论坛（ARF）

（4）参与太平洋伙伴关系（PP）

（5）援助能力建设

（6）防卫省、自卫队主办的多边安全对话

A. 东京防务论坛

B. 日本—东盟防卫当局副部级会议

（7）其他措施

A. 民间机构主办的国际会议

B. 亚太各国总参谋长（CHOD）会议

C. 太平洋地区高级军官后勤研讨会（PASOLS）

D. 亚太地区情报部长会议（APICC）

（8）多国联训

A. 亚太地区多国联训的意义

B. 多国联训的措施

2. 推进与他国的防卫合作和交流

（1）与他国防卫合作和交流的意义

（2）日澳防卫合作和交流

（3）日韩防卫合作和交流

（4）日印防卫合作和交流

（5）日中防卫交流和合作

（6）日俄防卫交流和合作

（7）与东南亚国家的防卫合作和交流

（8）日英防卫合作和交流

（9）与欧洲国家的防卫合作和交流

3. 支持国际和平合作活动的举措

（1）积极支持国际和平合作活动

A. 把国际和平合作活动作为基本任务的意义

B. 我国支持国际和平合作活动的发展历程

C. 为迅速适当地开展国际和平合作活动所做的不懈努力

D. 被派遣部队的福利和心理保健

E. 围绕所谓“一般法”展开的讨论

（2）积极支持联合国维和行动

A.《国际和平合作法》概要

B. 联合国东帝汶综合特派团

C. 联合国海地稳定特派团

D. 联合国苏丹特派团

E. 联合国脱离接触观察员部队

F. 联合国尼泊尔特派团

G. 向联合国维和部派遣自卫官

H. 向非洲维和中心派遣教官

（3）积极参加国际紧急救援行动

A.《国际紧急救援队法》概要

B. 自卫队实施的国际紧急救援行动及其准备情况

C. 巴基斯坦水灾国际紧急救援活动

D. 新西兰南岛震灾国际紧急救援活动中人员和物资的运输

（4）参与国际反恐活动

A. 国际社会采取的行动

B. 我国采取的行动

C. 海上自卫队的补给活动

D. 对补给援助活动的评价

（5）与国际社会合作重建伊拉克

A. 我国为支持伊拉克重建所作出的努力

B. 自卫队依据《伊拉克特别措施法》所采取的行动

4. 在军控、裁军与不扩散等方面的努力

（1）与军控、防止大规模杀伤性武器扩散和裁军相关的条约

A. 核武器

B. 生化武器

C. 运载工具（导弹）

（2）特定常规武器的军控措施

A. 相关条约

B. 我国采取的措施

（3）国际社会防止大规模杀伤性武器扩散采取的措施

A. 防扩散安全倡议（PSI）

B. 与防扩散相关的安理会第 1540 号决议

（四）国民与防卫省、自卫队的关系

1. 支撑防卫力量的组织和人员基础

（1）支撑防卫力量的组织

A. 防卫省、自卫队的体制编制

B. 防卫大臣辅佐体制

C. 地方防卫行政据点

（2）防卫省的改革

A. 改革的背景与经过

B. 新政权防卫省改革的原则

C. 目前的进展

（3）防卫省、自卫队人员的募集与雇用

A. 募集

B. 雇用

（4）防卫大学的改革

A. 改革的背景和经过

B. 评估委员会的概要

C. 评估结果

（5）日常的教育训练

A. 自卫官的教育

B. 自卫队的训练

C. 安全管理的措施和议题

（6）队员的待遇和人事对策

A. 改革人力基础

B. 进一步灵活使用女性自卫官

C. 强化育儿措施

D. 维护军纪

E. 防止自卫队员自杀

F. 追悼殉职队员

（7）队员的退役与再就业

A. 队员的退役与再就业措施

B. 关于退役队员再就业的规定

C. 再任用制度

2. 防卫生产、技术基础和装备获取

（1）防卫生产与技术基础

A. 我国防卫生产与技术基础的特征和现状

B. 防卫生产与技术基础的维护和发展

（2）装备物资的获取

A. 装备物资获取问题的相关意识

B. 装备物资获取的主要措施

C. 装备物资采购合同制的评估

（3）技术研究本部（TRDI）的研究与开发

3. 防卫省、自卫队和地方社区、国民的关系

（1）市民生活中的活动与社会贡献活动

（2）地方公共团体等组织对自卫队的协助

A. 对自卫官募集与再就业的协助

B. 对自卫队活动的援助和协助

（3）促进防卫设施与周边地区保持和谐所采取的措施

A. 防卫设施的规模和特征

B. 与防卫设施相关的各种政策

（4）宣传活动和信息公开等相关活动

A. 各种各样的宣传活动

B. 信息公开制度与个人信息保护制度的合理运用

C. 举报人保护制度的合理运用

D. 政策评价措施

（译者：解放军外国语学院讲师　梁宝卫）

2010年韩国《国防白皮书》*

2010年12月31日

韩国 国防部

刊首寄语

2010年正值“6·25”战争（中国称“朝鲜战争”，下同）爆发60周年。在这60年里，我们大韩民国从战争的废墟中崛起，跻身于世界前十位的经济大国行列，由一个“接受”帮助的国家，成长为一个向国际社会“提供”帮助的国家。我们军队以自身的力量为国家的发展提供了保障。

但是，韩半岛（中国称“朝鲜半岛”，下同）的战争威胁与安全不稳定因素并未消逝。北韩（中国称“朝鲜”，下同）接二连三肆意发动天安舰偷袭、延坪岛炮击等非法的武装挑衅，不断威胁韩半岛的和平稳定。跨国性和非军事性威胁的扩散、东北亚国家之间潜在的矛盾也使我们的安全形势危机四伏。

为应对这种安全威胁，我们军队制定了建设一支“精锐、先进的强大军队”这一国防远景目标，并为实现该目标而全力以赴。我们军队为此完善了《国防改革基本计划》，改善了武器采办体系，为

* 原文出自 http：//www. mnd. go. kr/cms_ file/info/mndpaper/2010/ebookAll/EBook. htm。

增强合同性和效率性而改善了军官教育体系，还通过延长新兵教育时间等举措，改善了教育训练体系。我们军队为使国防经济成为国家经济新的增长动力，大力振兴国防出口。为减少国民的不便，我们军队还放宽了军事设施保护区指定标准，改革了有关的国防规章制度。

考虑到战略环境的变化，我们与美国就调整战时作战控制权移交时间问题达成了协议。两国还举行了历史上首次韩美外交·国防部长会议，在展示坚强同盟意志的同时，一致同意将韩美同盟发展成为面向未来的战略同盟。在 2010 年韩美安全会议上，韩美两国签署了《战略同盟 2015》、《国防合作指导方针》、《韩美战略计划指导方针》等相关的重要文件。我们军队还向海外派驻了黎巴嫩“东明”部队、亚丁湾“清海”部队、海地“甘霖”部队、阿富汗“朋友”部队，成功遂行作战任务，为世界和平做出了贡献。

但是，军队仍有很多领域需要变革。天安舰被袭事件、延坪岛炮击挑衅事件给我们军队的自尊心和名誉留下了难以抹去的伤痛，也使国民大失所望。

我们军队现在的首要任务就是要遏制敌人的挑衅，并保持最高水平的应对态势，一旦遭到肆意挑衅，能够即刻给予敌人强有力的惩戒。我们军队将果断清除国防所有领域内残存的行政官僚主义因素和因循守旧的作风，树立仅以战斗行动和作战结果作为评价标准的风气，打造一支具备高度实战能力的“战斗型部队”，培养勇于战斗、纪律严明的“超级勇士”。

我们军队将进一步提高军队的防卫力量，构筑可以实施网络中心战（네트워크 중심전）、发挥实战合同性的先进作战力量体系；同时在《战略同盟 2015》的框架内，就韩美间主要问题进行紧密合作，发展稳定持久的同盟关系；并大力开展军事外交活动，积极推动维和行动，为提高国家地位、增进国家利益做出贡献，从而走在建设“更为强大的大韩民国”、实现“公正社会”队伍的前列。

此次《2010 国防白皮书》忠实介绍了国家安全战略方面的国防政策方向、推进情况和相关计划，详细讨论了我国防的主要问题，并在附录中增加了“6·25 战争回顾”、“天安舰被袭事件”、“延坪岛炮击挑衅”等有关的国防资料。

希望各位国民在《2010 国防白皮书》中见证我们军队正在坚决捍卫着韩半岛的和平，正在为亚太地区和世界和平做出贡献。今后，我们军队将精诚团结，刻苦训练，通过“为了胜利的变革”，建成一支“能够立即战而胜之的强大军队”。期待各位国民一如既往地热爱和支持我们。

国防长官　金宽镇

一、安全环境的变化与挑战

（一）世界安全形势

当今世界安全环境的特点是：在传统军事威胁依然存在的同时，大规模杀伤性武器、恐怖主义、海盗、自然灾害等跨国性和非军事性威胁（초국가적 비군사적위협）不断增大，与领土、资源、宗教、种族等问题相关的安全威胁则变得更为复杂多样。在这种新的安全环境下，世界各国为了各自国家利益的最大化，在全面加强自身安全力量（포괄적 안보역량）的同时，对他国既进行战略合作又彼此牵制。

1．安全威胁的变化

当今安全威胁变化的特征是，除传统的军事威胁外，跨国性和非军事性威胁不断增大，威胁的表现形式变得更为复杂多样。大规

模杀伤性武器、恐怖主义、海盗活动、网络攻击（사이버 공격）等跨国性威胁不断增大，传染性疾病、自然灾害、全球变暖和环境污染等非军事性威胁已成为主要的安全问题。

虽然冷战结束后爆发大规模战争的可能性变小了，但由于领土和资源争端、宗教和种族矛盾、分裂和独立活动等复杂因素而引发的各类局部冲突却仍在全球上演。在中东，以色列与黎巴嫩之间的战争虽已在 2006 年 8 月结束，但冲突的火种却仍未熄灭。尽管国际社会尽力调停，但以色列与巴勒斯坦之间的冲突却因两国的不同立场而难有进展。在伊拉克，恐怖事件频仍，导致局势持续不稳。在欧洲，2008 年 8 月俄格两国因南奥塞梯和阿布哈兹的分裂和独立问题爆发了战争，尽管经欧盟调停战争很快结束，但两国关系依然紧张。在非洲，苏丹、索马里、乍得等地冲突不断。

核生化武器等大量杀伤性武器及其运载工具——弹道导弹的扩散问题是当今威胁世界安全的主要因素。特别是部分国家正加紧开发核武器和远程导弹，并能通过国际黑市交易（국제 암거래）等方式轻易获取所需的零件和器材，进一步加剧了核威胁。炭疽菌（탄저균）和沙林毒气等生化武器由于生产费用低廉，制作简单，恐怖组织能够轻易获取，也令人十分担忧。

“9·11”事件后，恐怖主义成为世界安全环境的主要威胁。随着全球化和信息技术的发展，国际恐怖组织越来越有可能拥有核武器等攻击手段。这些组织与正规军队不同，其架构是由不同国籍成员组成的分散型网络组织（분산형 네트워크 조직），使得有效应对更为困难。这些恐怖组织既不固守于某地，又没有必须保护的民众，因此，它们一旦获得了核技术，就很有可能在核使用问题上做文章。这也是国际社会将恐怖主义威胁作为主要安全问题的原因所在。

海盗活动则是威胁海路安全的一大难题。根据国际海事局（국제해사국）的统计，2009 年全球共发生 406 起海盗事件，较 2008 年（293 起）激增 39%，其中索马里海域的海盗事件即为 217

起，占总数的53%。

随着信息通信技术的发展，网络空间的黑客行为和恐怖主义日益严重，世界各国正抓紧研究对策。由于此类网络攻击并不局限于个人和企业，国家也成为攻击对象，因此，需从国家安全层面制定因应措施。SARS（중증급성호흡기증후군）、甲型H1N1流感（신종플루）等传染性疾病在全球蔓延。海地、智利等国发生的地震等大规模自然灾害也已成为新的安全威胁。应对这些挑战需要国际社会的共同努力。

各国围绕能源资源展开的竞争已成为国际秩序的新变数。除中东外，各大国还在中亚、南美、非洲、里海等地，为寻找新能源而展开角逐，这就增加了相关地区局势的不稳定性。

2. 国际社会为和平稳定而努力

安全威胁日益复杂多样，要求国际社会采取不同以往的应对方式。单凭一国之力不足以应对跨国性和非军事性威胁，需要包括同盟国和友好国家在内的国际社会的合作。现在急需的已不仅仅是以军事手段为主的应对措施，而是包括外交、司法、情报、经济等非军事手段在内的综合对抗措施。在查明“9·11”恐怖袭击的背后主谋是国际恐怖主义网络后，国际社会认为，为预防恐怖袭击并防止大规模杀伤性武器的扩散，寻求全球范围的合作是十分重要的。因此，在情报交流、资金冻结、调查协助、恐怖分子搜寻及引渡等方面加强国际合作已是大势所趋。

现在国际社会正通过国际条约与国际机构，推进防止大规模杀伤性武器扩散的国际活动。这些国际条约包括《不扩散核武器条约》、《禁止化学武器公约》、《禁止生物武器公约》和《防止弹道导弹扩散海牙行为准则》（헤이그미사일행동지침），这类国际机构有国际原子能机构。此外，美国还借助《防扩散安全倡议》（대량살상무기확산방지구상），不断加强措施，防止可能用于国际恐怖活动的大规模

杀伤性武器（WMD）向外扩散。我国政府也在2009年5月正式加入该倡议，截至2010年8月，已有98个国家参与其中。

国际社会在防止大规模杀伤性武器扩散的同时，还致力于削减核武器。2009年12月《削减战略武器条约》（전략무기감축협정）期满后，美国和俄罗斯又于2010年8月续签了《新削减战略武器条约》（전략무기감축협정）。2010年4月，首次“核安全峰会”在华盛顿召开，目的是建立应对核恐怖主义的国际管理机制。共有47位国家元首参加了此次会议，签署的联合公报共包括12项内容。我国则当选为2012年第二次会议的举办国。

“9·11”事件后，以美国为首的世界各国开始了“反恐战争”（테러와의 전쟁）。现在，北约驻阿富汗国际安全援助部队（국제안보지원군）正与阿富汗军队并肩作战，继续清剿“基地”组织（알 카에다）和塔利班的残余势力（탈레반 잔당）。我国政府积极参与阿富汗维稳和重建行动，2010年7月向阿富汗派遣了阿富汗地方重建小组（지방재건팀），并同时派遣了“朋友”部队（오쉬노부대），遂行地方重建小组的基地防护和行动保障任务。

国际社会也在不断努力解决中东地区的局部冲突。2007年11月，在美国安纳波利斯召开的“中东和平会议”上，以色列和巴勒斯坦正式启动缔结和平协定的谈判。2010年9月在美国的调解下，巴以两国首脑在华盛顿就冲突的和平解决方案进行了讨论。截至2010年3月，来自29个国家的1.2多万名国际维和部队驻扎黎巴嫩，负责稳定当地治安，我国政府也在2007年7月派出了“东明”部队（동명부대）。

在非洲，苏丹达尔富尔地区内战不熄，虽有非洲联盟（AU）和联合国为实现该地区的和平而奔走调解，但内战引发的社会矛盾和流血事件依然不断。尤其令人关注的是，因索马里长期内战，其周边海域的海盗事件层出不穷，国际社会已加强了这方面的努力，我国政府也在2009年3月派出了由1艘驱逐舰和300余名士兵组成的“清海”部队（청해부대），遂行确保海路畅通的任务。

2010 年 1 月和 3 月，海地和智利两国发生了超大型自然灾害（초대형 자연 재해）。国际社会再次伸出援手，不仅提供了医疗用品和救护用品，还派出部队参与重建和维持治安等，国际援助由非军事领域扩展到军事领域。2010 年 3 月，我国政府也向海地派出了“甘霖”部队（단비부대），参加地震灾后的重建行动。

（二）东北亚地区的安全局势

在东北亚地区，尽管国家间的相互交流与合作正不断加强，但是北核问题（中国称“朝核问题”，下同）、历史问题、领土争端、海洋分界线划分问题（해양경계선 획정문제）等众多矛盾因素和周边国家为此增强军力展开竞争，仍是地区安全的不稳定因素。

1. 安全架构（안보구도）

东北亚地区军事、经济强国密集，合作与对抗并存。在这种安全架构内，地区强国同时采取合作与牵制两种手段，以确保其主导地位。

美国在亚太地区不断加强与韩国、日本、澳大利亚等主要盟国的安全关系，同时以此为基础，致力于构建更为有效的多边安全体制。美国以 2007 年 3 月签署《日澳安全合作共同宣言》为契机，先后于 2007 年 10 月、2009 年 9 月和 2010 年 6 月，举行了三次美日澳三国联合海上演习（미 일 호 3 국 연합해상훈련）。2008 年 4 月，三国还召开了国防部长级工作会议，进一步强化了军事合作关系。

中国和俄罗斯也在加强战略协作关系。以中俄两国为中心组建而成的上海合作组织，自 2005 年首次举行“和平使命”（평화사명）联合演习以来，又分别于 2007 年 8 月、2009 年 10 月、2010 年 9 月举行了 3 次演习。

本地区还致力于消除安全的不确定因素，尤其值得关注的成果是，韩中日三国确定了可以讨论地区安全问题的首脑磋商机制。自

1999年以来，韩中日三国峰会一直在东盟“10+3”框架内举行，2008年12月首次作为单独的对话机制在日本举行。2009年10月在中国举行了第二次会议，2010年5月在我国举行了第三次会议。

与此同时，本地区的军事交流活动也在活跃进行，尤其是中日高层官员和海军舰艇的互访活动更是扩大了军事交流的广度。2007年9月和2009年12月，中国国防部长两度访日；2010年2月，日本陆上自卫队参谋长访华；2007年11月，中国海军舰艇首次访日；2008年6月，日本海上自卫队舰艇在二战后首次访华。

2. 安全问题

东北亚存在着较世界任何地区都更为多样的潜在矛盾因素，如北核问题、历史问题、领土争端和海洋分界线划分问题等。

北核问题是东北亚乃至全世界安全的重大威胁与挑战因素。六方会谈一直致力于和平解决北核问题，但因2008年12月未能通过北核验证议定书（검증합의서），现已处于停滞状态。在此情况下，北韩于2009年4月发射远程火箭，5月实施核试验，不断争取拥有核武器。联合国安理会就北韩发射远程火箭发表主席声明（의장 성명），北韩对此表示反对，并全面拒绝六方会谈，六方会谈由此中断。以我国为首的美日中俄等当事国为此不断努力重启会谈，但是，2010年3月北韩发射鱼雷攻击天安舰事件发生后，六方会谈未能再取得任何进展。北韩2010年11月公开其铀浓缩设备，接着又对西海延坪岛（연평도）实施无差别炮击（무차별 포격），进一步加剧韩半岛危机。因此，重启六方会谈以解决北核问题的前景并不明朗。

历史分歧、教科书事件、中日和日俄间岛屿归属权等问题仍是威胁东北亚地区安全的不稳定因素。此外，由于东北亚各国在海洋分界线划分问题上都坚持“最有利于本国利益”的立场（자국에 유리한 입장），为从经济上充分利用海洋空间而设立专属经济区（배타적 경제수역）等做法也已成为潜在的冲突因素。

3. 军事动向

美日中俄等主要国家的军费超过全世界军费的一半以上，东北亚因而成为全球军事力量集中的地区。美国保持着地区军事优势地位，中国和日本则展开竞争，不断增强海空军力量。中国成为继美俄之后的第三航天大国，东北亚地区的太空竞争不断升温。现在韩半岛周边四国的军事力量概况如表 1 -1：

表 1 -1　　韩半岛周边四国的军事力量概况①

国别	兵力规模（万）	主要武器	国防费（亿美元）	增强军力手段
美国	145.9	航空母舰 11 艘，潜艇 71 艘，战斗（轰炸）机 4058 架	6903	构建导弹防御（MD）体系，开发与部署新型战机/舰艇
日本	22.9	宙斯盾驱逐舰 6 艘，潜艇 16 艘，直升机护卫舰 1 艘，战斗机 359 架	456	构建导弹防御（MD）体系，新型潜艇，直升机护卫舰，进口空中加油机
中国	228.5	潜艇 65 艘，战斗（轰炸）机 1755 架	780	新型战略导弹，战略核潜艇，太空作战力量
俄罗斯	102.7	航空母舰 1 艘，潜艇 66 艘，战斗（轰炸）机 1996 架	411	核潜艇，洲际弹道导弹，第　五　代　战　机 (5 세대 전투기)

① 资料来源：《军事平衡（The Military Balance 2010）》（伦敦：国际战略问题研究所，2010.2）相关资料综合。国防费以 2009 年为准。——原文注

(1) 美国的军事动向

美国在“9·11”事件、阿富汗战争和伊拉克战争等经验教训的基础上，不断推进能够同时应对传统威胁与非正规战、恐怖战等多种形式威胁的军事力量建设。美国于2010年2月出台《四年防务评估报告》(QDR)，阐述了奥巴马政府的国防政策构想，明确提出具备两种能力的必要性，即应对未来威胁的能力和在正在进行的战争中取胜的能力，因此，美国的政策将优先注重投入到阿富汗战争等正在进行的战争中的作战力量。

从陆军方面看，美国正在增强兵力，解决阿富汗战争和伊拉克战争带来的兵力不足的问题。美国国防部宣布，2007 年陆军增加 6.5 万人，至 2012 年维持 54.7 万人的规模，接着又宣布，从 2009 年 7 月开始的三年时间内再增加 2.2 万人，确保 56.9 万人的总兵力规模。2010 年 8 月宣布驻伊美军战斗任务结束后，相当规模的兵力已转向阿富汗执行作战任务。

美国海空军也重视亚太地区的战略重要性，不断增强作战力量。从海军方面看，2008 年 8 月“乔治·华盛顿”号核动力航空母舰替代了“小鹰”号常规航母，并根据 2010 年前将 60% 的潜艇力量部署至太平洋地区的计划，正优先部署新型“弗吉尼亚”级战略核潜艇；从空军方面看，在增强远程打击能力的同时，又推动无人化作战力量，并在亚太地区战略投送枢纽基地（전력투사 중추기지）关岛和夏威夷加强部署了最新型战斗机、战略运输机、空中加油机、无人侦察机等。

美国在加强作战力量的同时，也在重新部署驻东北亚军事力量。美日两国正根据 2006 年 5 月通过的《美军重新部署路线图》(미군 재편을 위한 로드맵)，重组驻日美军。2007 年 12 月驻日美军在日本座间基地创建的美陆军第 1 军前方司令部，现正改编为能遂行综合作战任务的司令部，驻冲绳的美海军陆战队 8000 人也将于 2014 年前调整部署至关岛。

韩美两国将在 2 个地区重新部署驻韩美军，以确保驻韩美军稳定的驻军条件。根据 2008 年 4 月韩美首脑会谈的决定，驻韩美军将维持 2.85 万人的规模。考虑到此前安全环境的变化，2010 年 6 月韩美首脑会谈同意，将战时作战控制权（전시작전통제권）的移交时间由 2012 年 4 月 17 日调整为 2015 年 12 月 1 日。

（2）日本的军事动向

日本将防卫政策的目标设定为有效应对新生威胁和多种事态、应对外来侵略、为改善安全环境而参与国际和平合作行动等。自卫队据此实施多种举措，不断强化联合作战组织能力，提升情报能力，构建有效的科技发展体制，确保优秀人才。

陆上自卫队 2007 年 3 月创建中央快速反应部队，以加强有事时的快速应对能力，并防止事态扩大。考虑到国土狭长的地缘政治学特点，日本为确保能够弹性使用军队，按任务重新部署了部分师旅单位。在联合作战组织体制下，为实现地面作战部队的有效指挥，陆上自卫队正加紧创建陆上总队，并将于 2010 年 6 月完成新型坦克 TK-X 的研发工作，预计 2011 年下半年部署实战。

海上自卫队正在构建多种事态的快速持久的应对体制。2008 年 3 月海上自卫队将护卫舰队改编为 4 个护卫队群（호위대군）①，将原属各地方部队的护卫队收归护卫队群管辖，实现了指挥体系一体化。日本计划拥有 4 艘直升机护卫舰（헬기탑재호위함），2009 年 3 月第 1 艘 1.35 万吨级直升机护卫舰形成战斗力，第 2 艘将于 2011 年 3 月形成战斗力，第 3 和第 4 艘将增至 1.95 万吨级。潜艇部队也将由 6 支部队整编为 4 支，并将自主开发 P－1 海上预警机，以替代陈旧的 P－3C 反潜预警机。

航空自卫队维持 7 个航空团的编制。在缩减战斗机数量的同

---

① 海上自卫队护卫队群：拥有独立遂行对水面、对潜艇、对空中作战能力的水面机动部队。海上自卫队拥有由 2 个护卫队（各由 4 艘护卫舰组成）组成的 4 个护卫队群，正在追加建造“日向”（Hyuga）级直升机护卫舰，以作为各护卫舰群旗舰使用。——原文注

时，推动新一代战斗机工程（FX），并改进 F－15 和 F－2 战斗机性能，以防战斗力降低。为主动应对针对远距离岛屿的威胁和援助自卫队的国际和平合作行动，2009 年 3 月航空自卫队新增空中加油部队，引进 4 架空中加油机（KC－767），自 2010 年 4 月正式使用，同时开发用于替代 C－1 运输机的新一代运输机（XC－2）。为确保情报搜集能力，日本于 2007 年 2 月完成了由 4 颗卫星组成的情报卫星系统（정보위성 4기 체제），并于 2008 年 5 月修改《太空基本法》[①]，为今后太空的军事利用和高性能卫星通信的开发提供了法律依据。

日本也不断致力于构建美日共同导弹防御（MD）体系，以应对北韩的弹道导弹威胁。2007 年 3 月至 2010 年 4 月，日本在航空自卫队防空基地和训练部队等 16 处部署了“爱国者 3”（PAC－3）型拦截导弹，自 2007—2009 年以平均每年 1 艘的速度为 3 艘“宙斯盾”安装了“标准 3”（SM－3）型拦截导弹，并安装了用于弹道导弹监视跟踪的 FPS－5[②] 雷达。

（3）中国的军事动向

中国在经济高速增长的基础上，持续增加国防费用[③]开支，推动军事现代化。中国军队正在推进“打赢信息化条件下的局部战争”（정보화 조건하 국지전 승리）的战略。该战略的内容是，为应对信息化条件下的局部战争，通过尖端武器加强海空军战斗力，实施积极防御取得胜利，完成反侵略和统一的国防目标。为此，陆军致

① 《太空基本法》：日本为保障太空的开发和利用而于 2008 年 5 月制定的法律，由太空开发基本方针、相关组织机构、计划制定、太空活动等内容构成。——原文注

② FPS－5：日本 2003 年开发的由航空自卫队使用的导弹探测跟踪雷达。北韩导弹威胁出现后，性能大幅改善，能够探测跟踪多发弹道导弹和多架飞行器。——原文注

③ 中国的国防费：2010 年 3 月第十一届全国人民代表大会第三次会议宣布，2010 年国防费较前一年增加 14.9%，达到 780 亿美元（合人民币 5321 亿元），相当于总预算的 6.3% 和 GDP 的 1.4%，美国国防部 2010 年 8 月发布的《中国军力报告》推测，中国实际国防费是中国正式公布数额的 2 倍。——原文注

力于提高快速反应能力（신속대응 능력），海军致力于提高远程投送能力（원거리 투사 능력），空军致力于提高远程作战能力（원거리 작전 능력）。

陆军为加强快速反应能力，2007 年 4 月在广州军区湖北省利用新型坦克空投系统成功进行了空降部队的坦克试投，2008 年 1 月开发了新型装甲车“VN－3”，同年武装直升机（공격용 헬기）“武直十”（Z－10）部署实战。

海军为加强远程投送能力，自 1995—2007 年间从俄罗斯引进了“当代”级驱逐舰（7900 吨）4 艘、“基洛”级潜艇（3000 吨）12 艘，2007 年实战部署中国国产“宙斯盾”级驱逐舰（6500 吨）2 艘，另有 3 艘正在建造之中。2008 年搭载射程为 8000 公里以上“巨浪－Ⅱ”（JL－Ⅱ）型弹道导弹的 2 艘新型“晋”（Jin）级战略核潜艇（진(Jin)급 전략핵잠수함）形成了战斗力，预计 2012 年前中国海军总共将部署 5 艘“晋”级战略核潜艇。

空军为加强远程作战能力，2007 年实战部署了自行开发的“歼十”（J－10）战机，并正在研发该战机的改良版“J－13”和“J－14”隐形战斗机。中国从俄罗斯引进“Su－27/30”等最新型战机后，致力于技术转让后的特许生产和飞机的自行研发。中国空军已拥有 4 架大型预警机“空警－2000”（KJ－2000）和 4 架小型预警机“空警－200”（KJ－200），还拥有空中加油机 18 架，补充了现有战机的空中加油设备，扩大了战机的作战半径。

中国 2007 年 1 月还成功进行了弹道导弹破坏卫星的试验，并于 2007 年 10 月和 2010 年 10 月先后两次发射探月卫星（달 탐사위성），不断致力于宇宙太空的开发。

（4）俄罗斯的军事动向

俄罗斯自 2008 年 10 月以来，以建立一支能够快速应对未来安全威胁的崭新军队为目标，大力推动国防改革。俄罗斯于 2009 年 5 月和 2010 年 2 月分别修订发布了描绘中长期国防政策蓝图的《2020

年前俄罗斯国家安全战略》(국가안보전략 2020)和《俄罗斯联邦军事学说》(군사독트린)。

俄罗斯国防改革的框架是维持 100 万人的总兵力，裁减整合部队，改组为常备军体制，将“军区—军—师—团”4 级指挥体系改为“军区—作战司令部—旅”3 级指挥体系，废除 6 个军区，创建能够根据威胁方向动用整体作战力量的 4 个地区司令部。

俄罗斯为保持核威慑力和应对低强度冲突，以常规作战力量(재래식 전력)的现代化为重点，不断加强作战力量。计划每年替换 9%—10% 的武器装备，在 2015 年前完成 30%，2020 年前完成 70% 左右装备的现代化。

俄罗斯拥有能够从陆海空发射的洲际弹道导弹。陆基洲际弹道导弹正在部署“Topol-M (SS-27)”和多弹头用“RS-24”导弹，潜射洲际弹道导弹使用“轻舟 (Sineva) SS－N－23”导弹，同时计划在“北风之神”(Borei) 级战略潜艇安装开发中的“布拉瓦 (Bulava) SS－NX－30”导弹。

地面部队配合部队结构的改变，推进老式装备的现代化，现正部署“T－90”坦克、新型装甲车和防空体系。战斗部队由原来的“师级部队为中心”改为“旅级部队为中心”，并成立了快速反应部队。

海军致力于实现沿岸作战力量的现代化，同时逐步提高远洋投送能力。现正在建造多用途水面战斗舰、“拉达”(Lada) 级常规潜艇、“北风之神”级战略核潜艇、“亚森”(Yasen) 级核潜艇、“宙斯盾”驱逐舰和新型航空母舰，并加快从法国进口“西北风”(Mistral) 级大型登陆舰，将原位于莫斯科的海军司令部移至圣彼得堡。

空军具备远程精确打击能力(장거리 정밀타격 능력)，不断提高防空能力。为此，俄罗斯正在改进“Tu－95/160”战略轰炸机的性能，开发隐形战略轰炸机，还将实战部署“Su－35”战斗机和

第五代战斗机，并在莫斯科近郊和重要地区部署“S－400”地对空导弹。

俄罗斯以前苏联国家为中心不断加强多边军事合作体制。自2005 年后开始与上海合作组织（SCO）会员国进行“和平使命”反恐演习，2009 年 6 月创建了万人规模的集体安全条约组织（CSTO）[①] 快速反应部队。俄罗斯针对不同问题或与国际社会进行合作或实施牵制。对于跨国性威胁，俄罗斯维持国际互助体制，而对于北约（NATO）东进政策（NATO 의 동진 정책）和美国在东欧构建导弹防御网（MD），则将其视为对本国的威胁，实施牵制。

（三）北韩局势及军事威胁

尽管北韩遭受国际制裁，面临经济困难，但仍动员所有力量，谋求于2012 年建成“强盛大国”（강성대국）。北韩在数量规模上拥有世界第四位的常规军事力量，并在开发包括核武器在内的大规模杀伤性武器，严重威胁着我们。

1. 北韩局势

（1）对内

北韩推出“主体思想”（주체사상）和“先军政治”（선군정치），标榜本国是社会主义国家，维持着劳动党一党独裁体制。20 世纪90 年代以后，社会主义的结构性问题、经济恶化、国际孤立等加剧了北韩体制的不稳定，北韩政权为此大力强化“先军政治”路线，动员所有力量，谋求于2012 年建成“强盛大国”。自 2008 年金正日国防委员长健康状况恶化后，为构建稳定的接班体制，北韩果断实施了大规模的人事

---

① 集体安全条约组织（CSTO：Collective Security Treaty Organization）：以俄罗斯为主，白俄罗斯、亚美尼亚、哈萨克斯坦、塔吉克斯坦、吉尔吉斯斯坦、乌兹别克斯坦等国参加，苏联 7 个国家组成的集体安全组织。——原文注

和组织改组，致力于体制的团结，并以 2010 年 9 月 28 日再次召开的党代表会议（당대표자회）为契机，正式推出了金正恩第三代世袭体制。

2002 年“7・1 措施（7・1 조치）[①]”以后，北韩在坚持社会主义经济体制的同时，不断推进有限度的改革开放，但经济仍未能恢复。由于二次核试和发射导弹，导致了国际社会的经济制裁，这进一步加剧了北韩经济和国家财政的困难程度，北韩因此面临社会主义计划经济的生存危机。为解决这种危机，2009 年北韩全民动员，实施“150 天战斗”（150 일 전투）和“100 天战斗”（100 일 전투）[②]等，试图恢复经济，但未能取得实质性效果。北韩于 2009 年 11 月闪电般地实施货币改革（화폐개혁）[③]，但因物价急剧上涨、经济活动萎缩和民心叛离等原因而遭遇失败，反而进一步加剧了社会的不稳定。

因资本主义等外部思潮的流入，北韩民众思想松弛，对政权的忠诚度大为减弱，边境地区“脱北者”不断增加，对体制的不满日渐增多。但是，北韩当局为构建稳定的金正日接班体制，不断加强民众动员和思想学习等居民管控措施，这些不满现行体制的民众很难组织起来，对抗金正日体制。

（2）对南

北韩自 2000 年南北首脑会谈后，一直强调履行《6・15 共同宣言》和《10・4 宣言》，推出“我们民族在一起”（우리 민족끼리）的口号，不断从南韩获取经济实利。但是，自李明博政府上台之后，北韩将我对北政策视为敌对政策，单方面中断南北对话，坚持实施对南强硬政策。

---

① “7・1 措施”：为恢复 20 世纪 90 年代恶化的经济，北韩于 2002 年 7 月 1 日部分引进市场经济要素的经济改革措施。——原文注

② “150 天战斗”，“100 天战斗”：2009 年为克服经济危机而进行的国家劳动力动员运动。150 天战斗：自 4 月 20 日—9 月 16 日（推测）。100 天战斗：自 9 月 23 日—12 月 31 日（推测）。——原文注

③ 货币改革（화폐개혁）：2009 年 11 月 30 日以 100：1 交换新币与旧币为框架的措施。——原文注

北韩自2008年初采取了一系列强硬措施，如单方面驱逐开城工业园区南北经济合作协议事务所韩方当事人（2008. 3. 27）、中断板门店直通电话（2008. 11. 12）、中断军事分界线陆路交通（2008. 12. 1）等。2009年上半年北韩实施了二次核试，在此期间，北韩一直持强硬态度，发表言论对南进行威胁，声称“保持全面对峙态势”（2009. 1. 17）、“政治和军事协议无效”（정치 군사 합의 무효화）（2009. 1. 30）、“将首尔变为火海”（서울 불바다）（2010. 6. 12）。

为减轻因国际社会制裁而导致的经济困难，摆脱孤立，北韩2009年下半年曾表现出缓和的态度，但因未能达到预期目标，再次转为对南强硬政策。为此，北韩肆意发动了“大青海战”（대청해전）①（2009. 11. 10）、划定西海北方边界线（NLL）航行禁区及发射海岸炮（2010. 1）等挑衅行动，还采取了冻结金刚山韩方资产（2010. 4. 8）等强硬措施。

北韩2010年3月26日在白翎岛西南方约2. 5公里我领海内，向正在执行警戒作战任务的天安舰发动鱼雷攻击，致使该舰沉没。此次挑衅导致我海军官兵46人战死，加剧了韩半岛和东北亚的安全危机。联合国安理会7月9日通过谴责天安舰攻击（천안함 공격）的主席声明，但北韩却继续以威胁回应我与国际社会协调出台的对朝举措，声称要进入全面战争，实施第三次核试验。11月23日又不加选择地向延坪岛海军陆战队队和平民居住区肆意发射了170余发炮弹，我军立即以K－9自行火炮进行还击。在此次挑衅中，2名海军陆战队员战死，轻重伤16名，平民2人死亡，多人受伤。

由此可见，北韩以实现整个韩半岛的赤化统一为目标，制造我内部的政见分裂和韩美同盟关系的矛盾，不断加强包括核开发在内

---

① 大青海战：2009年11月10日，北韩1艘警备艇侵犯东部海上北方边界线（NLL），在我高速艇警告射击时，予以瞄准射击，从而引发海战。——原文注

的对南军事威胁，而并未见其致力于缓和韩半岛的紧张气氛、构筑实现和平稳定的军事互信。

（3）对外

北韩将包括核武器在内的大规模杀伤性武器视为其体制生存的手段。尽管联合国安理会在 2009 年 5 月北韩二次核试后通过了 1874 号决议（결의안 1874 호），开始对北韩实施制裁，但北韩仍在最大限度地利用“核外交牌”，针对国际社会实施边缘政策，致力维持其体制。国际社会由此中断对北韩的经济援助，进一步加剧了北韩的经济困难，解决北核问题的六方会谈也于 2008 年 12 月之后处于中断状态。

北韩正在设法借助中国的援助，获得体制生存和经济恢复的机会。北韩利用 2009 年 10 月中国总理温家宝访朝、2010 年 5 月和 8 月金正日国防委员长访华之机，不断加强与中国的传统同盟关系。北韩要求美国承认其核拥有国地位，同时要求美国通过举行美朝双边会谈保障其体制，而美国一直采取对话与制裁并行、要求北韩废核的立场，北韩态度与之冲突，因此，未能取得预想的效果。北韩为保障战略安全利益和获取经济实利，与俄罗斯保持相互关系。北韩对绑架日本人问题一贯持不诚实的态度，又强行实施核试验，招致了日本的进一步制裁。

除东北亚国家外，北韩还尝试与非洲、中南美等非西方国家进行交流与合作，并不断努力扩大欧洲国家的对其投资。

2．军事威胁

（1）军事战略

北韩以主体思想为名提出“国防自卫”（국방에서의 자위）原则，不断增强军事力量。北韩自 1962 年通过“四大军事路线”

(4 대 군사노선)[1] 之后，一直执行军事优先政策，金正日继承权力之后，又提出“先军政治”主张，将保持对南的军事优势作为最优先考虑的课题。

北韩的基本目标是赤化统一韩国，只要维持金正日、金正恩体制，其变化的可能性很小。为实现这一目标，北韩军队继续实施以奇袭战、配合性作战、速战速决战（속전속결전）为重点的军事战略，针对我军的尖端军事力量和现代战争的特点，不断摸索多种战术变化。北韩集中加强包括大规模杀伤性武器、特种部队、远程炮、水下作战力量（수중전력）、网络战（사이버전）等在内的非对称军事力量（비대칭 전력），有选择性地增强常规军事力量。特别是北韩军队的非对称作战力量，作为平时局部冲突和战时核心攻击手段，已成为我军的严重威胁。

（2）军事指挥结构

北韩的最高国防领导机构是国防委员会，负责领导国家的所有武装力量和国防建设事业（北韩社会主义宪法第106条和第109条）。金正日身兼国防委员会委员长、党中央军事委员会委员长、党政治局常务委员数职，指挥控制总政治局、总参谋部和人民武力部等军事组织。

金正日国防委员长直接下达指示的军事组织为护卫司令部和保卫司令部。护卫司令部负责金正日一家和劳动党高层干部的警卫、平壤市内核心设施的警备等任务，保卫司令部则扮演军内秘密警察的角色，担负查禁反金正日势力的任务。总政治局掌管军队党组织和政治思想工作，总参谋部行使指挥军事作战的军令权，人民武力部行使有关军队外交、军需、行政、财政等的军政权，对外代表军队。北韩的军事指挥机构图见表1-2：

① 四大军事路线：全军干部化、全军现代化、全民武装化、全国要塞化。——原文注

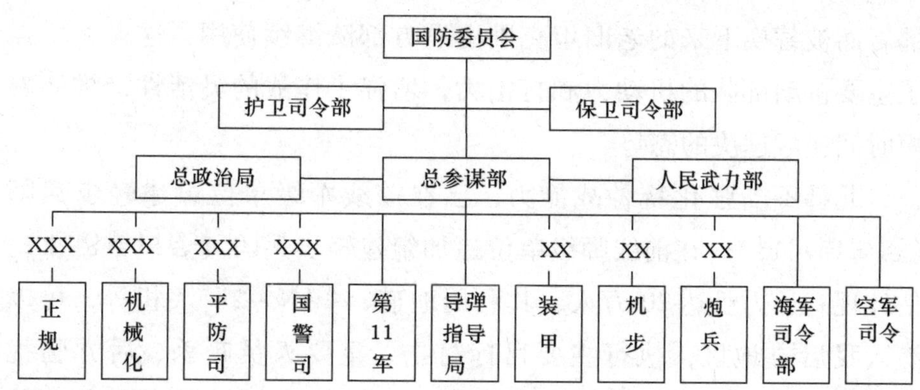

表 1－2　北韩军事指挥机构图①

×××：军；××：师；平防司：平壤防御司令部；国警司：国境警备司令部；第 11 军：原轻步教导指导局前身。

（3）军事能力

北韩地面军队由隶属总参谋部的 9 个正规军、2 个机械化军、平壤防御司令部、国境警备司令部、第 11 军（前轻步教导指导局）、导弹指导局等共 15 个军级单位组成。

北韩在平壤—元山一线以南地区部署了约 70% 的地面部队作战力量，其中一部分能够从北方限界线一带的坑道阵地突然发动攻击。尤其是，北韩地面军队一直拥有 170 毫米自行火炮和 240 毫米火箭炮，能够从现部署阵地向首都地区集中发动突然射击。

北韩装甲和机械化部队的主力武器是“T－54/55”坦克和由“T－62”坦克改良的“天马”号坦克，开发并实战部署了仿制

① 朝鲜军事指挥机构英译缩略语如下：
国防委员会（국방위원회）：National Defense Commission（NDC）
保卫司令部（보위사령 부）：Military Security Command（MSC）
护卫司令部（호위사령부）：Body Guard Command（BGC）
总政治局（총정치국）：General Political Bureau（GPB）
总参谋部（총참모부）：General Staff Department（GSD）
人民武力部（인민무력부）：Ministry of People's Armed Forces（MPAF）——译者注

“T－72”坦克的新型坦克“暴风”号。因新型坦克（“暴风”号）部署而被替换下来的老旧坦克则由后方部队继续使用，这大大增强了主要机动部队的机动力和打击力，增强了作战的灵活性，维持着短时间速战速决的态势。

北韩不断强化特种战能力，已在前线军级单位组建轻步兵师(경보병사단)，在前线师级单位追加组建轻步兵团（경보병연대）。估计现有兵力已达20万人，其利用地道、“AN－2”飞机等，可以渗入我后方地区，执行主要目标打击、重要人员暗杀、后方骚扰(후방 교란) 等配合性作战任务。北韩地面部队拥有的主要装备见表1－3：

表1－3　北韩地面部队的主要装备现状

坦克	装甲车	野战炮	火箭炮	渡河装备 K－61/S 型浮桥
4100 余辆	2100 余辆	8500 余门	5100 余门	3000 余辆

海军由海军司令部所属的2个舰队司令部和13个战斗群、40余个基地、遂行特种作战（특수전）任务的2个海上狙击旅组成。

北韩海军作战力量虽无太大的变化，但据推测，北韩仍在不断提高潜艇战力，开发新型鱼雷。海军约60%以上作战力量前沿也部署至平壤—元山一线以南地区，虽然能够发动突袭，但并非独立的海军作战，而是与地面作战相结合，遂行地面部队前进支援和沿岸防御等任务。

水上作战力量保持反舰攻击能力，主要通过导弹、鱼雷艇、小型警备艇、火力支援艇组成的水上战斗群和单独舰艇进行实施。但是，大部分以小型高速舰艇为主，一旦气象条件恶化，其机动性则会大为减弱，远海作战能力受限。

水下作战力量由“罗密欧”级（R级）潜艇、“鲨鱼”级潜艇和“鲑鱼”级潜艇等70余艘舰艇组成，遂行水雷布设、潜艇攻击、特种

部队渗透支援等任务。正如天安舰被袭事件（천안함 피격사건）中所见，北韩将通过研究新型鱼雷攻击武器系统大幅领先我方军舰等途径，继续发展非对称作战方法。

登陆作战力量由20世纪70年代以后建造的气垫登陆艇、高速登陆艇等260艘舰艇和30艘扫雷艇组成。海上狙击旅和海军侦察营能够隐蔽渗透，打击雷达和海军基地等重要设施，确保登陆海岸的重要地区，对无需大型登陆舰的短程突袭登陆作战提供支援。北韩海军拥有的主要舰艇见表1－4：

表1－4　　北韩海军舰艇现状

水面作战舰艇	潜艇	登陆舰艇	扫雷艇	其他
420余艘	70余艘	260余艘	30余艘	30余艘

空军由空军司令部下属的4个飞行师、2个战术运输旅、2个空中狙击旅和防空部队等组成。除1980年以后进口的飞机外，大部分飞机十分陈旧，据推测，进口新型战机并未带来战斗力的变化。

北韩空军将北韩全境分为4个地区进行战力部署，其中约40%的力量前沿部署于平壤—元山一线以南的基地内，拥有对我重要设施的突袭能力。

北韩空军能够在战争初期发动突然袭击，打击我防空资产、补给线、产业及军事设施、国家基础设施（국가기반시설）等目标，尤其能够利用“AN－2”和直升机，向我军后方深度渗透其特种部队。

北韩的防空体系隶属空军司令部，由飞机、地对空导弹、高射炮、雷达探测部队等整合而成。北韩领空分为4个区域，委派飞行师承担第一阶段的防空任务（1 차적인 방공임무）。平壤地区和主要军事设施所在地区部署“萨姆－3”（SA－3），停战线一带和海岸地区部署“萨姆－2”（SA－2）和“萨姆－5”（SA－5）地对空导弹。战术高射炮防护地面部队的机动部队，战略高射炮则集中部署，

用以防护主要城市、港口、军需产业设施等目标。

地面管制拦截基地、预警基地等雷达部队分散部署在北韩全境，侦察范围不仅包括韩半岛，还可以延伸到中国的部分地区。北韩还构建自动化防空控制系统，缩短了应对时间，提高了准确度。北韩空军拥有的飞机见表 1－5：

表 1－5　　　　北韩空军战机现状

战斗机	侦察机	运输机（包括 AN－2）	直升机	教练机
820 余架	30 余架	330 余架	300 余架	170 余架

北韩的预备军由教导部队、劳动赤卫队、红色青年近卫队、准军事部队组成，全国 14—60 岁约 30% 的人口属于战时动员对象，总数达 770 万余人。北韩预备军现状见表 1－6：

表 1－6　　　　北韩预备军现状

类别	兵力	备注
教导部队	60 万余人	战斗动员对象 －男子：17—50 岁 －女子：17—30 岁
劳动赤卫队	570 万余人	相当于（韩国的）乡土预备军
红色青年近卫队	100 万余人	中学军事组织
准军事部队	40 万余人	护卫司令部，人民保安省 军需动员指导局，速度战青年突击队
合计	770 万余人	

其中，预备军的核心力量为教导部队，其编制与训练接近正规军标准。教导部队通过接收正规军装备现代化的换代装备，加强战斗力。平时实施高强度的训练，以备有事时增强正规战部队的战斗力。

为确保拥有战略武器，北韩不断开发核武器、弹道导弹和生化

武器。北韩于 20 世纪 60 年代在宁边建设了核设施，70 年代集中研究核燃料的精炼、转换和加工技术。20 世纪 80 年代以后，北韩启动 5 兆瓦（MW）原子反应堆得到的废燃料棒，经过先后 4 次再处理，估计已拥有 40 千克钚，2006 年月 10 月和 2009 年 5 月北韩进行了两次核试验。2009 年 4 月外务省发言人声明暗示北韩正在进行铀浓缩开发，2010 年 11 月北韩宣称已启动 2000 余个用于铀浓缩的离心机（원심분리기），由此可见，北韩正在推动高浓缩铀（고농축우라늄 프로그램，HEU）计划。

北韩自 20 世纪 70 年代即着手开发弹道导弹，80 年代中期开始生产并部署了射程为 300 千米的“飞毛腿 B”导弹和射程为 500 千米的“飞毛腿 C”导弹，90 年代实战部署了射程为 1300 千米的“劳动”导弹，2007 年实战部署射程为 3000 公里以上的中程弹道导弹“舞水端（무수단）①”，现已拥有对韩半岛及日本、关岛等周边国家的直接打击能力。自 20 世纪 90 年代着手研发远程弹道导弹以来，北韩分别于 1998 年和 2006 年试射了“大浦洞 1 号”和“大浦洞 2 号”，2009 年 4 月发射了远程火箭。北韩导弹的不同射程见表 1—7：

表 1—7　　北韩导弹的不同射程

类型	射程（千米）	覆盖地区
飞毛腿	500	日本
劳动	1300	中国
舞水端	3000	关岛
大浦洞	6700	阿拉斯加 莫斯科 澳大利亚

① 舞水端：以北韩导弹发射设施所在的咸镜北道花台郡舞水端的地名而命名。2010 年 10 月参加了北韩劳动党创建纪念活动。——原文注

据估计，北韩拥有约2500—5000 吨不同类别的化学武器，分散储存在全境之内。据估计，北韩还拥有能够自行培养生产炭疽菌、天花（천연두）、霍乱（콜레라）等生物武器的能力。

尽管存在能源困难和经济困难，北韩仍首先培育军需产业，以保持持久战能力（전쟁지속능력）和军需动员能力。北韩现已拥有300 余家军需工厂。此外，战时可转变为军需工厂的民需工厂，在较短时间内即可转入战时动员体制。北韩大部分战争物资储藏于坑道存储设施之中，据推测可以确保2—3 个月的供应量，但如若不存在外部追加购买和援助，则完成长期战争的目标将受到限制。

二、国家安全战略和国防政策

（一）国家安全战略指导方针

国家安全战略是指国家为完成国家安全保障任务而综合系统地运用可用资源与手段的行动计划。李明博政府制定了建设“先进的世界一流国家”（선진화를 통한 세계 일류국가）的国家远景目标，确立了迈向“成熟的世界国家”（성숙한 세계국가）① 的政策指向，提出了在国家安全领域体现上述构想的国家安全战略指导方针。国防部正在全力以赴完成国家安全目标，并为国家政策的实施提供保障。

① 成熟的世界国家：国家政治指标之一，国家安全领域的政府远景目标。不仅包括以朝核为中心、以韩半岛为中心的外交安全战略，还囊括积极开放的对外战略，目的是通过在经济、文化、环境等多种全球性问题上与全世界国家交流合作，为世界和平和共同发展做出贡献。——原文注

1. 国家远景与国家安全目标

李明博政府在《大韩民国宪法》规定的自由民主主义（자유민주주의）和市场经济原理的基本理念基础上，制定了建设“先进的世界一流国家”的国家远景目标。“世界一流国家”是指通过一流的市民意识与文化以及一流的科技与产业，实现经济发展和社会整合的国家。国家安全目标是基于对当前安全环境和可用国力的评估，为实现国家的安全保障而制定的必须实现的目标。政府将安全目标定为“维持韩半岛稳定与和平、保障国民安全与构建国家繁荣根基（국가번영 기반）、增强国际实力和提高国家地位”。

第一，“维持韩半岛稳定与和平”，是指以我国自身的防卫力量和韩美同盟为基础，维持韩半岛的稳定；通过南北的交流合作和与周边国家的合作，为韩半岛的和平提供保障。

第二，“保障国民安全与构建国家繁荣根基”，是指保障国民生活安全，远离多种安全威胁，同时，确保经济社会安全，构建国家繁荣基础。

第三，“增强国际实力和提高国家地位”，是指为世界和平、自由民主主义和共同繁荣做出积极贡献，加强与国际社会的合作，跃升为软实力强国（연성강국）。

2. 国家安全战略基调

政府将实现国家安全目标的战略基调细化为：塑造新的和平架构、推动实用外交（실용적 외교）和主动开放（능동적 개방）、谋求面向世界的一流安全（선진안보）。

第一，“塑造新的和平架构”，是指发展面向未来的南北关系，实现互惠互利；推动建立有利于韩半岛和平、地区安定、世界和平的“21 世纪的韩美战略同盟”；[①] 建立与周边国家紧密的合作关系。

第二，“推动实用外交和主动开放”，是指加强有利于恢复经济的实利外交和确保经济增长的能源外交，积极推进与我国经济规模和外交力量相适应的国际合作与贡献式外交（기여외교）。

第三，“谋求面向世界的一流安全”是指拥有主动应对安全环境变化和未来战争（미래전）的军事能力和先进国防运营机制；构建全面安全力量，应对多种安全威胁；积极参与国际维和和重建行动。

政府为完成国家安全战略基调的内容，积极制定并落实不同领域的战略任务。国防领域的主要战略任务是建设“面向未来的安全力量”。国防部为实现该目标，提出建设“精锐、先进的强大军队”（정예화된 선진강군）的国防远景（국방비전），并为之集中全部力量。国防部还定期评估完善 2005 年 12 月制定并实施的《国防改革基本计划》。

（二）国防目标和国防政策基调

为在急剧变化的安全环境中实现国家安全目标和国防目标，国防部将建设“精锐、先进的强大军队”作为国防远景，为此制定八大政策基调，始终如一地推进各领域的国防政策。

1. 国防目标

国防目标为“抵御外部的军事威胁和侵略，保卫国家；成为和平统一的后盾，为地区稳定与世界和平做出贡献”。其具体含义

① 21 世纪战略同盟：韩美两国的战略远景，其中包括：共享自由民主主义、市场经济、人道主义的价值观，并在韩半岛、东北亚、世界范围内不断实现这一理想；以传统军事同盟为基础，在经济、社会、文化等领域扩大合作范围，打造更广更深的相互依存关系；在加强与地区内其他邻国战略合作的同时，完善能够为维护世界和平和构筑信任关系做出贡献的同盟关系。——原文注

如下：

第一，抵御外部的军事威胁和侵略，保卫国家。首先应对现存的北韩的军事威胁，同时，应对未来威胁我国和平与安全的潜在因素。北韩拥有大规模常规军事力量，开发并加强核武器和导弹等大规模杀伤性武器，不断发动如天安舰攻击和延坪岛炮击（연평도 포격）等武装挑衅，对我国安全构成严重威胁。只要这些威胁一直存在，作为实施主体的北韩政权和北韩军队就是我们的敌人。

第二，成为和平统一的后盾。在韩半岛遏制战争，缓和军事紧张，创造和平安定，为和平统一做出贡献。

第三，为地区稳定与世界和平做出贡献。在我国力和国防力量的基础上，进一步增强与周边国家的军事友好合作关系，积极参与国际维和行动（국제평화유지활동），为东北亚地区的稳定与世界和平做出贡献。

2. 国防政策基调

为实现国家安全目标和国防目标，国防部提出了建设一支“精锐、先进的强大军队”的国防远景，为此制定八大基调，作为实现远景的始终如一的政策方向。

（1）确立实现全面安全的国防态势

我军做好充分准备，无论何时何地发生何种情况，都能够及时应对，并在事发现场实现完全作战。确立针对包括北韩威胁在内的所有形式威胁的全方位应对态势，以实现全面安全。

我军为此将确立全方位军事应对态势，用以遏制北韩的军事挑衅，一旦北韩发动挑衅，便能战而胜之。我军将完善民·官·军·警综合防卫态势（민 관 군 경 통합방위태세），以便在国家发生危机和有事时，能够集结国家力量。我军将具备应对恐怖主义、灾害等跨国性和非军事性威胁的能力和态势。同时，还将构筑与国际社

会的互助体制，共享相关情报并加强共同应对体系。

（2）韩美军事同盟的发展以及国防外交与合作的外延式拓展

韩美两国以共同价值、相互信赖及同盟的正统性为基础，创造性地发展面向未来的同盟关系。

韩美同盟除军事安全合作外，还将在政治、经济、社会、文化等领域全面扩大深化合作范围，并使之向有利于地区和世界和平繁荣的方向不断发展。

对于驻韩美军，将保障其安定的驻军条件，加强韩美间政策磋商，增进相互信任。两国将构建战时作战控制权移交后的新同盟军事结构（새로운 동맹군사구조）。

国防部将以韩美同盟为基础，增进与周边国家的军事合作关系，扩大全球军事外交，加强国际维和行动。一方面，推进有利于实现国家利益的实用且面向未来的国防外交；另一方面，积极参与国际社会对冲突国家的维稳作战（안정화 작전）和重建援助行动。

（3）南北关系发展的军事后盾

国防部及时研究南北交流合作所需的军事保障措施，提出并实施缓和军事紧张、构建信任关系的创造性议题和战略。

国防部从军事方面保障南北交流合作事业，坚决保持与之相关的军事应对态势，并分阶段地推进构建军事信任和军备控制的各项措施，以维护韩半岛的和平稳定。

从履行国家义务的角度出发，跨部门（범정부）制定关于国军俘虏和南北共同寻骸问题的对策，加强与北韩的协商。

（4）构建先进的军事力量

为主动应对21世纪的战略环境和战争形式，国防部通过军队结构向信息技术集约型（정보 기술 집약형）转变等措施，构建先进的军事力量。

国防部将根据安全形势的变化和国家财政援助计划，完善《国防改革基本计划》（국방개혁 기본계획）。通过重新评估现存威胁和未来威

胁，改组军队组织结构，使之能够主动应对安全形势变化，灵活适应韩半岛作战环境。通过自上而下地（하향식）的联合作战指挥链，增强国家的作战力量，有效改善部队结构。就预备军而言，通过改革动员体制并完善教育训练制度，提高其战斗力，使其达到常备军的水平。

（5）培养精锐国防人才，改善教育训练体系

国防部将在有效的人才招募和管理制度的基础上，改善军官教育体制和职业军人的服役条件，培养符合未来要求的精锐国防人才。

国防部不仅将修改完善军官培养课程，稳定确保符合技术集约型军队结构的精锐国防人才，还将以强化部队的联合性和效率性为宗旨，改善军官教育体系。为防止因士兵服役时间缩减而造成战斗力减弱，国防部将加强新兵教育，完善士兵训练体系，实现现有战斗力的最大化。国防部还将分阶段引进科技警戒系统，扩大外包（아웃소싱），减轻部队警戒和管理负担，为部队创造能够专心致志实施教育训练的条件。

在官兵精神战力教育体系上，国防部也将积极推行符合新一代军官特点的生活化教育，并与有关部门共同构筑“全民安全教育网络”（범국민 안보교육 네트워크），增加国民的安全意识。

（6）大力提高管理效率

国防部将加强整个国防领域人力物力要素的统筹、调剂、控制功能，提高国防资源的管理效率。在提高国防组织和管理效率的同时，使国防产业和国防预算对国家经济发挥最大的正面作用。

国防部将改善国防组织管理体制，提高组织和人力资源管理的效率，增强军需与设施合同制度的透明度和有效性，通过全寿命周期系统管理（총수명주기체계，TLCSM），完善装备与物资政策，最大限度减少费用支出。国防部还将通过防止国家预算的重复投资和最大限度利用民间的优秀资源等方法，实现国防资源的最优化配置；通过改善武器采购制度和加强国防科技力量，推动国防产业出口，使国防经济成为国家经济增长的动力之一。

（7）打造人人愿往、大有可为的军队（가고 싶은 군대，

보람찬 군대)

国防部将持续打造一支“人人愿往、大有可为”的军队(가고 싶은 군대, 보람찬 군대)，使军队服役时间成为锻炼身心、培养团队性的有进步有价值的时光。

国防部在将入伍官兵打造成坚强战士的同时，也为他们创造自我发展的条件。官兵在服役期间也能取得学分或毕业证书，这类计划使军队服役变得更有收获。此外，国防部还将改变落后狭隘的军营生活观，创造舒适的现代化军营环境，提高官兵的生活质量。

为增进官兵的健康，提高战斗力，国防部将构建先进的军队医疗援助体系，推动完善《军人福利基本计划》，提高职业军人的生活质量。

(8) 与国民同在的国民军队（국민과 함께 하는국민의 군대）指向

国防部通过培养忠诚于本职任务的合格军队（군대다운 군대），获得国民信任，保障民众生活之便利，并积极体现政府施政精神，树立与国民同在的“身着军装的国民”(군복 입은 국민상) 形象。

国防部完善灾害援助体系，放宽相关限制，增进国民权益。灾害发生时，国防部将积极展开国民救援行动，保障国民安全，消除不便；在不妨碍军事作战的范围内，放宽对军事设施保护区的限制。国防部还将完善兵役和招募制度，以有效利用国家人力资源，保障履行兵役的均衡性。

与此同时，国防部将提高殉国官兵的补偿和礼遇，弘扬其精神，加强国防政策的宣传力度，增进与国民、国会、媒体的关系，以扩大国防政策的支持基础。为配合政府的“公正社会”（공정한 사회）运动，国防部还将致力于实现“公正军队”的目标。为此，它将遵循“更为自律且富有创意的国防”（더 자율적이고 창의적 국방)、“更为公正的国防”（더 공정한 국방）和“忠实履行社会责任的国防”

(사회적 책임을 다하는 국방) 等原则，选择并不断推进其主要政策议题。

三、确立体现全面安全的国防态势

（一）维持稳固的全方位军事应对态势

我军针对北韩复杂多样的挑衅威胁，不断完善军事应对态势。我军应增强现有作战力量之薄弱领域，在现有作战力量最大化的同时，以韩美联合防卫态势为框架，维持稳固的军事应对态势。

1. 军事组织机构与作战力量

(1) 强化参联会组织机构

参联会由 1 名副主席、3 个本部和 4 个室组成，其组织结构如表 3－1：

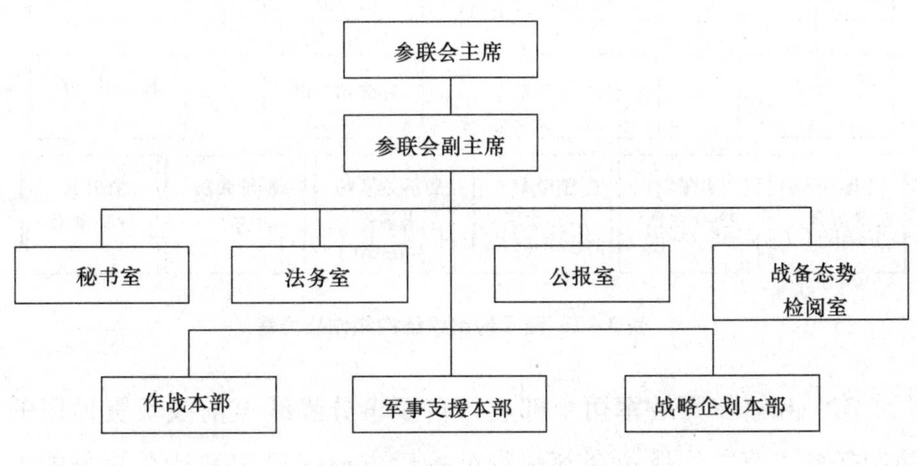

表 3－1　参联会的组织结构①

① 该组织结构自 2011 年 1 月 1 日起实施。——原文注

参联会指挥并监督各作战部队，指挥联合部队（합동부대）[①] 遂行合同及联合作战任务。为应对战时作战控制权的移交问题，参联会扩大并改编了组织指挥结构，以便构建由韩国军队主导的作战体系，同时使用韩半岛战区的所有作战要素。今后，参联会将以强化联合性为宗旨，构建联合作战发展体系，完善任务执行体系。参联会还将在 2015 年前筹建一个能够维持与驻韩美军司令部密切联系的合作机构，并不断完善该机构。

（2）各军组织及作战力量

陆军由陆军本部、2 个野战军司令部、1 个作战司令部、首都防卫司令部、特种战司令部、航空作战司令部、导弹司令部和其他辅助部队组成，其组织机构和作战力量如表 3－2：

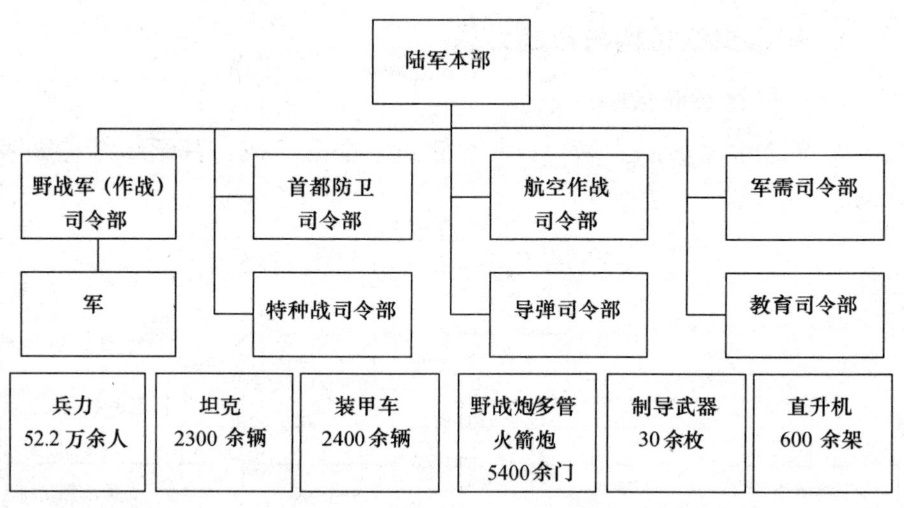

表 3－2　陆军的组织结构和作战力量

第一和第三野战军司令部遂行自军事分界线至前线负责地区的防御任务，第二作战司令部遂行维持后方地区稳定和持久战争能力的任务。首都防卫司令部遂行首都范围的防御任务，如协助维持首

① 联合部队：由 2 个以上的军组成的部队。——原文注

尔功能及防护重要设施等。其他部队分别遂行特种作战、航空作战、军需支援和教育训练等任务。

今后，陆军将首先加强应对北韩渗透和局部挑衅的作战力量，最大限度地发挥现有作战力量的作用，具备遂行联合作战概念（합동작전 개념）的攻势机动战的能力。为此，陆军将装备无人侦察机（무인정찰기，UAV）、多管火箭炮（MLRS）、新一代坦克、新一代装甲车等监视、打击、机动作战力量。

海军由海军本部、海军作战司令部、海军陆战队司令部及其他辅助部队组成，其组织结构和作战力量如表 3－3：

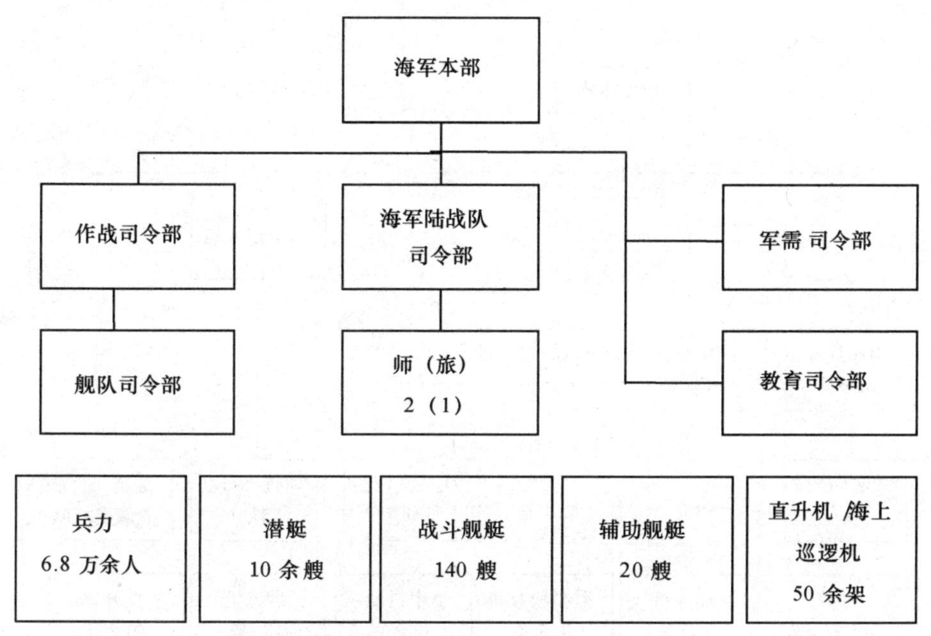

表 3－3　海军的组织结构和作战力量

海军作战司令部负责指挥海军的整体作战，遂行反舰战、反潜战、布雷行动和登陆作战等任务。舰队司令部指挥驱逐舰、护卫舰、巡逻舰和高速艇等战舰，遂行其责任海域的防御任务。海军陆战队司令部遂行登陆作战、首都首尔西侧方和西北岛屿的防御任务。其他部队遂行军需支援和教育训练等任务。

今后，海军将以天安舰事件为鉴，首先弥补自身能力之不足，发展成为一支能在海陆空三个领域作战的联合作战力量。为此，海军将装备新型探测雷达、海上作战直升机、“宙斯盾”驱逐舰、新一代护卫舰、新一代高速艇和新一代潜艇等。海军陆战队将发展成为一支能够根据海陆空三个作战领域、高速登陆作战(입체고속상륙작전)、快速反应作战、地面作战等任务和情况而灵活编组的部队。

空军由空军本部、空军作战司令部和其他辅助部队组成，其组织结构和作战力量见表3－4：

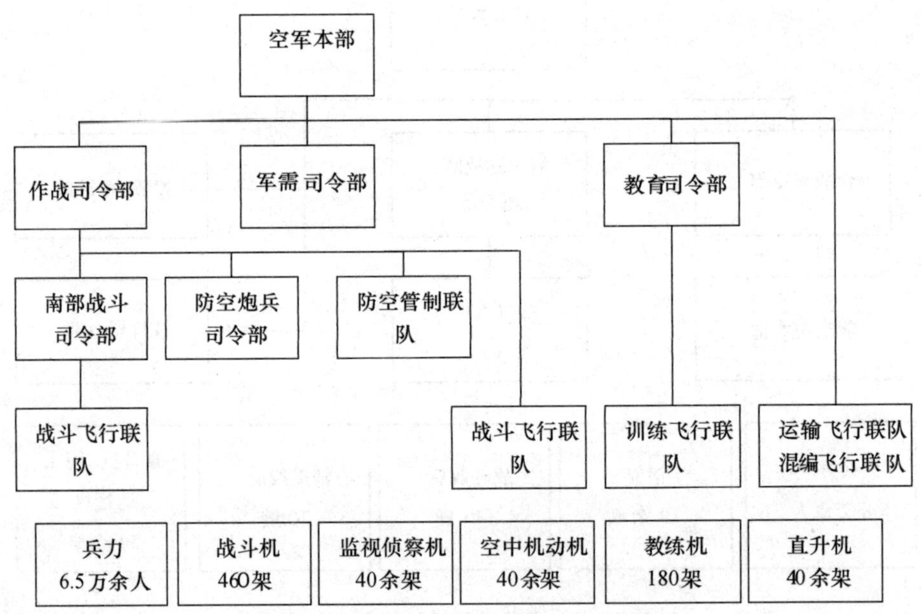

表3－4　空军的组织结构和作战力量

空军作战司令部全权控制空中作战，遂行制空（CA）(제공작전)、战略攻击（SA）（전략공격작전)、空中封锁（AI）(항공차단작전)、近距空中支援（CAS）（근접항공지원작전）等作战任务。

隶属空军作战司令部的南部战斗司令部负责管辖区域的领空防卫，在作战司令部的全权控制下，遂行所分权限的任务。防空炮兵司令部遂行应对敌方飞机和导弹等空中攻击的全方位空中防御任务。其他部队遂行军需支援和教育训练等任务。

今后，空军将发展成为具有远程作战能力和空中优势以及精确打击能力的航空航天部队（항공우주군）。为此，空军将购买新一代战机、韩国国产战斗机、空中预警机、空中加油机、监视侦察系统和弹道导弹防御系统。

（3）驻韩美军和增援力量

驻韩美军司令部由美第 8 军司令部、驻韩美海军司令部、驻韩美海军陆战队司令部、驻韩美特种战司令部、驻韩美空军司令部组成。驻韩美军司令兼任联合国军司令和韩美联合军司令①，其组织结构和作战力量见表 3—5：

---

① 此处相关英文缩略语：

缩略语	本词	中文	韩文
USFK	United States Forces in Korea	驻韩美军	주한미군
EUSA	The Eighth U. S. Army	美第 8 军	미 8 군
CNFK	The U. S. Naval Forces – Korea	美国驻韩海军	주한미해군
MARFORK	The Marine Forces – Korea	驻韩海军陆战队	주한미해병대
SOCK	The Special Operations Command – Korea	驻韩美特种战司令部	주한미특전사
USAFK	The U. S. Air Forces – Korea	美国驻韩空军	주한미공군
UNC	The United nations Command	联合国军司令	유엔군사령관
CFC	Combined Forces Command	联合军司令	연합군사령관

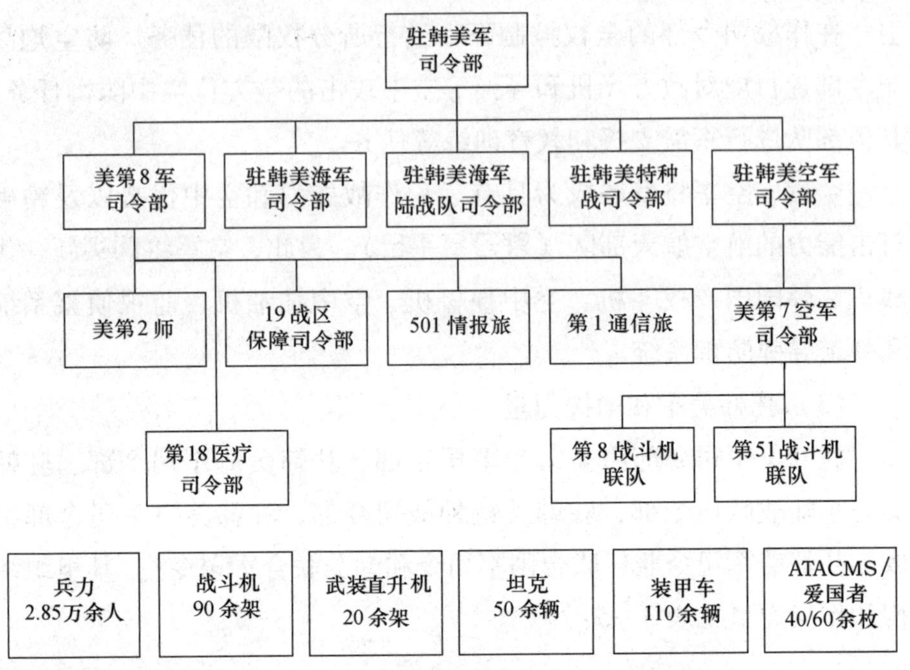

表 3—5　驻韩美军的组织结构和作战力量①

有事时协助大韩民国防卫的美军增援作战力量，包括陆海空和海军陆战队在内，总兵力69万余人，舰艇160余艘，飞机2000余架。在危机的不同状态下，美军增援力量将以“灵活威慑方案”(신속억제방안： FDO)、“部队模块软件包”（전투력증강: FMP)、“分时段部队部署数据（시차별부대전개제원， TPFDD)”等三种方式行动。

“灵活威慑方案”旨在威慑战争，用于战争一触即发之时，其外交、情报、军事、经济方案包括130多项内容。“部队模块软件包”指战争遏制失败时，用于战争初期增援的主要战斗部队和战斗增援部队，其中包括紧急部署飞机、航空母舰战斗群（항공모함 전투단）等主要作战力量。

2．军事应对态势

（1）建立预警及危机管理系统

我军维持面向包括北韩在内的韩半岛及附属岛屿的 24 小时监视和预警系统（24 시간 감시 및 조기경보체제）。为此，我军通过信号、影像资源和卫星等韩美联合情报资源，维持联合情报监视态势，由韩美共同识别并评估威胁征兆。

国防部正在制定多种威胁的应对计划，构建有效应对各种危机状况的危机管理系统。特别是在天安舰事件之后，国防部完善了包括情况报告和发布系统在内的先期行动手册（초동조치 매뉴얼）以及整体运作系统。

韩美两国修改危机综合处理程序，实施危机共管演习，提高指挥控制通信系统（C4I）的互用性等，维持有机协调的危机共管体制。

（3）保持针对渗透及局部冲突的应对态势

北韩会随时侵犯北方分界线（NLL），它曾攻击过我方负责警戒任务的警备艇，利用潜艇非法发射鱼雷击沉过我警备舰，还曾肆意炮击过延坪岛。

我军针对北韩的多种挑衅类型，加强应对态势和实战训练。北韩再次发动挑衅时，我军将根据交战规则和程序，果断应对并速战速决，防止战事扩大。我军正确立系统的作战态势，以便无论何时、何地发生何种挑衅状况，都能够给予完美应对。

西北海域平时（상시）已部署能够应对北韩挑衅的作战力量，保持在北韩挑衅时以联合作战力量强烈应对的作战态势。非军事区等薄弱区域以先进监视装备为主，完善警戒体制，强化警戒态势。为从军事上保障南北交流合作事业，在东海和西海地区南北管理区域，保持应对各类偶然事件（우발사태）的快速反应作战态势。

我军保持全面应对态势，以坚决守护包括西北 5 岛（서북5개 도서）和马罗岛（마라도）、郁陵岛、独岛等在内的东海、西海、南海（동·서·남해）的我国领土、领海和领空。

(4) 确立全面应对态势

韩美联合军为应对北韩可能进行的武装挑衅，加强两国的情报互助体制，通过联合资源的综合应用，保持24 小时监视韩半岛全域的预警体制和韩美危机共管体制。

如果北韩挑起战争，韩美将通过联合预警体制和快速反应措施制止北韩突袭。韩美联军将自始至终维持完美应对全面战争的态势，不仅可以确保首都范围的安全，还可以在最短时间内，通过精确打击北韩远程炮和导弹等核心作战力量，掌握战争主动权。

为此，韩美联军已经确立了可以最大限度发挥联合与合同作战能力（연합 및 합동 작전수행능력）的原则，定期举行联合与合同作战的实战演习（연합·합동연습）。参联会还为保障联合作战计划的实施，制定了参联会作战协助计划。

3. 确立快反动员态势（즉응 동원태세）

动员能力是指为完成战争目标，有效组织和集结国家可用人力、物力及其他各种资源的能力，是满足战争需要和保障持久能力的核心要素。因此，政府应保持快速反应态势，以便在战时有效动员国家的可用资源。

(1) 人员动员

人员动员分为三类，分别是补充军队所需兵力的兵力动员、确保军事作战支援所需人力的战时劳力征集动员（근로소집동원）以及技术人力动员（기술인력동원）。

“兵力动员”是指战时或类似国家紧急状态发生时（국가비상사태시），动员用于军队扩建（增加编制或创建）或补充损失所需的预备军资源，以扩充军队战斗人员。国防部指定并管理精锐

的人力资源，以便战时能适时发挥其战斗力。对于不同部队的动员需求，我军优先指定在岗 1—4 年具备本岗位特长（적소특기）和类似特长（유사특기）[①] 的人力资源，并通过国防动员情报系统有效管理相关资源。在我国修改法令以便平时也能进行部分动员时，应减少发布总动员令带来的经济损失，充分确保战斗准备时间。

“战时劳力征集动员”是指动员负责受灾重建、补给品和弹药运输等劳务的人员。征集对象为兵力动员征集对象以外的补充役[②]和第 2 国民役，优先指定补充役，并进行管理，以便在需要时能够转换为战斗人员。

“技术人力动员”是指现役和动员兵力不能遂行任务或可用资源不足时，对相关专业技术领域的技术证书获得者（기술면허취득자）和技术资格获得者（기술자격취득자）发布的动员。动员人员负责操作或维修战斗装备和战勤装备。国防部与行政安全部、地方行政机构紧密合作，以便能够动员新技术和信息化领域的技术证书获得者。

（2）物资动员

物资动员是指有事时，及时准确动员物资、装备、设施、公司等资源，以满足军事作战之所需，目的是最大限度扩大持续战争能力。具体可分为产业、运输、建设、通信动员。国防部每年都要与行政安全部合作实施忠武演习，通过技术人员、车辆、建设机械、通信动员领域的实际演练，检验忠武计划（충무계획）的实效性。

产业动员是指动员某些部门的物资和公司，通过把产业转为战

① 岗位特长：完全符合需动员之特长的特长；类似特长：与动员所需特长类似的特长，岗位特长不足时，可以指定为替补的类似领域的特长。——原文注

② 补充役：可以服现役，但不编入现役，根据需要而召集训练，以便在有事时充当现役士兵的兵力。

时体制满足战时需要，控制并运行生产、维修、加工和流通等程序。今后，忠武演习（충무훈련）期间，国防部将逐渐扩大车辆、建设机械动员和产业动员公司的生产演练，使之熟悉战时任务遂行流程，查找可实现民军转换的民用物品，并将其指定为动员物品。每年民用物品动员指定情况见表 3—6：

表 3—6　　民用物品动员指定情况

时间	2008 年	2009 年	2010 年
物品（个）	379	385	365

运输动员是指在一定时间内动员军事作战支援所需的陆、海、空运输装备，或控制公司的部分运作。对于运输动员资源不足的地区，则指定邻近市·道地区的多余物资，满足动员之所需。

建设动员是指动员建筑物、土地、建筑机械、建设维修公司等。为缩短动员时间，首先指定最新装备、轮式起动装备和所需部队邻近地区的装备，并进行管理。今后，根据民间委托扩大计划运营的维修运输部队民间委托公司（4 대 군사노선），也将被定为动员对象而备用于战时。

通信动员是指对军事作战所需的通信线路及电信公司、软件商、知识信息安全咨询公司（숙전숙결전）等的动员。为确保战时灵活的指挥、控制、通信支援能力，扩大对民间超高速数据网和 IT 公司、知识信息安全咨询公司等的动员指定范围。

（3）保障动员的及时性

在考虑初期作战应对能力、战斗持续能力和国家发布动员令伴随的经济费用等因素的基础上，决定动员令的发布时间。适时动员既能最大限度节约国家经济费用，又是战争初期战斗准备的重要环节，为此，国防部主张提前发布动员令，但其即将出台的方案仅能对首要作战力量进行部分动员。

因此，为便于平时也能进行动员，国防部将不断完善战时、重大事件或类似重大交战状态时才能进行动员的现有动员体制。这首先将体现于《国家战争指导方针》、《忠武基本计划》之中，以保障战争初期战斗部队的快速扩编，确保预备军使用的灵活性。国防部现正不断修订相关动员法令，从法律角度将该类内容制度化。

（二）确立民·官·军·警综合防卫态势

当今，北韩的军事威胁依然存在，跨国性和非军事性威胁不断加强，当务之急是民·官·军·警统一行动应对此类威胁，因此，国防部通过修改相关法规等手段，构建民·官·军·警的综合防卫体制，不断致力于确立综合防卫作战态势。

1. 综合防卫体制

随着 1995 年地方自治制度的实施，政府通过扩大地方自治团体负责人在乡土防卫方面的作用和职能，不断完善综合防卫体制。

综合防卫体制以综合防卫本部为中心，由中央综合防卫协议会、地区综合防卫协议会、综合防卫支援本部、地区军司令、地方警察厅、国家重要设施（국가중요시설）① 等国家防卫要素构成。综合防卫指挥及协调体制见表 3—7：

---

① 国家重要设施（국가중요시 설）：指公共机构、机场、港湾及与军事有关的交通设施等，在敌方占领、破坏或功能瘫痪时对国家安全及国民生活产生重大影响的设施。——原文注

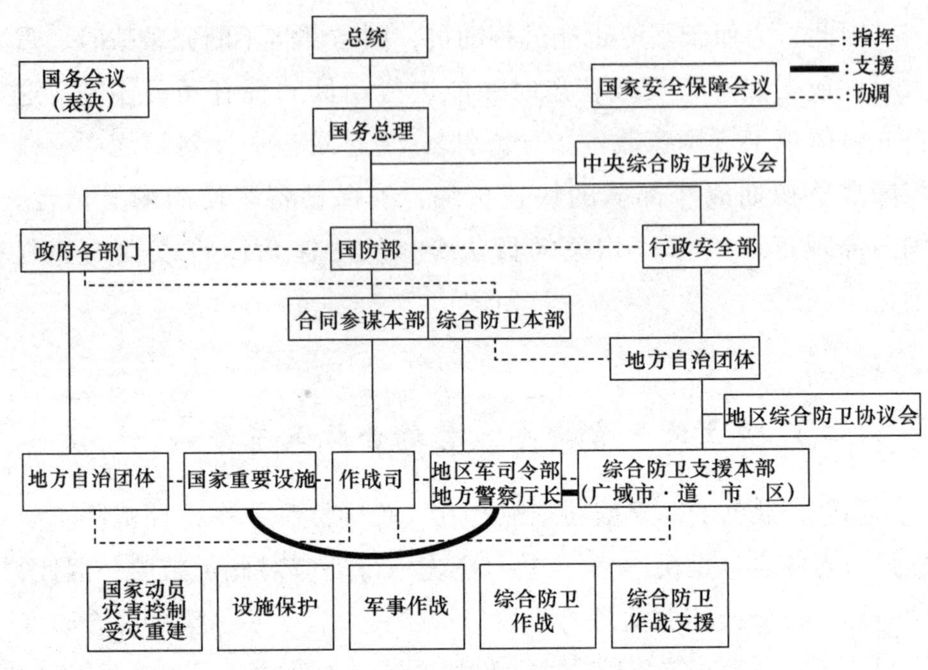

表3—7　综合防卫指挥及协调体制

综合防卫本部是综合防卫业务的主管机构，综合防卫本部长为参联会主席。综合防卫本部承担多种功能，包括综合防卫政策的制定和修订、综合防卫态势的确认与监督、综合防卫作战情况的综合分析及对策制定、综合防卫作战训练计划制定执行的调整与控制、综合防卫相关机构的业务协调和工作执行事项的磋商和调整等。

综合防卫支援本部设于广域市·道·市·郡·区、邑·面·洞，承担多种功能，包括以地方自治团体负责人为中心的综合防卫条例和程序的制定、综合防卫作战及演习支援计划的制定与实施、综合防卫状况室的设置与运行、军队·警察·预备队·地方自治团体·民间防卫队（민방위대）等国家防卫要素的培育与协调、综合防卫薄弱地区居民申告体制的确立等。

中央综合防卫协议会隶属国务总理室，属综合防卫方面的最高决议机构，审议讨论国家层面的综合防卫政策、综合防卫作战与演

习方针、综合防卫事态（통합방위사태）[1] 的宣布或解除等。

地区综合防卫协议会是在首尔特别市等 16 个广域市・道和 230 余个市・郡・区设立的地区综合防卫机构，审议讨论综合防卫对策、综合防卫事态（乙种和丙种）的宣布与解除、综合防卫作战和演习时的各种支援对策、薄弱地区的指定与解除、国家防卫要素的有效培育与使用及支援对策等。

地区军司令和地方警察厅长是综合防卫作战的主体，在综合防卫事态宣布时，被任命为作战指挥官，整合包括国家重要设施在内的民间防卫队、军队、警察、地方自治团体、乡土预备军等所有国家防卫要素，形成一元化（일원화）指挥体系，遂行综合防卫作战任务。

政府每年一次定期举行中央综合防卫会议和地方综合防卫会议，通过评估政府与地区单位综合防卫政策的推进实绩、研究对策等方式，确立综合防卫态势。

2. 综合防卫作战态势

政府保持综合防卫作战态势，以遂行应对平时敌方渗透挑衅和战时后方地区的乡土防卫作战任务。地方自治团体负责人作为地区综合防卫协议会主席，经地区综合防卫协议会审议，可以宣布综合防卫事态。一旦宣布综合防卫事态，根据综合防卫的相关法令，任命相关地区的地方警察厅长或地区军司令为作战指挥官，作战指挥官整合地区内所有防卫要素，形成一元化指挥体系，遂行综合防卫

① 综合防卫事态（통합방위사태）：为应对敌方渗透挑衅及其威胁而发布的阶段性事态，分为甲、乙、丙三种事态类型，广域市・道仅能够发布乙种和丙种事态。乙种事态：敌方在部分或多个地区实施渗透或挑衅，治安短时间内难以恢复，必须在地区军司令的指挥控制下实施综合防卫作战的事态。丙种事态：可能发生敌方渗透挑衅或小规模敌人渗透时，在地方警察厅长、地区军司令或舰队司令的指挥控制下实施综合防卫作战，能够在短时间内恢复治安的事态。——原文注

作战任务。广域和基础自治团体①负责人组建综合防卫支援本部，协助综合防卫作战。

政府致力于确立地区单位民·官·军·警完美综合防卫作战态势。政府通过综合防卫状况室，维持有事时的快速应对体制；构建广域通信网（WAN），完善可以组织综合状况室间可视会议（화상회의）和双向广播（양방향 방송）的情报共享系统；制定不同支援班和个人任务遂行图表，使相关单位和个人熟悉实际的处理程序。为提高国家重要设施的防护能力，政府还完善了不同设施的自身防护计划，加强了监视装备和统合状况室、警戒设施。国家重要设施的管理者与军队、警察签订警戒协定书（경계협정서），完善设施的综合防护计划，并加强相关训练。

为有效应对近期不断增加的全面安全威胁，综合防卫本部正在改善综合防卫演习（통합방위훈련）体系。综合防卫本部下达演习方针，与政府共同组织并运行综合观察团，委任各作战司令负责演习的控制与评估，创造条件使所属部队能够制定并实施与平时和战时任务相符的实质性演习。从 2009 年起，通过花郎演习改善了第 1 军（FROKA）和第 3 军（TROKA）的前方军级单位、地方自治团体（市、郡、区单位的综合防卫支援本部）和警察等，使之能够熟悉统合防卫状况室运行、综合防卫支援本部情况处理的步骤，以应对敌方的渗透与挑衅。

国防部还不断修订完善综合防卫的相关法规。为应对 20 世纪 60 年代曾频繁发生的北韩的渗透和挑衅，1967 年 12 月国防部制定了《间谍封锁对策》（总统训令），1995 年 1 月将其修改为《综合防卫指针》，1996 年 10 月江陵潜艇渗透事件发生后，由于需要综合防卫作战及其支援事项的法律依据，1997 年 1 月又制定了《综合防卫

① 广域和基础自治团体为广域级基础自治团体和基础自治团体的合称，广域自治团体指道、特别市和广域市的行政机构和议会，基础自治团体指各市、郡、区的行政机构和议会。——译者注

法》。此后，为反映作战环境的变化，国防部先后 7 次修改综合防卫的相关法规。尤其是，2009 年修订了较难的术语，使之易于理解，同时也为警戒态势和综合防卫演习、以地方自治团体为中心的综合防卫态势的确立等提供了法律依据。

3. 乡土防卫作战态势

乡土防卫作战是动员预备军防御责任区的民·官·军·警综合作战形式。乡土防卫作战的任务是肃清渗透的武装共匪和特种部队，镇压武装骚乱，并防护重要设施和供应线，维持后方地区的稳定。

国防部考虑预备军的兵力数量、地区特点和今后行政区域的调整等因素，结合《国防改革基本计划》，调整完善预备军组织。国防部还利用生存装备（서바이벌 장비）等科技装备进行类似实战的训练，打造一支具有战斗思维和能力的预备军，以此强化能够遂行战时和平时乡土防卫任务的作战力量。

同时，为有效应对敌方特种部队骚扰后方，国防部不仅购买了乡土防卫战斗装备，逐年进行预备军武器装备的现代化，还通过地方自治团体的培育支援预算，确保战斗装备与物资，实现预备军精锐化，维持乡土防卫作战态势。

（三）完善跨国与非军事威胁应对态势

当今安全环境的特点是，在传统军事威胁存在的同时，多种形态的跨国性和非军事性威胁不断增强。为有效应对新的威胁，我军正在打造快速反应能力和应对态势，不断构建与国际社会的紧密互助体制。

1. 打造快速反应能力和态势

我军在保持对北韩军事威胁的稳固应对态势的同时，也在调整

组织编制和任务遂行体系，以便能够快速应对网络攻击、海盗行为、灾难等跨国性和非军事性威胁。我军还通过与有关机构维护情报共享体系（정보공유체계）、实施联合演习等手段，致力于各种威胁的有效应对。

简易爆炸装置（급조폭발물）在世界多个地区造成了大规模的人员伤害，政府和军队正在提高针对该类装置的联合应对能力，扩大不同类别的联合反恐演习。2010年《军事设施反恐指南》（군사시설 테러 대응 매뉴얼）经修改重新确定了不同机构不同功能的反恐任务体系。

2009年发生了针对我国政府机构网站的高强度分布式拒绝服务（DDoS）[①] 攻击（디도스 공격），政府与军队正在大力应对不断激增的该类网络恐怖事件。2009年9月制定了《国防网络危机综合对策》，2010年1月建立了网络司令部（사이버사령부），统一管理针对国防情报体系的网络威胁。

为应对因发生重大灾难和非法罢工行为而造成国家核心基础设施瘫痪的情况，我军加强了用于灾后重建的支援力量。为按类型分阶段灵活应对灾难，我们于2009年完善了《灾难及核心基础领域现场应对行动指南》，并通过相关培训加快军队专业技术人员的系统培养。

国家灾难管理信息系统建至营级单位，全军每年夏季实施灾难应对指挥所演习，同时参加国家层面的“灾难应对·安全韩国”演习（재난대응 안전한국훈련）[②]，加强各种情况下的应对能力。

国防部制定了《关于政府海外灾难（해외 재난）紧急救助的军队运输机任务工作指南》，以便在海外灾难发生时，政府紧急救援

① 分布式拒绝服务（DDoS：Distribute Denial of Service）：多台计算机同时向特定网站发动攻击的黑客方式。——原文注

② “灾害应对·安全韩国”演习：该演习由398个机构和团体（中央部门、地方自治团体、公共机构等）共同参与，每年定期举行，目的是启动灾害管理系统、检查指挥体系、加强市民与政府协作。——原文注

队能使用军队运输机实施快速救护。2010 年 5 月实施了基于该指南的政府联合模拟演习（정부합동모의훈련），成为跨部门综合性任务遂行能力检验的契机。

2. 保持与国际社会的互助体制

由于跨国性和非军事性威胁其主体与手段多种多样，且威胁领域广、扩散速度快、事前预测难，仅凭一国之力，应对有限，因此需要开展以国际机构、地区机构、多边安全磋商机构为中心的地区与国际合作。

我军也积极参与应对跨国性和非军事性威胁的地区性和国际性行动，2009 年 3 月向亚丁湾（아덴만）派遣了“清海”部队，为我船舶安全通行提供协助，并成功展开针对海盗的作战行动。2009 年 11 月向柬埔寨台风受灾地区运送了救护用品。

2010 年 2 月我军派出了以工兵为主、约 240 人的“甘霖”部队，协助海地灾区重建，7 月派出了 232 人的防护兵力，保障阿富汗地方重建小组（PRT）的安全。

为提高共同应对跨国性和非军事性威胁的能力，国防部积极参与国际社会的各种讨论和演习。2009 年 4 月，国防部与新加坡在首尔共同举办了东盟地区论坛（ARF）国防管理对话，讨论了两军应如何应对网络恐怖等跨国性威胁以及地区合作方案。2010 年 10 月，由韩美共同举办的第 13 次亚太地区军队高层会议（군고위급 회의 CHOD）[①] 在首尔召开，这是我军历史上最大规模的军队高层会议，由 26 个国家的参联会主席级将领参加，通过大会、双边和多边对话等形式，就联合国维和行动（PKO）、海洋安全合作等多个议题展开了讨论。与会各国一致认为，有必要构建有利于地区稳定与世界和平的互助体制、加强军事合作，并

① 亚太地区军队高层（CHOD：Chiefs of Defense）会议：为加强亚太地区内多边军事合作，强化军队高层关系而召开的年度会议。奇数年由美国单独承办，偶数年由地区内国家和美国共同承办。——原文注

承诺积极参与应对今后安全威胁的地区联合活动。

2009年5月，由美国和菲律宾共同组织的首次东盟地区论坛会员国海上救灾联合演习（재난구호 연합훈련）在菲律宾举行。国防部派遣军用运输机运送我军参演的医务人员、消防防灾厅119名消防队员和各种装备。2011年3月第2次救灾联合演习将在印尼举行，我军有意进一步扩大参演规模。2010年2月“金色眼镜蛇(코브라골드훈련)”演习[①]在泰国举行，我军2600吨级登陆舰和营级兵力参加了军演，提高了与多国部队联合作战的遂行能力。

此外，国防部正通过与各国国防当局定期召开国防政策工作会议等方式，实现相关安全威胁情报的共享，并通过举行联合演习等方式逐渐扩大合作范围。随着跨国性和非军事性威胁不断增大，军队今后将发挥更大的作用。国防部将主动积极地参与双边及多边安全合作活动，以此与国际社会持续保持紧密的互助体制。

四、韩美军事同盟的发展和国防外交与合作的外延式拓展

（一）发展面向未来的韩美军事同盟（미래지향적인 한미군사동맹）

在过去的60年中，韩美同盟以传统的友好关系为基础，为保障韩半岛的稳定与和平、增进国家利益做出了贡献。今后，韩美同盟将在共同的价值和信赖的基础上发展成为全面的战略同盟。

① “金色眼镜蛇演习”（Cobra Gold）：自1981年起每年举行的美国、泰国等国的联合军事演习，旨在检验多国部队的维和行动，属于人道主义的和平演习。演习内容为熟悉维和的全部过程，即从多国部队得到联合国授权，进入发生武装冲突的假想国阿卡狄亚（Arcadia）开始，至冲突结束局势稳定为止。——原文注

1. 韩美同盟的发展过程

韩美同盟随着安全环境的变化而不断发展，在过去的60 年中，为韩半岛和东北亚地区的和平稳定做出了贡献。

除传统的军事威胁外，当今的世界还要面对大规模杀伤性武器、恐怖主义、自然灾害、气候变化、能源问题等多种形态的安全威胁，美国为有效应对此类安全威胁，正在重新调整军事战略的概念和作战力量的结构与规模；为有效应对复杂且不确定的安全环境，美国正在不断加强与盟国的合作。

由于经济发展和自由民主主义体制的确立，我国已上升为国际社会的中心国家（중심국가）。随着国力的增长，我国正以韩美两国的互信和共同价值为基础，不断发展与美国的全面战略同盟关系。

韩美两国为主动应对未来的多种安全威胁，不断调整发展韩美同盟。在相互磋商的基础上，两国不断推进战时作战控制权的移交和驻韩美军的重新部署，同时也在国际维和行动、稳定与重建行动、人道主义援助及灾难救助等多个领域不断加强合作。

驻韩美军的兵力规模由2003 年的3. 75 万人分阶段地减至2004 年的3. 25 万人、2007 年的2. 85 万人，计划在2008 年底前减至2. 5 万人。但是，在2008 年4 月的首脑会谈中，韩美两国同意保持驻韩美军2. 85 万人的规模，2009 年4 月的伦敦首脑会谈又重新确认了该规模。

通过调整同盟关系，韩美两国在安全问题和多个领域内发挥了更大作用，并扩大了合作范围，为发展互惠成熟的同盟（호혜적이고 성숙한 동맹）关系提供了契机。

2. 韩美同盟的发展方向

韩美两国共享自由民主主义、人权和市场经济等人类普遍价值

观，在相互信任和尊重的基础上，不断发展紧密的军事安全互助体制。现在，两国正进一步深化经济、社会和文化合作，构建双边、地区和全球性（양자·지역·범세계적 범주）的同盟关系。

2008 年 4 月韩美两国在首脑会谈中一致同意，将韩美同盟发展成为“21 世纪的全面战略同盟”（21 세기 포괄적 전략동맹），为地区及全球的和平繁荣做出贡献。在此基础上，两国于 2009 年 6 月通过了《韩美同盟未来展望》（한미동맹 미래비전）[①]，描绘了面向未来的发展蓝图。

《韩美同盟未来展望》中明文写道，韩美两国将继续通过美国核保护伞（핵우산）等方法提供延伸威慑，保持强大的联合防卫态势，在韩半岛构筑稳固的和平，并推进基于自由民主和市场经济的和平统一。针对北核和弹道导弹问题，两国决定，在“完全和可验证废除”（완전하고 검증 가능한 폐기）的原则下，维持两国紧密的互助体制。两国还同意，就大规模杀伤性武器扩散、恐怖主义、海盗、有组织犯罪和毒品、气候变化、贫困、人权侵犯、能源安全、传染病等全球性挑战应对问题进行紧密商讨。

两国元首在 2009 年 11 月首尔韩美峰会上决定召开由两国外交部长和国防部长会面的“2 + 2 会议”，2010 年 7 月，韩美同盟史上首次外交与国防部长会议如期在首尔召开。针对天安舰被袭事件，会议决定由美国独立实施对朝金融制裁，两国共同举行大规模联合海上演习，在外交和国防领域对朝实施压制战略，由此对北韩今后的挑衅发出了严重警告。会议还讨论了深化两国合作的多种方案，其中包括推动年内批准美韩自贸区（FTA）、致力修改《原子能协定》、以及发展同盟伙伴关系以解决地区和全球性问题等议题。

今后两国将不断扩大共同利益，将韩美同盟发展成为促进世界

---

① 《韩美同盟未来展望》：描绘韩美同盟未来发展蓝图的主要战略计划（마스터 플랜，master plan），具体描述 21 世纪战略同盟的发展和未来为此开展双边、多边、全球性合作的方向。——原文注

和平的21世纪的全面战略同盟，同时，还将加强与地区内机构和国家之间的合作，维护和增进亚太地区的和平与繁荣。

（二）调整战时作战控制权的移交时间，构建新的同盟军事架构

韩美两国决定将战时作战控制权的移交时间由2012年4月17日调整为2015年12月1日。两国在移交后仍将构建新的联合防卫体制，替换现有的联合防卫体制，以遏制韩半岛爆发战争，在有事时保障国家安全并加强国土防卫。

1950年7月李承晚总统将国军的作战指挥权（작전지휘권）[①]转交给联合国军司令麦克阿瑟，这是在“6·25战争”危在旦夕之时为保卫国家而做出的难以避免的抉择。停战协定签订后，韩美两国达成协议，为保障联合国军保卫韩国，继续将韩军作战控制权[②]置于联合国军司令之下。其后，1978年11月设立联合军司令部（CFC），将作战控制权转交于韩美联合军司令。

作战控制权移交国军问题的讨论，始于1987年8月总统候选人卢泰愚关于“作战控制权接收和龙山基地转移”的竞选承诺，美方也根据《纳恩—沃纳修正案》[③]（넌 워너 수정안）（1989年）和《东亚战略构想》[④]（동아시아전략구상）（1990—1992年）讨论作战控制权的移交问题。两国由此开始正式研究和讨论该问题。

① 作战指挥权（OPCOM：Operational Command）：为遂行作战任务，由指挥官对下属部队行使的权限。——原文注

② 作战控制权（OPCON：Operational Control）：为遂行作战计划或作战命令上明确的特定任务或事务而委任于指挥官的权限。——原文注

③ 《纳恩—沃纳修正案》（Nunn-Warner Amendment）：在认可1990—1991年美国防预算和规定兵力规模的法案中，再次追加美国议会对韩美关系意见的法案。——原文注

④ 东亚战略构想（EASI：East Asia Strategic Initiative）：美国国防部按照《纳恩—沃纳修正案》的要求向议会提交的研究报告（1990年、1991年、1992年共报告三次）。——原文注

在 1991 年 11 月第 13 次韩美军事委员会会议上，两国同意，自 1993—1995 年移交平时作战控制权（평시작전통제권），1996 年后讨论战时作战控制权的移交问题。据此协议，平时（或停战时）的作战控制权已于 1994 年底移交韩国参联会主席，韩美联合军司令现在行使的是战时作战控制权和联合权限委任事项①（연합권한위임사항）。作战控制权的变化过程见表 4－1：

表 4－1　　作战控制权的变化过程

1950. 7. 14	李承晚总统向联合国军司令转交韩军作战指挥权
1954. 11. 17	赋予联合国军司令作战控制权
1978. 11. 7	设立联合军司令部，作战控制权转交联合军司令
1994. 12. 1	平时作战控制权转交韩国参联会主席
2006. 9. 16	韩美首脑会谈，同意移交战时作战控制权
2007. 2. 23	韩美国防部长，确定战时作战控制权移交时间（2012. 4. 17）
2007. 6. 28	韩美就《战略移交计划》达成协议
2010. 6. 26	韩美首脑会谈同意将移交时间调整至 2015 年底

1. 战时作战控制权移交时间表（2005 年—现在）

在 2005 年 10 月召开的第 37 次韩美安全合作会议上，韩美国防部长同意“适当加速讨论战时作战控制权移交”问题，讨论由此正式开始。

2006 年 9 月韩美两国首脑在两国首脑会谈上就移交战时作战控制权的基本原则达成一致。在同年 10 月召开的第 38 次韩美安全合作会议上，两国国防部长就“战时作战控制权移交后的新同盟架构路线图”

① 联合权限委任事项（CODA：Combined Delegated Authority）：委任联合军司令能够在平时也可对用于战时作战的韩军部队行使的权限，包括联合危机管理、作战计划制定、联合演习、联合同原则完善、韩美联合情报管理、C4I 相互使用等 6 个领域。——原文注

（전시작전통제권 전환 이후의 새로운 동맹군사구조 로드맵）达成协议，计划“在2009 年10 月15 日之后、2012 年3 月15 日以前，向韩国军队移交战时作战控制权，解散韩美联合军司令部”。

2007 年1 月韩美常设军事委员会（MC）签署《韩美指挥关系联合落实工作组工作安排》[①]（한미 지휘관계 연합이행실무단 운영을 위한 관련 약정），2 月韩美国防部长通过会谈最终同意在“2012 年4 月17 日”移交战时作战控制权。

由此成立的韩美联合落实工作组（CIWG），制定了《落实从韩美联合军司令部向韩国参联会移交战时作战控制权的战略移交计划》（한미 연합군사령부로부터 한국 합참으로 전시작전통제권 전환 이행을 위한 전략적 전환계획，STP）。2007 年6 月韩国参联会主席和驻韩美军资深军官在文件上签字。两国专家组成共同核查团于2009 年“乙支自由卫士”（UFG）演习时，检查战时作战控制权移交的准备情况和韩国参联会的初始作战能力[②]（기본운용능력）。韩美安全磋商会议和韩美军事委员会会议的上报结果为“正常进行中”。

韩美最早达成的《战略移交计划》被替换为《战略移交计划修定第2 号》（2010 年3 月）（전략적 전환계획 수정 2 호），《第2 号》是在“乙支自由卫士”演习时，通过试用新联合防卫体制（연합방위 체제）而发现的补充要素基础上制定的。

为确保韩半岛安全状况的稳定管理和战时作战控制权的平稳移交，消除国民对安全状况的担忧，2010 年6 月16 日韩美两国首脑同意，将战时作战控制权移交时间由2012 年4 月17 日调整至2015 年

① 《韩美指挥关系联合落实工作组（CIWG：Combined Implementation Working Group）工作安排》：2007 年1 月19 日韩美双方为研究和报告战时作战控制权移交等指挥关系，将所需基本事项（目的、原则、主体、日程等）的相关共识文件化而签署的协定。——原文注

② 初始作战能力（IOC：Initial Operational Capability）验证：针对已获取并部署野战的武器体系，确认并评估其作战概念的明确性、所需作战能力（ROC：Required Operational Capability）的实现程度、已发展的作战保障要素的完成度。——原文注

底。在两国 7 月举行的外交与国防部长“2 +2 会议”上，双方就平稳落实战时作战控制权的移交问题进行了讨论。

2. 战时作战控制权移交时间调整的背景与意义

韩美两国密切关注北韩的军事威胁，共同研究评估了战时作战控制权移交的执行情况。在该过程中，两国考虑了北韩威胁增大等安全环境的变化因素，认识到调整战时作战控制权移交时间的必要性，因此，我国政府向美国政府提出了调整要求。其背景如下：

第一，北韩威胁的增大等因素加大了韩半岛安全形势的不确定性和不稳定性。北韩继续开发核武器和弹道导弹，并通过攻击天安舰等行动不断提升军事挑衅的水平，因此，南北关系依然充满矛盾和紧张。货币改革失败、金正日国防委员长健康恶化、三代世袭安排等北韩体制的不稳定性也不断加深。

第二，2012 年地区内多个国家领导层换届，因而成为政治安全领域变动较大的一年。2012 年是我国议会选举（4 月）和大选（12 月）、美国大选（11 月）、北韩完成“强盛大国”目标、中国共产党领导层权力移交（10 月）、俄罗斯大选（3 月）之年，政治敏感事件十分集中。

第三，由于安全方面的担忧，半数以上的国民希望推迟移交战时作战控制权。2010 年 5 月“反对解散联合司令部”签名活动（연합사령부 해체 반대를 위한 서명운동）的统计结果显示，签名人数超过千万。舆论调查的结果也显示，50% 以上的国民对战时作战控制权移交持反对态度或“必须推迟”的立场。

在这种背景下，韩美两国政府在尊重上届政府决定的同时，综合考虑各种安全环境和战略局势，同意调整移交时间。

3. 战时作战控制权移交的主要内容

战时作战控制权移交是指以韩美联合司令部为中心的指挥体制

向“参联会主导—美韩国司令部协助”（합참 주도-미 한국사령부 지원）的新联合防卫体制的过渡。为构建这一新的联合防卫体制，两国建立了联合落实体制，在制定新作战计划、构建战区作战指挥体系、韩美军事协助体系、战区作战遂行体系和联合演习体系、建立战时作战控制权移交基础等 6 方面制定了详细任务，正有条不紊地做着移交的准备工作。

第一，设立 2 个既独立又互补的战区级战斗司令部，以便实施“参联会主导—美韩国司令部协助”的战区作战指挥。为此，2009 年 4 月参联会进行了旨在履行战区司令部职能的改组，驻韩美军司令部也正准备过渡为美韩国司令部。参联会战区指挥设施在新建之中，预计 2012 年竣工，美韩国司令部战区指挥设施也与龙山基地转移计划（용산기지이전계획，YRP）相结合，预计 2015 年竣工。

第二，保障韩美“主导—协助”的指挥关系，构建强大的军事协作体系，使各部队单位得以履行各项职能，并能有效实现作战整合。为此，韩美将组建战略·作战·战术层面（전략적·작전적·전술적수준）的多种军事协助机构和联络机构，扩大运作范围。

第三，通过联合计划制度。根据停战与战时的相关作战计划（정전시·전시 작전기획），确定完善的作战计划程序，制定移交后可用的新作战计划。为此，自 2008 年起，韩美开始建立联合计划制度，制定新作战计划。

第四，构建参联会战区作战主导体系。为此，两国正完善战区作战的遂行程序和指导方针、危机管理制度、情报合作架构等，开发能够共同使用的联合指挥控制通信体系（연합지휘통제통신체계，AKJCCS）。

第五，建立相应的演习基础体系，使韩军有能力主导联合演习。为此，两国正建立战时作战控制权移交前后的演习体系，完善演习计划和控制能力、新建反航母模拟设施（대항군 모의시설）、举办行动评估研讨班、完善战争模拟演习等。

第六，打造新联合防卫体制构建所需的人力、物力和法律基础。具体来说，要改善参联会和联合司令部的人事管理以补充优秀的人力资源，以适用于新联合防卫体制的《相关安排/战略指示第 3 号》替换联合司令部体制下的《相关安排/战略指示第 2 号》(관련약정 / 전략지시 제 2 호)。韩美将建立联合验证机构，以检验准备工作和任务遂行能力是否能实现战时作战控制权的移交。

4. 今后举措

2010 年 10 月在第 42 次韩美安全磋商会议[①]（한미안보협의회의，SCM）上，两国讨论通过了覆盖战时作战指挥权移交等诸多同盟问题的《战略同盟 2015》（전략동맹 2015）文件。《战略同盟 2015》是一个全面落实计划，目的是在 2015 年前创造战时作战控制权平稳移交的条件，成功推动移交的相关事宜。由韩美国防与外交等相关机构参与的共同工作组，将通过韩美安全政策构想(한미안보정책구상，SPI）会议[②]、韩美军事委员会会议（MCM）和韩美安全磋商会议（SCM)，对同盟的落实情况进行评估和检查。

（三）保障驻韩美军稳定的驻军条件

为维护韩美同盟的稳定，我国政府大力保障驻韩美军稳定的驻军条件并增进互信。为圆满落实驻韩美军的重新部署工作，合理分担防卫费用，韩美两国保持紧密磋商。两国还举办了各种活动，以增进信任、强化政策磋商。

---

① 韩美安全磋商会议（SCM：Security Consultative Meeting)：始于 1968 年的韩美国防部长国防·安全领域年度磋商机制。——原文注

② 韩美安全政策构想（SPI：Security Policy Initiative）会议：韩美两国国防外交当局的磋商机构，韩国国防部国防政策室长和美国国防部东亚副国务卿担任首席代表。——原文注

1. 驻韩美军的重新部署和服役正常化

韩美两国通过整合、关闭和重新部署散布韩国全境的美军基地，保障韩国国土的均衡发展和驻韩美军稳定的驻军条件。重新部署驻韩美军基地的计划有两项：一是“龙山基地转移计划”，二是《联合土地管理计划》[①]（연합토지관리계획）。有关龙山基地转移的讨论始于 1988 年 3 月，2003 年 5 月在韩美首脑会谈中达成共识，2004 年签订《龙山基地转移协定》并正式启动。《联合土地管理计划》始于 2002 签订的《联合土地管理计划协定》，2004 年将美第 2 师重新部署计划纳入其中并推行至今。

此后，2007 年 3 月韩美两国就《设施总计划》达成协议，将驻韩美军的主要基地向平泽地区转移，11 月在平泽举行了开工典礼。目前（2010 年 9 月）用地调整工程和道路、用电、用气、用水等基础设施工程正在进行之中。根据《因驻韩美军基地转移而支援平泽市的特别法》，韩国正同时推进面向重新部署区搬迁居民的道路开通、上下水道铺设、市政厅建立等宜居工程。

在重新部署过程中，美军已返还了 47 处约 1.38 亿平方米的用地，今后还将返还 33 处约 0.4 亿平方米。两国同意，即将返还的用地适用于 2009 年 3 月环境调查程序修改后的“联合环境评估程序”（공동환경 평가절차）。在此基础上，两国正围绕治理即将返还基地的环境污染问题，进行紧密磋商。

目前正在开展驻韩美军服役正常化的工作，预定于 2020 年完成。美军服役制度由原定不带家属服役 1—2 年，改为携带家属最长服役 3 年。美国政府的这些措施不仅将改善驻韩美军的服役和驻军条件，进一步加强韩美联合防卫态势，还将有助于两国国民扩大交

① 联合土地管理计划（LPP：Land Partnership Plan）：整合关闭韩国全国的驻韩美军设施、返还不必要的设施和土地的计划。在 2001 年 11 月第 33 次 SCM 上签署了韩美相关意向书，LPP 协定、LPP 修改协定分别于 2002 年 1 月、2004 年 12 月获国会批准。——原文注

流，有益于韩美同盟的持续发展。

2. 分担防卫费用

自韩美两国 1991 年签订《防卫费用分担特别协定》(방위비분담특별협정，SMA）以来，我国政府一直承担驻韩美军的部分费用，并在综合考虑我国财政负担能力和驻韩美军稳定条件的基础上，确定分担份额。其中，2008 年前包含于支援项目之内的“联合防卫力量改进”项目因大部分资金已经到位，故从 2009 年起被置于“军事建设”项目中。

2004 年前由国防部负责的防卫费用分担磋商，改为由“国防部参与，外交通商部主管”。2004 年前，防卫分担费以美元与韩元支付，自 2005 年起则全部以韩元支付，不再受汇率变动影响，并可稳定运行预算。

2008 年 12 月韩美两国就 2009 年后防卫费用分担份额达成新协定，2009 年 3 月该协定经国会批准生效，有效期限 5 年（2009—2013 年）。该协定规定，根据前年消费者物价指数，每年的防卫分担费最多提高 4%。因此，2009 年韩国承担 7600 亿韩元（按 2007 年物价上涨率 2.5% 计算）；2010 年承担 7904 亿韩元（尽管 2008 年物价上涨率为 4.7%，但仍执行最高上限 4%）。

适当承担驻韩美军的防卫费用可以为驻韩美军创造稳定的驻军条件，进一步巩固韩美联合防卫态势，有利于韩半岛的安全与和平。同时，对驻韩美军的财政支援由于驻韩美军对装备、劳务、建设方面的需求，也有利于扩大内需和发展地区经济，为我国工人创造就业机会。

3. 韩美增进互信

（1）积极商讨政策

韩美两国运行多种政策磋商机制，就同盟主要问题和安全政策推进方向进行紧密磋商。1968年开始举办的韩美安全磋商会议（SCM）和2005年开始举办的韩美安全政策构想（SPI）会议等定期磋商机制，为两国增进互信、解决同盟的主要问题做出了重大贡献。

2009年10月，两国在首尔举办的第41次韩美安全磋商会议上再次重申，美国对韩半岛的防卫承诺是牢固的，为应对北韩的威胁，将保持稳固的联合防卫态势和政策互助。两国评估了战时作战控制权移交的准备情况，详细检查了尚需补充的事项，并同意加强构建全面战略同盟的国防合作。

截至2010年11月，两国通过3次韩美安全政策构想会议，强化了针对北韩军事挑衅的互助机制，检查了驻韩美军基地的转移和战时作战控制权的移交情况，讨论了阿富汗地方重建小组（PRT）等地区与全球安全问题的合作方案。

2010年10月第42次韩美安全磋商会议在美国华盛顿举行，会议的召开正值天安舰被袭事件、北韩正式形成世袭体制等安全敏感时期。在本次会议上，两国讨论签署了3份对未来同盟发展具有重要意义的战略文件：《韩美国防合作指导方针》（한미국방협력지침）提出了两国在国防领域体现《韩美同盟未来远景》的国防合作蓝图；《战略同盟2015》为落实战时作战控制权移交时间的调整制定了新的移交计划；《战略规划指导方针》（전략기획지침，SPG）不仅为韩美军事委员会提供了完善作战计划所需的战略指导方针和权限，还规定定期组织韩美核磋商机构“扩散遏制政策委员会”会议，研究应对北韩核威胁的有效方案。同时，两国还讨论了天安舰被袭事件后的对北互助方案以及在阿富汗重建援助等地区与全球问题上加强合作的方案。

此外，两国还通过韩美安全磋商会议的军事委员会（MC）、安全合作委员会、军需合作委员会、国防产业技术合作委员会等分组委员会，就多种安全问题进行磋商讨论。

(2) 大力举办友好活动

国防部每年通过参观首尔市内古代宫殿、韩国民俗村、战争纪念馆等活动，在春秋两季分 8 次向驻韩美军官兵介绍我国文化。通过“永远的朋友（Friends Forever)”（영원한 친구）项目，每年使 600 多名美军有机会参观韩国文化遗产，接触民俗游戏、舞蹈和传统音乐。

韩美联合军司令部通过“美邻”计划（좋은 이웃 프로그램)，推动两国文化交流和友好活动的展开。在该计划中，由驻韩美军直接主管的交流活动包括面向我国政府、媒体、企业界和学界骨干介绍韩美联合司令部作用与重要工作的“领导人培训计划”(지도자 오리엔테이션 프로그램)、面向我国学生的“美邻英语营”（좋은 이웃 영어 캠프)、美邻奖颁奖仪式、开办司令官咨询团、高中生与参战勇士见面会等活动。

韩方主管的交流活动包括面向驻韩美军的文化介绍项目；面向韩美将军的战地浏览、部队访问、战术讨论、文化探访项目；韩美联合司令部创建纪念活动；各种社会福利设施支援及面向居民的支援活动等。自 1970 年开始，驻韩美军劳军组织（주한미군 위문협회）每年都要举办“6 星官兵表彰活动”，评选 80 多名美军、韩军、联合国军模范官兵为最光荣的军人，并进行劳军慰问。

这些联谊活动有助于增进两国对彼此文化的了解，也有利于两国民众建立密切的友好关系，成为永远的朋友和好邻居。

（四）国防外交与合作的外延式拓展

国防部以韩美同盟为基础，不断增进与日本、中国、俄罗斯的军事合作关系，创造有利于韩半岛的战略环境。国防部从东北亚向包括东南亚、中东、非洲、中南美在内的全球范围拓展国防外交的外延，通过拓展国防交流合作为国家项目（국책사업）进军和防卫

产业出口做出贡献。国防部还积极参与多边安全组织和国际合作机构，在国际社会中发挥与自身国家地位相符的作用。

1. 与周边国家的国防交流合作

(1) 韩日交流合作

韩日两国作为美国的盟国，共享自由民主和市场经济等基本价值观。两国在此基础上不断提高在多个领域的合作水平，在安全领域，通过双边和多边对话加强合作，以解决北核问题，并确保地区的稳定和平。

两国国防当局从 1994 年起便定期召开国防部长会谈。2009 年 4 月，第 14 次国防部长会谈在日本举行，两国签订了关于运行定期磋商机制、人员与教育交流、共同演习等诸多问题的《韩日国防交流意向书》。

2009 年 6 月，在首尔举行的国防次官（副部长）会谈中，两国讨论了包括扩大人道主义性质联合演习在内的国防交流合作方案。2010 年在新加坡举行的亚洲安全会议（아시아 안보회의，ASS）上，两国国防部长就主要的安全与合作事宜交换了意见。两国还举行国防政策会谈、安全政策对话（外交 + 国防）、国防交流合作工作会议等工作级会谈，拓宽相互理解与合作。

两国积极组织参联会主席和各军种参谋总长等高层人员交流活动，定期进行陆海空各军种的工作会议、部队间交流、士官学校交换访问、军队留学生交流等人员交流活动。最近，两国的交流合作已扩至韩日海上搜救演习（해상 수색 및 구조훈련）、运输机互访、国际维和行动互助等领域。

但是，日本的历史认识问题及其对我固有领土独岛不正当的主权宣誓，仍是两国在发展面向未来的国防交流合作中所必须克服的因素。今后，国防部在巩固此前已与日本达成的军事依赖与纽带关系的同时，还将致力于进一步发展 2008 年 4 月韩日首脑会谈确定的

“面向未来的成熟伙伴”关系。

（2）韩中交流合作

自 1992 年建交以来，韩中关系在政治、经济、社会、文化等多个领域飞跃发展，2008 年 5 月两国关系提升为“战略合作伙伴关系”，国防领域的交流合作也在不断推进之中。

2009 年 3 月中国人民解放军总参谋长访韩，讨论了与我国参联会加强交流合作的方案。2009 年 5 月我国防部长于北韩第 2 次核试验次日访华，与中国的国防部长共同商定就北核问题进行紧密合作。2009 年 4 月、11 月海军参谋总长、陆军参谋部长分别参加了纪念中国海军和空军创建 60 周年的国际活动。2010 年 10 月在越南举行的东盟国防部长扩大会议（아세안 확대 국방장관회의，ADMM-Plus）上，韩中国防部长达成共识，一致认为两国有必要为韩半岛的稳定与和平进行紧密合作。

在工作层面，除了举行国防政策会谈，两国还在分区司令部之间展开交流，如我第 3 军司令部与中国济南军区、我第 2 舰队司令部与中国北海舰队司令部、我第 3 舰队司令部与中国东海舰队司令部之间的交流活动。为纪念上海临时政府成立 90 周年，2009 年 4 月我海军舰艇访问了中国，10 月中国海军“郑和”号（정화함）访问了镇海。此外，两国军体单位、军事教育与研究机构之间的交流也很活跃。

今后，两国国防部将继续扩大符合“战略合作伙伴关系”的交流合作，为韩半岛与东北亚的稳定与和平做出贡献。

（3）韩俄交流合作

2010 年是韩俄建交 20 周年，韩俄关系在多个领域不断发展。2008 年 9 月两国关系提升为“战略合作伙伴关系”，两国在政治、经济、能源和航天技术等领域的合作随之加强。

2009 年我国防部长和陆军大学校长访问了俄罗斯，俄空军司令、太平洋舰队司令和情报总局局长访问了韩国。韩俄空军会议、韩军史编纂研究所与俄军事史研究所的学术研讨会分别在首尔和莫斯科举行。2010 年两国为庆祝建交 20 周年均举行了各种纪念活动。11 月我国防研究所在首尔主办了韩俄国防学术会议，提出了对两国军事交流的评价与展望。今后两国将进一步扩大国防领域的交流合作。

（译者：解放军外国语学院讲师　马会霞）

《北约网络防务政策：保卫网络》[1]

2010 年 12 月 17 日

安全保障会议决定

内阁会议决定

网络防务政策一瞥

·将网络防务考虑纳入北约的体系结构和规划过程，以执行北约集体防务和危机管理的核心任务。

·重点关注对北约及盟国十分关键的网络资产的保护、恢复和防御。

·开发强有力的网络防务能力，集中化保护北约自身的网络。

·提出最低要求，以适用于防卫对北约完成核心任务十分关键的国家网络。

·向盟友提供援助，以实现最低水平的网络防务，并且减少各国关键基础设施的脆弱性。

·与伙伴、国际组织、私营部门和学术界进行接触。

① 原文出自 http：//www. nato. int/nato_ static/assets/pdf/pdf_ 2011_ 09/20111004_ 110914 – policy-cyberdefence. pdf。

一、背景

为何制订北约政策？

新的《北约网络防务政策》为盟国在网络安全问题上作出进一步努力提供了坚实的基础。该文件说明了北约在网络防务上的重点和努力，包括哪些网络需要得到保卫，以及通过何种渠道来进行保卫。

21 世纪的安全环境已发生了巨大改变。我们的现代社会和经济通过计算机的网络、线缆和 IP 地址紧密地连接在一起。随着我们越来越依赖复杂而关键的通信和信息系统，北约必须要调整并提升自己的防务，以便能够直面新出现的挑战。为此，这份修订后的《北约网络防务政策》清楚说明了联盟计划如何加强自己的网络努力。

2010 年的北约《战略概念》突出说明了“进一步发展我们防止、发现、抵御网络攻击……并从中恢复”的必要。无论是在频率还是在精密程度方面，威胁都在快速发展。源自网络的威胁，无论其是来自国家、黑客、犯罪组织，还是来自其他多种来源——都对联盟构成了巨大挑战，因此必须紧急应对。

在这种背景下，各国首脑在 2010 年的里斯本峰会上赋予北大西洋理事会一项任务：修订《北约网络防务政策》。2011 年 3 月，我们首先为北约各国的国防部长们起草了一份《北约关于网络防务的概念》，该文件为修订《北约网络防务政策》提供了概念性基础。然后，我们提出了《政策》，并于 6 月 8 日得到了北约各国国防部长们的批准。与本文件相伴的还有一份执行文件——《行动计划》。该《计划》详细说明了北约自身的体系结构和盟国防务力量的具体任务和活动。

《行动计划》是什么?

《行动计划》是一份仍然在发挥作用的文件，内容不断更新以确保北约始终处于网络空间发展的前沿，并且在应对由网络威胁带来的挑战时保持必要的灵活性。如果说《政策》说明了北约的网络防务“是什么”，那么《行动计划》则详细说明了北约将“如何做”。

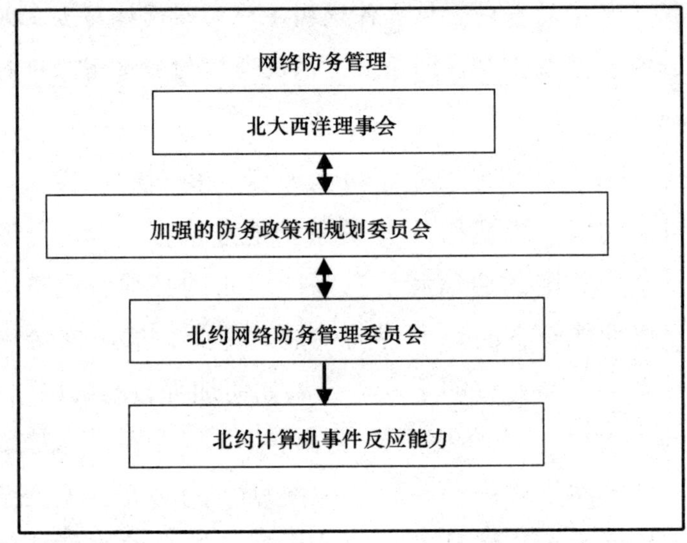

二、政策总览

（一）重心

要执行联盟集体防务和危机管理的核心任务，必须保证其信息系统的完好无损和持续运转。因此，北约的首要重心在于保护自己的通信和信息系统。此外，为了更好地保卫自己的信息系统和网络，北约将提升应对当前面临的各种网络威胁的能力。

（二）目标

北约在网络防务中的作用

《北约网络防务政策》的重心在于保护北约网络。同时，它的重心还在于提出国家网络的网络防务要求，北约高度依赖这些网络来执行自己的核心任务：集体防务和危机管理。

在发生网络攻击时，北约将运用协调一致的网络防务途径。该途径除了反应机制外，还包含了规划和能力开发等方面。为此，北约将在所有的联盟任务中融合网络防务措施，并使之一体化。对网络防务能力开发而言，北约防务规划过程将用于指导网络防务融入国家防务框架。认识到北约需要有安全的基础设施以供自己使用，包括北约各机构和海外任务团在内的北约体系都将被置于集中保护之下。北约还将对那些联接或处理北约信息的国家网络提出最低要求。为此，北约将弄清楚自己对盟国的国家信息系统和网络的关键依赖点在哪里，并与盟国一道提出网络防务的最低要求。北约需要有安全的基础设施供自己使用，因此，盟国确保能够保护并防御本国的关键信息系统和网络十分重要。如果必要，北约将帮助盟国实现最低水平的国家网络防务。

（三）原则

北约的网络防务努力基于这样一些总的原则：预防、恢复和避免重复。考虑到在现实中，尽管采取了所有的努力来进行保护和防御，某些威胁却仍将持续存在，因此预防和恢复就显得尤其重要。

通过提高戒备水平，通过限制扰乱及其后果来减轻风险，我们可以从一开始就防止类似攻击的发生。恢复非常关键，因为它能够在攻击发生后帮助我们迅速复原。

（四）反应

如果发生了针对北约或盟国的网络攻击，北约如何反应？

北约的任何集体防务反应都将取决于北大西洋理事会的决定。北约不会预先作出任何反应，因此在决定采取或不采取哪种行动时，保持灵活性。

正如在《战略概念》中所言，北约将保卫其领土和人民免受各种威胁，包括诸如网络防务等新兴挑战。《北约网络防务政策》重申：任何集体防务反应都取决于北大西洋理事会的决定。在如何对不同类型的包含有网络成分的危机做出反应方面，北约将保持战略模糊性及灵活性。北约还将把网络内容融入自己的危机管理程序之中，该程序将指导北约在大规模的危机或冲突中作何反应。

如果一个或多个盟国受到了网络攻击，北约将提供协调一致的援助。为此，北约将提升盟国间的磋商机制、预警、态势感知和信息共享。为便利这些活动的开展，北约已经在盟国的国家网络防务权威机构和北约网络防务管理委员会之间建立了网络防务谅解备忘录框架。

在北约自身信息基础设施的事件反应方面，北约计算机事件反应能力负责日常事务，并且采取适当的缓解措施。

三、与国际社会接触

网络威胁跨越了国家边界和组织界限。所有人都承受着其脆弱性和危险性。认识到网络空间及其相关威胁具有真正的全球性质，北约和盟国将与伙伴、国际组织、学术界和私营部门一道，取长补短，避免重复劳动。北约将根据共同的价值观和途径来调整自己的国际接触。网络防务领域内的合作可以包括提升戒备和分享最佳实践等活动。

四、实际步骤

第一，对于那些对核心任务十分关键的国家信息系统，北约将提出最低要求。

第二，北约帮助盟国实现最低水平的网络防务，减少国家关键基础设施的脆弱性。

第三，发生网络攻击时，所有盟国也可向某一盟国或联盟提供帮助。

第四，网络防务将被完全纳入北约防务规划过程（NATO Defence Planning Process，NDPP），将通过 NDPP 识别并优化相关的网络防务要求。

第五，北约的军事领导人将进行评估，如何运用网络防务来支持北约核心任务的执行、军事任务的规划和军事行动的进行。

第六，对于非北约成员的出兵国，也要说明网络防务要求。

第七，将采取严格的认证要求，统一采购过程和供应链风险管理要求。

第八，北约将提升预警、态势感知和分析能力。

第九，北约将发展戒备程序，并且在北约演习中进一步开发网络功能。

第十，鼓励北约和盟国从塔林的合作网络防务卓越中心获取专业知识和支持。

（译者：解放军外国语学院副教授　李洪波）

《北约简报：应对新安全挑战》*

新技术把上百万人从贫困中解脱出来，并且几乎改变了所有人的生活。但是，它也为更多的国家和个人提供了对国际社会造成威胁的可能。随着21世纪安全挑战的不断发展，北约也在努力调整，以继续保卫其9亿公民。

虽然对联盟的常规军事侵略不太可能发生，但盟国当前面临的许多挑战都是非常规的，与1949年签订《北大西洋公约》时所设想的完全不一样。这些不断发展的挑战包括大规模杀伤性武器（weapons of mass destruction，WMD）的扩散、导弹攻击威胁、恐怖主义、网络安全、能源安全和海盗行为。这些威胁和挑战有许多都起源于或扩散到世界上最动荡的地区，威胁着全球安全和繁荣。在2010年11月签署的北约新《战略概念》看来，“北约边界之外发生的动荡或冲突可能直接威胁到联盟的安全，包括刺激极端主义、恐怖主义和诸如军火、毒品和贩卖人口等非法活动”。

北约正在努力调整，以应对这些挑战。为了尽可能有效和高效地执行其所有任务，盟国将致力于改革、现代化和转型的持续进程。在相互联系的当今世界中，与伙伴国和其他国际组织日益增加的合作是该进程的重要组成部分。团结起来，我们公民、领土和部队的安全要比单打独斗得到更有效的保护。

---

* 原文出自http：//www.nato.int/ebookshop/briefing/new-security-challenges/new-security-challenges-e.pdf。

一、防止大规模杀伤性武器的扩散

“大规模杀伤性武器（WMD）”这个词涵盖了一系列的威胁，包括化学、生物、放射性和核（chemical，biological，radiological and nuclear，CBRN）武器及其材料和运载工具。技术进展和科学发展前所未有地打开了更有破坏性、更易获得的武器的大门。

正如北约的新《战略概念》所言：“核和其他大规模杀伤性武器及其运载工具的扩散，威胁到了世界安全和繁荣，并可能造成不可估量的后果。下一个10年，在世界最动荡的地区中，扩散问题会最为激烈。”因此，北约的战略重申了联盟的承诺，要进一步发展自己的能力，来防御CBRN武器的扩散，保卫其人民和领土。

在北约早期的峰会上，WMD及其运载工具的扩散，以及国际恐怖主义已经被当做是优先事项，是对国际安全的主要威胁。联盟正在不断努力防止这些武器的扩散，努力保卫盟友免受这些武器的威胁。虽然我们已经取得了重大进展，但仍然存在许多重大挑战。

2009年4月，北约成员国支持采纳了一份名为《防止WMD扩散、防御CRBN威胁的综合战略层级政策》的文件。这份文件承认，联盟当前面临着一系列复杂的安全挑战和威胁，与北约建立之初所面临的全然不同。

该政策重点关注三个领域：防止、保护并且从WMD/CBRN事件中恢复。

防止WMD的扩散。北约评估并支持传统的防扩散措施，这些措施能够劝阻或阻碍从事扩散的国家和恐怖主义网络。

保护免受WMD攻击或发生CBRN事件。联盟必须拥有适当且有效的能力，来应对由于WMD及其运载工具的扩散而带来的风险。要慑止和防御WMD的使用，必须在部队、反应能力和加强的防御之间取得平衡。

从CBRN事件中恢复。如果防止或防御WMD攻击的努力未能取得成功，北约必须做好充分准备，从针对其人民、领土和部队发动的WMD使用的后果中恢复过来。

在联盟的2010年《战略概念》中，建立基于恰当的核和常规能力组合的防御和威慑被认定为北约的核心任务，因此将有助于联盟不可分割的安全。北约必须准备好使用所有可用的方案，来阻止潜在的侵略者使用WMD。

十多年前，北约提出了“大规模杀伤性武器倡议”，综合利用联盟的政治和军事力量来对大规模杀伤性武器（WMD）扩散作出反应。后来，在2000年5月，WMD中心（即现在的WMD不扩散中心）建立起来。该中心隶属于新兴安全挑战部，致力于加强联盟成员国间关于WMD问题的对话和共识，促进对不扩散、军备控制和裁军等问题的磋商，并且支持旨在提升联盟对WMD所造成的风险作出反应的防御努力。

北约还提出并组建了综合性联合CBRN防御特别小组，以执行一系列任务。这支多国防御部队和联合评估小组由每个盟国轮流领导。

在此能力的基础上，2007年7月，在捷克共和国的维斯科夫，我们还组建了联合CBRN防御卓越中心，其核心任务是为联盟提供专业知识以及该领域的训练。

二、发展导弹防御

北约的核心目的是保卫其领土、人民和部队。导弹对盟国安全造成了日益严重的威胁。30多个国家目前拥有或正在获得能够运载常规弹头的弹道导弹，或WMD。虽然这些能力的扩散并不必然意味着它们有对北约国家发动攻击的意图，但它确实意味着联盟应该考虑如何运用导弹防御来最好地保卫自己。

北约的导弹防御工作始于20世纪90年代初期，是对WMD及其运载系统作出的反应。起初的重心是保卫部署的北约军队（战区导弹防御）。

在2008年4月的布加勒斯特峰会上，盟国一致同意，弹道导弹扩散对成员国造成了日益严重的威胁，导弹防御是对此威胁作出更广泛反应的一部分。

联盟正在探索把单个国家的导弹防御努力与北约的一体化磋商和指挥与控制能力相联接的方式。北约还在研究建立综合性导弹防御结构的方案，把防御范围延伸至北约的欧洲人民、领土和部队。

北约在做什么？

在2010年11月的里斯本峰会上，北约领导人决定为北约的欧洲成员打造导弹防御能力，以保卫其人民和领土。

北约正在进行三种与导弹防御相关的活动：

1. 主动分层战区弹道导弹防御（Active Layered Theatre Ballistic Missile Defence，ALTBMD）。2010年初，北约获得了第一阶段保卫联盟部队免受导弹威胁的初期能力。一旦完成，ALTBMD系统能够保卫北约部队不受短程和中程弹道导弹威胁。如果扩展，ALTBMD能够向未来的北约导弹防御能力提供技术支持，为保护北约人口和领土免受导弹攻击提供援助。

2. 用于保卫北约领土的导弹防御。2002年布拉格峰会之后，我们启动了一项可行性研究，对多项保护联盟部队、领土和人民免受所有导弹威胁的方案进行测试。该研究认为，导弹防御从技术上说是可行的。2006 年 4 月，测试结果得到了北约国家军备局长会议的认可。对未来北约导弹防御能力的执行的讨论尚在进行中，首批结果将会在 2011 年产生，所有的能力将在下个十年末期形成。

3. 与俄罗斯的导弹防御合作。2003 年，在北约—俄罗斯理事会和战区导弹防御特设工作小组的支持下，我们进行了一项联合研究，以评估在北约盟国和俄罗斯的战区导弹防御（Theatre Missile Defence，TMD）系统间能够实现何种程度的互操作性。与该研究一道进行的，还有几次计算机辅助演习，以开发北约和俄罗斯之间联合 TMD 行动的机制和程序。在 2010 年的北约—俄罗斯里斯峰会上，俄罗斯总统梅德韦杰夫接受了北约的邀请，将合作领域扩大到领土导弹防御。我们还在进行一项联合分析，分析未来更广泛的导弹防御合作的框架。2011 年，我们将对这项分析进行评估。

战区导弹防御（TMD）大事记

·2001 年 5 月，启动了两项同时进行的可行性研究，研究联盟未来的 TMD 系统。

·2004 年 6 月，在伊斯坦布尔峰会上，盟国领导人同意应继续推进 TMD 工作。

·2006 年 9 月，签署了第一项开发系统测试平台的重大合同。

·2008 年 2 月，测试平台比预定计划提前 9 个月启动并宣布完全可以使用。当年，测试工作一直进行，为未来的导弹采购扫清了道路。

·2010 年 3 月，中期能力第一步启动。北约签署了第二阶段的中期能力合同，意味着战区导弹防御可以进行实时防御战斗。

·2010 年 6 月，北约防长一致同意，开发扩展的 TMD 计划会成为联盟未来任何可能的导弹防御能力的骨干支撑。

·2010 年 12 月，中期能力第二步的所有组件实现成功连接，通过了“集体”测试，并移交给北约的军事指挥官。

领土导弹防御大事记

·2002 年 11 月，在布拉格峰会上，盟国领导人指示启动一项导弹防御可行性研究。

·2006 年 4 月，该研究认为，从研究本身的限制和设想来看，导弹防御在技术上是可行的。

·2007 年，完成 2004 年联盟对导弹威胁发展评估的升级版。

·2008 年 4 月，在布加勒斯特峰会上，盟国领导人一致同意，计划部署于欧洲的美国导弹防御资产应成为未来北约范围内任何导弹防御结构的不可分割的一部分。他们还呼吁建立更多的综合性导弹防御结构方案，将保护范围扩大到未受到美国系统保护的盟国领土。

·2008 年 12 月，综合性导弹防御结构的方案提交至北约国家军备局长会议。

·2009 年 4 月，斯特拉斯伯格/科尔峰会不仅要求北大西洋理事会提出未来结构的建议，供下一次峰会讨论，还要求其指出并实施与拓展 ALTBMD 计划相关的工作。

2009 年 9 月，美国宣布“阶段性适应途径”计划。

2010 年 11 月，参加里斯本峰会的国家和政府首脑决定开发用于保护北约所有欧洲人口、领土和部队的导弹防御能力，并且邀请俄罗斯通过将其导弹防御系统与北约系统相连的方式进行合作。

三、与恐怖主义作战

自 2001 年纽约和华盛顿发生恐怖袭击后，对恐怖主义的作战就在北约和更广泛国际社会的日程上居于前列。正

> 如新《战略概念》所言，“恐怖主义对北约国家的公民构成了直接的威胁……极端组织继续向对联盟具有战略重要性的地区扩散或已经存在，现代技术也增加了恐怖主义袭击的威胁和潜在影响”。

恐怖主义的多面性要求北约采取一系列的行动——政治、作战、观念、军事、技术、科学和经济——来应对威胁。然而，北约的独特力量仍在于它是个就安全相关问题进行磋商的论坛。由于恐怖主义被认为是联盟工作的核心部分，北约一直寻求在它的成员和伙伴之间，进一步加强关于恐怖主义的经常性对话和合作。盟友也在共同开发能力和技术来侦测和防御国际恐怖主义，包括通过改进的威胁分析，以及帮助训练当地部队来让他们自己与恐怖主义作战。

（一）北约在做什么？

“9·11”袭击后不久，北约就启动了“积极进取行动”（Operation Active Endeavour，OAE）。这是它首次依据第 5 条款（联盟的“集体防御”条款）所采取的行动。OAE 是北约领导的一项海上侦察行动，含有反恐的成分。随着北约这些年来不断精炼自己的反恐作用，它一直在经常性地审视该行动的授权，行动的优势也得到了扩大。北约部队监控了 10 万多艘商船，并且登临检查了约 155 艘嫌疑船只。北约在这些水域的存在提升了安全，使所有经过该水域的船运都从中获益。

2003 年 8 月以来，北约领导了“国际安全援助部队”（International Security Assistance Force，ISAF）的行动，该行动正在帮助阿富汗伊斯兰共和国扩大自己的权威，并且在一个易于孳生恐怖主义活动的地区实现安全。ISAF 的省级重建队正在帮助北约兑现支持阿富汗重建和发展的承诺。这些小组由民事和军事人员构成，他们共同提供安全，并且支持由其他国家或国际行为体从事的重建工作。ISAF是北约迄今为止采取的最大行动，也是联盟最优先考虑的行动。此外，许多盟国还派遣部队参加了“持久自由行动”。是由美国领导的军事反恐行动目前仍在阿富汗进行这项行动。

大约15年前，北约首次向巴尔干地区派遣了一支维和部队。目前，北约的维和努力继续帮助创造必要的条件，以限制该地区可能的恐怖活动。这些援助包括为制止人员、军火和毒品的非法流动提供支持，上述物品为部分恐怖组织提供了重要的资金来源。北约部队还与地区内政权就边界安全问题进行了合作。

根据北约的《防御恐怖主义工作计划》，在其他盟国的支持和贡献下，每个盟友国家都在领导一些开发先进技术的项目，以满足最急迫的安全需求。该计划拥有10个工作领域，由北约的国家军备局长会议提出，并在2004年伊斯坦布尔峰会上得到批准。

在情报方面，2003年底，在北约安全办公室下设立了恐怖威胁情报组。该机构现已成为常设机构，负责分析和评估总体的恐怖威胁，并针对联盟的威胁，向联盟的决策机构提供关键的信息。

（二）国家援助

2001年以来，“民事应急规划”的活动重心在于，如果发生了可能使用化生放核物质对人口和重要基础的攻击时，如何采取措施来提升国家能力。北约提出了一份谅解备忘录，目的是要加快并简化国际援助的跨边界运输和海关申报，以便在需要时尽可能迅速地抵达受影响地区。

在成员国提出要求的情况下，北约还向一些在盟国举办的重大公共活动提供了安全援助，例如雅典奥运会。在这些活动中，除北约的多国化生放核（CBRN）防御营外，还可以部署空中预警和控制飞机（称为AWACS）。

四、加强网络安全

从总体上来说保卫北约的关键信息系统，尤其是网络防御系统，是联盟职能不可分割的部分。北约和其成员的系统正承受着经常性的攻击。

自爱沙尼亚于2007年4月和5月经历了一系列重大的网络攻击后，北约重新检视了自己的网络防御系统，并在2007年10月向部长们提交了一份报告。在此之前，北约的网络防御努力主要集中在保护联盟拥有或使用的通信系统。而爱沙尼亚的攻击事件主要针对公共服务系统并且通过因特网实施，因此，事件发生后北约将重心扩大到了帮助加强每个联盟国家的网络安全。此后，北约一直在持续开发并且提高对自己的通信和信息系统的保护，以免遭受攻击或非法进入。

在2010年的里斯本峰会上，北约将网络安全列在了未来数年内必须要应对的新安全挑战的最前沿。在北约的新《战略概念》看来，“网络攻击越来越频繁，越来越组织化，造成的破坏也越来越严重，因此它们对政府管理、商业、经济，可能还有运输和供应网络以及其他关键的基础设施都造成了严重影响。这些攻击还可能威胁各国和欧洲—大西洋地区的繁荣、安全和稳定”。新《战略概念》和《2010年里斯本峰会宣言》都清楚地说明了网络攻击正在快速发展，其精密程度也在日益增长，因此保卫盟友的信息和通信系统已经成为北约的紧迫任务，并且其未来的安全也有赖于此。里斯本峰会还对网络防御发出了进一步的政治指示和任务，要求对目前的政策进行深入检讨。2011 年 3 月，在国防部长会议上，终于达成了一份新的《网络防务概念》，将保卫北约自己的网络界定为联盟网络防御的根本职责。

北约在做什么？

联盟认识到，自己的计算机系统是关键的基础设施，因此采取了许多措施来予以保护。2008 年 1 月，成员国批准了一项网络防御政策。该政策建立了一些基本原则，并且向北约的民事和军事机构，以及联盟成员国提供指令，确保能够对攻击做出协调一致的反应。里斯本峰会后，北约开始策划新的网络防御政策和行动计划。

北约还将运用自己的防御规划程序，来促进盟国的网络防御能力开发，在得到请求时向每个盟国提供帮助，并且优化信息共享、协作和互通性。

2002 年中期通过的分三阶段实施的《网络防务计划》，制定了提高联盟网络防御能力的计划。在 2002 年的布拉格峰会上，作为该计划的第一阶段，北约领导人们为该组织的“计算机事件反应能力”（Computer Incident Response Capability，NCIRC）扫清了障碍。到 2012 年，该计划将完全投入使用，标志着第二阶段的完成。第三阶段指明了消除或减缓未来攻击的进一步要求。第二和第三阶段目前正在同步进行。

在对联盟的网络侵略作出反应时，NCRIC 起着十分关键的作用，为以下工作提供了一种手段：处理并报告事件，将与事件相关的重要信息分发给系统/安全管理和用户。

2008 年，位于爱沙尼亚塔林的合作网络防御卓越中心被提升为北约的卓越中心，主要从事网络防御方面的研究和训练。

一组网络数据

·五角大楼的计算机系统每小时被探测25万次，每天最多达600万次。（美国网络司令部，2010年）

·2010年9月，政府/公共部门是最受恶意软件袭击的行业，每35.8个被拦截的邮件中就有1个是恶意邮件。（Symantec，2010年9月）

·在过去一年中，超过半数的中等规模公司发生了安全事件。大约40%遭遇了数据泄露事件。有75%的公司认为，严重的数据泄露可能会使其停业。（McAfee，2010年10月）

·“Stuxnet”是第一种已知病毒，其目的是破坏而不仅是单纯扰乱诸如发电站、水厂和工业单位等现实世界的基础设施。（BBC，2010年9月）

·北约每天要应对几百起恶意网络事件。（北约，2010年）

五、加强能源安全

在过去几年中，国际趋势和一些国际纠纷进一步加剧了联盟对能源安全的关注。冷战期间，就北约而言，能源安全指保证对盟国部队的燃油供应。为此，北约建立了管道系统。虽然管道系统仍然在使用之中，随着全球政治和战略现实的改变，能源安全的概念也在发生变化。关于北约在此领域中的作用的讨论仍在进行中，重点在于保护关键的基础设施和中转通道。

北约领导人认识到，重要资源流动的中断会对联盟的安全利益产生巨大的负面影响。在新《战略概念》中，盟国一致认为，所有国家正日益依赖于关键的通信、运输和中转通道，而这些通道又是国际贸易、能源安全和繁荣所依赖的。因此，国际社会需要作出更大努力，来确保这些通道在遭受攻击或中断后能够迅速恢复。

联盟还认识到，日益增长的能源需求，以及包括卫生风险、气候变化和水安全等在内的环境和资源限制，将进一步塑造联盟关注领域未来的安全环境，这有可能会极大地影响到北约的规划和行动。北约正与伙伴一道努力开发能力，以便为能源安全作出贡献，在2008年的布加勒斯特峰会上，北约就这些能力达成了一致，主要集中在5个关键领域。

这些领域包括：

第一，信息和情报的融合及共享；

第二，投射稳定；

第三，促进国际和地区合作；

第四，支援后果管理；

第五，支持对关键基础设施的防护。

在2011年12月以及下一次峰会上，将会提出在能源安全领域取得进展的报告。

北约在做什么？

联盟拥有一些能用于能源安全的特质，尤其是磋商、情报共享和规划能力。北约还在集合一些来自盟国和伙伴国的专家，来讨论广泛的能源安全问题，交流在保护关键基础设施方面的最佳实践。

北约的行动，尤其是海上行动，能够防止或遏止可能会影响到能源安全的敌对行为。自2001年实施“积极进取行动”以来，北约领导的海军部队一直在地中海地区维持关键资源通道的安全。西欧地区每年消耗的石油和天然气大约有65%通过地中海运入。如果这些中转通道被阻断，会对民事和军事部门造成重大的问题。

北约通过欧洲—大西洋伙伴委员会、地中海对话和伊斯坦布尔合作倡议与伙伴们保持合作。这些平台将能源生产者、中转国家和能源消费者召集在一起，就共同关心的问题展开对话。

北约的和平与安全科学（Science for Peace and Security，SPS）计划还在举行一些研讨班，把国际决策者和专家聚集到一起，共同探讨欧洲—大西洋地区的能源安全和供应问题。此外，SPS 计划还倡导了一项为期数年的计划，旨在与伙伴们一道在撒哈拉及南高加索地区开发出最新技术。

六、加强反海盗行动

这是一种如同历史般悠久的犯罪，但是发生在亚丁湾和非洲之角洋面的现代海盗事件近年来层出不穷。正危及非洲的人道主义努力，威胁关键的商业海上通道和航海的安全。北约正在通过在该地区进行在海上反海盗行动来增加安全。

北约在做什么

根据联合国2008 年底的一项要求，北约展开了“联合提供者行动”，为通过非洲之角的联合国世界粮食计划署的船只提供护航。2009 年，该行动被“联合保护者行动”取代。当年 8 月，该行动又被改为“海洋盾牌行动”（Operation Ocean Shield，OOS）。目前，由 OOS 指挥的军舰负责在该地区水域内巡航，并为进出索马里摩加迪沙的联合国供应船只护航。OOS 还为地区内的国家提供海上发展训练，以帮助他们建立自己的抗海盗能力。

虽然北约的反海盗行动主要在非洲之角和亚丁湾展开，联盟在地中海地区也发挥着重要的作用。自2001年以来，北约领导的海上侦察行动“积极进取行动”（OAE），就一直在监视通行该区域的船只。OAE的重要任务之一是反恐怖主义巡航，但在地中海地区为船只护航和符合规定的登临也是其重要任务。

七、与伙伴共同努力

对北约而言，继续加强与其他国际组织的合作，对新安全挑战作出最有效的反应十分重要。联盟和其他行为体都能从磋商、经验交流和合作中获益。

（一）国际组织

美国发生“9·11”恐怖袭击后，联合国安理会通过了第1373号决议，依据该决议成立了“联合国反恐怖主义委员会”。北约不仅对委员会的工作做出了积极贡献，而且还参加了由其召集各相关国际、地区和次地区组织出席的特别会议。联盟和联合国在各自的委员会中，相互就反恐领域内取得的进展进行了通报。北约还承诺要支持联合国的全球反恐怖主义战略。

20世纪90年代，北约和欧盟共同采取措施，在防御事务上促进欧洲承担更大责任。2001年，双方关系在此基础上实现了制度化。北约和欧盟都致力于抗击恐怖主义和WMD扩散。双方已在保护平民免受CBRN攻击的活动方面交换了信息，并在民事应急规划领域展开了磋商。

联盟还与欧安组织合作。近年来，双方对话已扩展至恐怖主义和其他新安全威胁等问题，今天这些问题已成为双方最优先考虑的议题。欧安组织2003年12月通过的应对《21世纪的安全和稳定威胁战略》，重申了在一个不断变化的环境中与其他组织和机构互动的必要，以利用彼此的资产和力量。

（二）伙伴国家

联盟还在与伙伴国家展开前所未有的合作。根据《理事会网络防御合作指南》，北约正在与伙伴国和其他国际组织就此问题展开实际合作。通过利用现有的合作和伙伴关系，联盟可以对合作进行调整，以满足个别伙伴和国际组织的需求和利益，并使之与现有资源相适应。

在2002年5月创建北约—俄罗斯理事会（NATO-Russia Council，NRC）的动力之一是与恐怖主义作战。并肩与恐怖主义作战仍然是北约与俄罗斯对话的关键内容，也是NRC实际合作活动的重心。联盟和俄罗斯还在就战区导弹防御和不扩散问题进行积极讨论。

在实际运作中，北约每年组织一次包括非成员国在内的不扩散研讨会。2010年，该活动在捷克共和国的布拉格召开，来自北约和伙伴国家、以及许多国际组织和学术机构的120多名高级官员参加了会议。在不扩散领域，这次研讨会非常特别，因为它为大家就所有类型的WMD威胁及其政治和外交反应展开非正式讨论提供了平台。

和平与安全科学计划旨在促进北约和伙伴国家的科学家之间的合作，指明了反恐合作的关键领域：快速发现并且实际保护CBRN制剂及武器；医学反制措施；CBRN制剂的去污和摧毁；网络安全；食品安全；以及经济恐怖主义反制措施。

此外，北约及其伙伴还在依据《反恐怖主义伙伴行动计划》（Partnership Action Plan against Terrorism，PAP-T）共同努力，包括在保卫空间领域和交换数据安全方面的合作。依据PAT-T，组建了三个工作小组，来应对保障能源基础设施安全、保障边境安全和恐怖主义的金融问题。

在2004年伊斯坦布尔峰会上，北约启动了《伊斯坦布尔合作倡议》，将泛中东地区的国家都包括在内，扩大了北约的伙伴网络，以便通过政治对话和实际合作为反恐斗争提供便利。位于土耳其安卡拉的防御恐怖主义卓越中心已与50多个国家和40多个组织建立起了联系，以提高国际社会与恐怖主义作战的经验。

（译者：解放军外国语学院副教授　李洪波）

《北约简报：反击恐怖主义》*

自2001年9月纽约和华盛顿发生恐怖袭击以来，打击恐怖主义一直是北约以及更广泛的国际社会议事日程的重心。此后发生在联盟以及世界各地的袭击事件表明了恐怖主义威胁的全球性，即无边界、无国籍、无宗教之分。正如联盟2010年《战略概念》所指出的那样，应对恐怖主义威胁仍是北约的优先要务之一。只有通过联盟以及伙伴国之间的多边行动、协调和磋商才能有效应对这一挑战。

联盟在“9·11”袭击事件发生后采取的措施为北约目前正在努力实现的广泛倡议奠定了基础（包括政治、行动、理念、军事、技术、科学和经济等方面），以应对恐怖主义多面威胁及相关的安全挑战。

联盟主要从下列几个方面协助国际反恐：

第一，北约拥有自主的军事和民事能力，有助于反恐和防恐，并对袭击事件进行事后管理。联盟也可协作开发探测和预防恐怖主义的能力和技术，包括增强威胁分析。

第二，北约的独有能力确保其在跨大西洋安全相关事务磋商论坛中的作用。鉴于恐怖主义已成为联盟的核心要务，北约已加强了

* 原文出自 http://www.nato.int/ebookshop/briefing/countering_terrorism/EN.pdf。

磋商和情报共享，主要涉及恐怖主义和相关问题，加强训练以及专业知识等。

第三，北约已同欧洲—大西洋地区、地中海和海湾地区的非成员国建立了结构化的伙伴关系网络，同时与全球的其他伙伴国建立联系。打击和预防恐怖主义威胁已成为伙伴国之间对话和实际合作中的重点。

恐怖主义在适应新技术和安全环境变化的过程中也在继续演变。21 世纪新兴的安全挑战（包括网络防务、能源安全和扩散）具有不可预料和跨领域等特性，再考虑到恐怖分子学习和改变策略的能力，因而需要灵活应对。

一、“9·11”袭击事件的影响

美国遭受袭击后，联盟历史上首次启用了《华盛顿条约》第 5 条。这是一项集体防御条款，规定针对联盟内一个或多个国家的武装袭击须视为针对所有联盟。

随后在地中海发起了海上反恐监视行动，即“积极进取行动”。联盟还同意采取一揽子措施支持美国，包括 2001 年 10 月中旬至 2002 年 5 月中旬在美国部署北约空中预警和控制飞机（Airborne Early Warning and Control Aircraft，AWACS），保卫美国本土，这样美国资产才能够腾出手来投入到阿富汗战争。

部分联盟国家还参与了美国领导的“持久自由行动”，这是在阿富汗发动的一场反恐行动，旨在推翻庇护“基地”组织的塔利班政权，而“9·11”袭击事件正是由“基地”组织发起的。塔利班政权倒台后，人们担心阿富汗安全部队自身不足以保持国内稳定。2001 年 12 月，波恩国际会议后，联合国安理会批准部署国际安全援助部队（International Security Assistance Force，ISAF）协助阿富汗新政府建立并训练安全部队，确保国内安全环境。起初，ISAF 既不是北约也不是联合国部队，而是由自愿国家组成的联合部队，轮流由某个联盟国家领导。

2002 年 5 月，北约外长在雷克雅未克通过了一项标志性的决议，宣布联盟将在必要的时间和地点采取行动打击恐怖主义。该决议有效地结束了有关北约行动区构成的争论，为北约 2003 年 8 月对 ISAF 实施战略指挥、控制和协调铺平了道路。

但是，“9·11”事件对北约的影响还不止于行动本身。2002 年布拉格峰会上，联盟领导人表示决心要防卫和保护人民、领土和部队免遭包括恐怖袭击在内的外部武装袭击。他们采取了一揽子措施，旨在让北约能够应对恐怖主义挑战，包括制定预防恐怖主义的军事理念，《反恐怖主义伙伴行动计划》、核生化防御倡议、保护平民、导弹防御、网络防御、国际组织合作以及加强情报共享。此外，联盟还决定建立一支快速部署部队（北约快速反应部队），理顺军事指挥结构，让北约军事力量能够更好地应对包括恐怖主义在内的新挑战。

布拉格峰会后数年来的历次峰会中，联盟领导人强调了打击恐怖主义的重要性。就在最近，2010 年 11 月的里斯本峰会上，他们为联盟采纳了新的《战略概念》，将恐怖主义确定为对北约国家公民安全、国际稳定与繁荣的直接威胁，要求联盟增强探测和预防国际恐怖主义的能力。

随着技术、专业知识和安全威胁的不断变化，北约也在不断调整，以实施遏止、防御、干扰和保护。2010 年 8 月在北约总部设立新兴安全挑战部就反映出了这一进步，也反映出了恐怖主义经常同其他新兴安全挑战相互关联这一事实。联盟首次在非传统领域展开系统性协作，未来几年，此举将日益影响到大西洋两岸联盟的安全。

二、采取行动、开发能力

从军事行动，到增强地方准备工作，再到开发技术和能力，北约正在采取行动探测和预防国际恐怖主义。

（一）地中海巡逻

“9·11”事件之后，北约海军部队在地中海的海上监视行动仍在进行。“积极进取行动”旨在通过监控、巡逻、护卫和登船等举措探测、遏止和预防地中海的恐怖活动。

由于 10 年来联盟修订了其反恐职责，对行动的权限也进行了定期评估，其管理范围也有所延伸。北约部队监控了超过 10 万艘商船，并对 155 艘可疑船只进行登临检查。北约在该海域的力量存在增强了安全，经由该地区的所有船只因此而获益。

（二）阿富汗维稳

由联合国授权、北约领导的阿富汗国际安全援助部队（ISAF）仍是联盟实施的最大行动，也是第一行动要务。尽管该行动在本质上并不是反恐行动，但联盟及在阿富汗的伙伴国旨在防止该国再度成为恐怖分子的避难所。

ISAF 代表着北约决心要帮助阿富汗人民建立稳定、安全、民主、免遭恐怖主义威胁的国家。此外，多个北约国家派遣部队参与“持久自由行动”，这场美国领导的军事反恐行动仍在进行之中，大部分活动是在阿富汗。为实施该任务，ISAF 同阿富汗国家安全部队一同发起了以人民为中心的反暴乱行动。ISAF 还协助政府实施安全领域改革，包括向阿富汗国民军和警察提供指导、训练和作战行动支持。

2011 年春季开始了过渡进程，主要的安全职责逐渐交给阿富汗政府。预计到 2014 年末，阿富汗当局将能够掌控整个国家，届时 ISAF 将更多地起到赋能和支持的作用。针对警察和军方人员的特殊训练课程已在开展，有益于保证过渡的顺利完成。训练的重要内容就是打造阿富汗部队能力，以应对暴乱分子的恐怖策略，如使用简易爆炸装置。

由地方和军方人员组成的省级重建队也通力合作保证安全，支援其他国内和国际机构实施的重建工程。众所周知，没有发展，便没有安全。

（三）保障大型公共活动安全

北约还向联盟国家举行的、可能吸引恐怖分子注意力的大型公共活动提供安保支援。应成员国要求，北约可部署预警机或北约多国核生化营分队等力量。如此一来，联盟就可支援高曝光度活动，如北约峰会和部长会议，以及雅典奥运会等体育赛事。

（四）恐怖袭击事后管理

事后管理涉及的各种反应措施旨在减轻恐怖袭击、事件和自然灾害的破坏效果。这主要是各个国家自己的责任。然而，北约在多个方面支援各国行动，尤其是协调应对袭击事件的计划和准备。

当今世界相互关联日益紧密，因而变得更易遭受攻击：全球社会更加公开，技术系统更加复杂，对电子信息和通信系统、复杂的食品生产与运输系统、相互连接日益稠密的交通网络和进口碳燃料的依赖性进一步增强。

在所有时间保护所有资产是不可能做到的，这明显暴露出恐怖分子可利用的弱点。网络恐怖主义对重大基础设施的威胁逐渐引起人们关注。因此，有效预防恐怖主义和非传统挑战不仅需要重视防御和遏止，还要关注预防和恢复，帮助社会迅速从袭击事件中恢复过来。

1. 保护人民和基础设施

2002 年布拉格峰会上采纳了《民事应急规划行动计划》，保护人民免受大规模杀伤性武器的影响。此外，同年还启动了一个项目，即在化生放核（CBRN）事件的计划、训练、程序和设备等方面针对第一反应者制定非约束性指南和最低标准。成员国和伙伴国可根据这些指南，加强保护人民免遭此类危险的准备工作，同时加强各国间的协作能力。

北约公共健康与食品/水小组已制定出发生 CBRN 袭击后针对伤员的救治条款。此外，联盟还确定了医疗撤运能力的协调机制以及向其他国家分配和运送受害者的机制。

为了增强灵活性，北约还制定了一份谅解备忘录，旨在加快和简化国际援助在必要时尽快抵达受害地点的跨境运输和通关程序。例如，在应对 CBRN 事件时，该机制即可提供协助。

向公众及时提供信息也是事后管理的重要方面。北约针对该领域为各国制定了指南，确保协调提供预警。

2. 欧洲—大西洋灾难反应协调中心

盟国已设立了一套国家民事和军事能力机制，可对遭受 CBRN 恐怖袭击的国家提供援助（包括成员国和伙伴国）。该机制由欧洲—大西洋灾难反应协调中心（Euro-Atlantic Disaster Response Coordination Centre，EADRCC）负责。

EADRCC 成立于 1998 年，旨在针对自然和人为灾难协调盟国和伙伴国的反应。2001 年后，它又多了一项协调职责，即针对涉及 CBRN 制剂的潜在恐怖行为作出反应。该中心有一项固定职责，就是在某国发生此类恐怖袭击事件后应该国提出的援助要求作出反应，并组织大型国际实地演练，在模拟灾难情景下练习事后管理反应。

3. 北约危机管理体系

北约危机管理体系提供一套预先确定的结构化的政治、军事和民事措施，供各国和北约在应对各种危机场景时使用。该体系可向盟国提供一套适当管理和应对危机的综合性方案和措施。它确定了民事应急规划委员会、各计划小组以及 EADRCC 的职责，同时确定了发生危机时利用民事专家协助。

为支援北约的工作，已建立了一个由 380 名民事专家组成的网络，这些民事专家来自整个欧洲—大西洋地区，在频繁需要的各种特殊领域有着专长。这些专长涵盖了与北约计划和行动相关的所有民事内容，包括危机管理、事后管理和重大基础设施保护。专家来自政府部门和业界。他们参与训练和演练，根据民事应急规划危机管理安排这样的特定程序对援助请求作出反应。

（五）开发新技术

北约通过大西洋两岸的制度网络，支援专门针对恐怖主义威胁的能力和创新技术的开发，其目的是保护部队、平民和重大基础设施免遭恐怖袭击，如使用简易爆炸装置的自杀式袭击、针对飞机的火箭筒袭击、网络攻击和潜在的大规模杀伤性武器的使用。

1. 《防御恐怖主义工作计划》

《防御恐怖主义（Defence Against Terrorism，DAT）工作计划》

于2004 年5 月开发，后来在2004 年6 月的伊斯坦布尔峰会上，被批准纳入旨在加强联盟反恐作战的强化措施体系。

《DAT 工作计划》主要关注减轻恐怖袭击影响的技术方案。该计划下开展的大部分项目都关注能够在短期内使用的方案。项目由某个北约国家牵头，其他成员国（有时还包括伙伴国）、北约机构和其他利益相关方则提供支援和协助。

该计划的工作内容主要涉及以下 10 个重要的技术领域：

第一，减少民用和军事宽体飞机对个人携带的“肩扛发射”导弹的易受攻击性；

第二，运用传感网络、电光侦测器、快速反应能力和无人操纵水下船只保护港口和舰船；

第三，减少直升飞机对于火箭推进榴弹的易受攻击性；

第四，通过发现、干扰和拆除，来反击诸如汽车或路边炸弹等简易爆炸装置；

第五，发现并保护免受化学、生物、放射或核（CBRN）武器袭击；

第六，促进情报、侦察、侦测和目标获取技术；

第七，提高北约在爆炸物处理和管理爆炸后果等方面的技术和程序能力；

第八，发展防御迫击炮攻击的技术；

第九，保护关键的基础设施；

第十，开发非致命性能力。

2. 应对化生放核威胁

大规模杀伤性武器（weapons of mass destruction，WMD）及其投送手段的扩散，以及被恐怖分子掌握的可能性，是对联盟及其 9 亿人民的主要威胁。因此，北约高度重视防止 WMD 扩散，预防化生放核（CBRN）威胁和危害。2010 年《战略概念》特别强调需要进一步发展北约防止CBRN武器威胁的能力。

2002年的布拉格峰会上设立了北约多国CBRN防御工作组（包括1个CBRN预防营和1个联合CBRN评估小组）。该工作组负责在北约责任区内外针对使用CBRN制剂作出反应并进行事后管理。它定期参加北约快速反应部队轮换，也可受命执行其他任务。此外，正在努力发展能够探测袭击中所使用的化学和生物制剂的能力，并提供适当的预警。

北约认可的联合预防CBRN卓越中心（位于捷克共和国）和防御恐怖主义卓越中心（位于土耳其）也有助于这些工作。

三、磋商、情报共享和训练

政治措施和合作一直是联盟顺利开展工作的关键。10年来，北约一直在加强有关恐怖主义及相关问题的磋商。信息共享，更确切地说，情报共享是该类交流的重要方面。

（一）北约磋商与协调

联盟首要的政治决策机构北大西洋理事会决定北约打击恐怖主义的总体职责。应对恐怖主义是该理事会每周讨论的固定议事日程。

北约通过专门的机构和委员会参与各项具体工作。

（二）情报共享

2002年布拉格峰会上确定加强情报共享为联盟内合作的重要方面。2003年底在北约安全办公室下设立恐怖威胁情报组（Terrorist Threat Intelligence Unit，TTIU），代替“9·11”袭击事件发生后设立的临时办公室。随后的7年中，TTIU作为北约的一个联合机构行使职能，由来自地方和军方情报机构的官员组成，其主要任务是向北约及其成员国提供恐怖主义挑战、风险和威胁评估。为此，TTIU不仅和盟国情报机构及国内恐怖主义协调中心建立了一套有效的联络机制，还和伙伴国共享涉恐信息。

根据2004年伊斯坦布尔峰会上达成的有关评估北约总部情报结构的决定，和伙伴国之间的联系得到了加强。据此，在位于比利时蒙斯的欧洲盟军最高司令部设立了新的情报联络室，在布鲁塞尔北约总部设立了情报联络组。

北约总部2010—2011年进行了全面情报改革，在此框架下，TTIU的职能被新成立的情报组接管。这一变革进一步加强了针对恐怖主义及其和其他跨国威胁间联系的分析手段。当前的机制进一步加深了北约地方和军方情报机构间的合作，同时保留了先前建立的和伙伴国进行情报共享的机制。

（三）训练和教育

北约在反恐领域向盟国和伙伴国提供广泛的训练和教育机会。它可以利用一个广泛的网络，包括德国奥伯阿默高的北约学校、意大利罗马的北约防务学院以及支援北约指挥结构的各卓越中心。

目前有19个卓越中心，其中16个得到北约的完全认可。部分中心之间建有反恐联系，尤其是安卡拉的防御恐怖主义卓越中心和马德里的反简易爆炸装置中心。

防御恐怖主义卓越中心成为涉及恐怖主义预防问题的国际对话和讨论的平台和媒介。该中心同50多个国家和40多个组织建有联系，提供涉及恐怖主义的专业知识。

四、伙伴关系网

20世纪90年代以来，北约同伙伴国和其他国际组织建立了伙伴关系网。联盟正在采取措施让伙伴政策更具包容性、更加灵活、更富有意义、更具战略导向。2011年，联盟外长在柏林批准了新政策，打击恐怖主义成为对话、磋商和合作的优先领域之一。

（一）欧洲—大西洋伙伴国

在欧洲—大西洋地区，联盟通过拥有50个成员的欧洲—大西洋伙伴关系理事会以及和平伙伴关系（同某个欧洲—大西洋伙伴国进行的双边合作计划），同非成员国保持联系。在这些伙伴国中，北约同俄罗斯、乌克兰和格鲁吉亚之间的关系有着特殊的组织结构。许多北约的欧洲—大西洋伙伴国积极支援北约行动，包括“积极进取行动”和阿富汗维稳行动。

“9·11”袭击事件后的第二天，欧洲—大西洋伙伴关系理事会即开会表示支持美国人民，并保证会采取一切措施来打击恐怖主义。

2002年布拉格会议后，北约开始通过《反恐怖主义伙伴行动计划》（Partnership Action Plan against Terrorism，PAP-T）让欧洲—大西洋伙伴国参与打击恐怖主义。

根据联盟和伙伴国的共同目标，通过共同努力，《行动计划》一直在发展和扩展。该计划确定了伙伴国的责任以及打击恐怖主义和事后管理的手段。例如，北约和伙伴国协作增强空域安全，包括通过涉及可能的恐怖威胁处理的数据交换和协调程序。根据PAP-T，已成立 3 个非正式工作组，负责能源基础设施安全、边境安全，以及恐怖主义金融事项和破坏恐怖组织的资金来源。欧洲—大西洋伙伴关系理事会的所有国家均参加了 PAP-T。该计划还对北约的地中海对话和伊斯坦布尔合作倡议伙伴国开放，同时也依据个案处理的原则对相关国家开放。

（二）俄罗斯

打击恐怖主义是 2002 年 5 月成立北约—俄罗斯理事会（NATO-Russia Council，NRC）的主要动因，也是联盟同俄罗斯的对话和实际合作的重心。俄罗斯发生几起恐怖袭击事件后，2004 年 12 月举行的 NRC 外长会议上启动了一项综合性行动计划，规定了合作领域，并定期对其进行评估。2011 年 4 月对行动计划进行了更新，在 3 个重要领域加强了单独和联合行动的能力：防止恐怖主义、打击恐怖主义活动以及恐怖行为事后管理。

同俄罗斯的反恐合作采取下列形式：定期交换信息、深入磋商、联合威胁评估、恐怖袭击民事应急规划、就军队在打击恐怖主义中的作用以及汲取恐怖袭击的教训展开高层对话，以及科技合作。北约盟国和俄罗斯还就涉及恐怖主义的下列领域展开合作，如边境控制、不扩散、空域管理和核安全。

俄罗斯过去曾部署舰只支援北约在地中海的海上反恐行动，即“积极进取行动”。里斯本峰会上，俄罗斯确定有兴趣再次对“积极进取行动”提供支援。

2003 年，NRC 发起合作空域倡议（Cooperative Airspace Initiative，CAI），促进在空域监视和空中交通协调方面的合作。其最重要的目标是促进互信，增强在处理下列形势时所需的能力，即怀疑某飞机被用作恐怖袭击的武器。2011 年，CAI 系统具备了完全行动能力，对其他伙伴国家开放。

此外，根据同俄罗斯在北约和平与安全科学计划下的合作，2010—2012 年行动计划确定了下列 3 个合作领域。

第一，爆炸物探测：包括有助于更好地探测微小和大型爆炸物的合作科研。“非接触式爆炸物探测项目”（Stand-off Explosives Detection Programme，STANDEX）中的科学家们正在努力工作，旨在开发对针对公共交通以及其他可能的公共集会场所的爆炸装置进行非接触式探测的能力（如加框文字所示）。

探测爆炸物

为抗击和制止对大规模中转站和其他公共聚集场所的袭击威胁，北约国家和俄罗斯决定开展联合行动，共同努力并分享技术和专业知识。在北约—俄罗斯理事会的监督下，组建了一个“非接触式爆炸物探测项目”（STANDEX），作为探测和防止潜在袭击的平台。

STANDEX 在 2009 年 12 月正式启动，是数年工作的结果。该项工作最初由 2003 年建立的北约—俄罗斯爆炸物侦测专家小组启动。人们认识到，自杀式炸弹带来的威胁非常巨大，因此需要加强投资，开发出适用于大规模人群侦察的非接触式侦测。随着在大规模中转环境中发生的袭击不断增加，这种需要变得更加急迫。

STANDEX 的核心概念是整合不同类型的技巧和技术，有用于侦测爆炸物的，也有用于定位、认知、识别和追踪潜在袭击者的。设计和展示这种一体化系统是种创新性的贡献，用于应对非接触式爆炸物探测的挑战。来自北约国家和俄罗斯的研究机构参与了开发和工程设计。这些机构包括法国的原子能委员会（负责该工程的协调工作）、德国的弗劳恩霍菲尔研究所、荷兰应用科学研究组织、俄罗斯的科洛平放射研究所以及俄罗斯应用科学和技术组织。北约和平与安全科学计划负责 STANDEX 的管理。

第二，信息技术威胁：就加强易受恐怖袭击的系统安全开展合作研究。该倡议的目标是更好地了解恐怖分子如何利用信息技术。

第三，预防恐怖主义的人为因素研究：从社会学的角度，采用动态、非传统的方式来理解恐怖主义的动机。据此，虚拟论坛的经验为进一步讨论和研究提供了一个创新平台。

（三）地中海和海湾地区伙伴国

打击恐怖主义也是北约通过地中海对话同环南地中海伙伴国开展对话和合作的重要领域。部分地中海对话伙伴国积极支援“积极进取行动”。

2004年6月的伊斯坦布尔峰会上，北约发起了针对海岸国家的伊斯坦布尔合作倡议，拓宽了北约的合作伙伴网络，以促进打击恐怖主义。

（四）全球伙伴国

除上述更为结构化的伙伴关系外，北约还同全球的许多国家展开合作，如澳大利亚、日本、韩国、新西兰、伊拉克和阿富汗。这些国家有着类似的安全问题，已表示有兴趣同联盟建立双边联系。它们同北约的合作水平不一，合作领域也不同，但所有国家均承诺要应对恐怖主义威胁。部分全球伙伴国对阿富汗维稳行动做出了巨大贡献，确保其不再成为恐怖分子的安全避难所。

（五）和平与安全科学计划

在“和平与安全科学”（Science for Peace and Security，SPS）

计划中，恐怖主义是北约促进联盟和伙伴国科学家和研究者展开科学合作的优先要务。这一领域的工作涉及燃油、补给和人员运输的防御手段；针对非化生放核（CBRN）恐怖袭击的医疗反制措施；爆炸物探测；网络防御；预防恐怖主义的人为因素研究；边境和港口安全。

SPS 下的预防恐怖主义威胁计划成功地通过各种方式将科学家集中在一起，如研讨会、训练课程以及多年度研发项目，协助建立了由重要领域专家组成的高效网络。

（六）同其他组织合作

北约还同其他国际组织展开合作，确保信息共享，同时更为有效地采取适当行动打击恐怖主义。北约的新《战略概念》要求联盟同北约国际伙伴国，更为重要的是联合国和欧盟，保持更加紧密的协作。联盟国家参与其中的国际组织框架中，联合国居于核心地位，这是北约成立条约中确定的原则。北约和联合国具有保持国际和平与安全的共同职责。两个组织自 20 世纪 90 年代开始就在该领域展开协助。2008 年 9 月，北约和联合国就扩展磋商与合作框架达成一致，有助于两个组织更为有效地应对威胁和挑战。

北约同联合国的附属机构展开合作，如联合国反恐委员会、反恐委员会执行处以及安理会。此外，还同联合国就全球反恐战略建立联系，同联合国机构展开密切协助，以在应对国际灾难和事后管理的过程中发挥主要作用。

欧盟是北约独特且重要的伙伴，尽管两者作为战略合作伙伴的潜能尚未完全实现。两个组织大部分成员国相同，且所有成员国拥有共同的价值观。《战略概念》清楚表明，积极高效的欧盟有助于欧洲—大西洋地区的总体安全。得益于 20 世纪 90 年代采取的为促进欧洲在防御事务上承担更大责任的措施，北约和欧盟之间的关系于

2001 年开始制度化。

北约和欧盟均承诺打击恐怖主义，防止大规模杀伤性武器扩散。两个组织还在就保护平民免遭化生放核袭击方面采取的行动交流信息。同时，还通过交流在民事应急规划领域采取的有关措施来展开合作。

北约和欧安组织展开合作，构建安全，促进欧洲—大西洋地区的稳定。近年来，双方对话已扩展至恐怖主义以及其他新型安全威胁，这也是两个组织优先关注的领域。

没有哪个国家或组织能够独自成功应对恐怖主义威胁。通过同非成员国和其他组织之间的伙伴关系，北约正在努力发展包含政治、民事和军事等方面的综合性手段来应对恐怖主义。

（译者：解放军外国语学院副教授　李洪波）

附录：专业术语对译表

一、英语部分

2010 Lisbon Summit Declaration	《2010 年里斯本峰会宣言》
Active Layered Theatre Ballistic Missile Defence（ALTBMD）	主动分层战区弹道导弹防御
active satellites	现役卫星
Afghan Security Forces	阿富汗安全部队
Airborne Early Warning and Control Aircraft（AWACS）	空中预警和控制飞机
al Qaida	“基地”组织
all-source analysis	全源分析
al-Qa'ida in Iraq（AQI）	伊拉克“基地”组织
al-Qa'ida in the Arabian Peninsula（AQAP）	阿拉伯半岛“基地”组织
al-Qa'ida in the Lands of the Islamic Maghreb（AQIM）	伊斯兰马格里布地区“基地”组织
Al-Shabaab	索马里青年党
anti-access	反介入
anti-satellite（ASAT）	反卫星

Arab Partnership Fund	阿拉伯伙伴关系基金
Arab Partnership initiative	阿拉伯伙伴关系倡议
Arab Spring	“阿拉伯之春”
area denial	区域拒止
ASEAN Regional Forum (ARF)	东盟地区论坛
Authorization for the Use of Military Force	《军事力量使用授权法案》
Ballistic Missile Defense (BMD)	弹道导弹防御
BBC World Service	英国广播公司国际部
Bribery Act	《反贿赂法案》
British Peace Support Teams (BPST)	英国支持和平队
Building Stability Overseas Strategy (BSOS)	建立海外稳定战略
cascade effect	级联效应
Chairman's Risk Assessment	《参联会主席风险评估》
chemical, biological, radiological and nuclear (CBRN) weapons	化生放核武器
City of London Police	伦敦市警察
Civilian Stabilisation Group	民事稳定小组
cloud computing	云计算
Coalition Government	联合政府
Common Security and Defence Policy (CSDP)	共同安全与防务政策
communication and information systems (CIS)	通信与信息系统

Computer Emergency Readiness Teams (CERTs)	计算机应急战备工作组
Computer Incident Response Capability (NCIRC)	计算机事件反应能力
Conference for National Armaments Directors (CNAD)	（北约）国家军备局长会议
CONTEST Counter Terrorism strategy	竞争反恐战略
Cooperative Airspace Initiative (CAI)	合作空域倡议
Cosmos satellite	“宇宙”卫星
Council Guidelines for Cooperation on Cyber Defence	《理事会网络防御合作指南》
counterspace capablilities	反太空能力
Counterterrorism (CT)	反恐
CT operations	反恐行动
Culture of Resilience	恢复力文化
Cyber Crime Strategy	网络犯罪战略
Cyber Security and Information Assurance (CS/IA)	网络安全和信息保护
Defence Engagement Strategy	防卫参与战略
Defense Industrial Base (DIB)	国防工业基础机构
Department for Business Innovation and Skills	业务创新和技能部门
Department for International Development (DFID)	国际发展部
Department of Defense (DoD)	国防部
Department of Homeland Security (DHS)	国土安全部

digital forensic 电子数据取证
digital wireless device 无线数字设备
domain name system（DNS） 域名系统
Early Action Facility（EAF） 早期行动基金
Early Warning System 预警系统
eGovernment 电子政府
Emerging Security Challenges (ESC) Division 新兴安全挑战部
end-user 终端用户
Euro-Atlantic Disaster Response Coordination Centre（EADRCC） 欧洲—大西洋灾难反应协调中心
European External Action Service（EEAS） 欧洲对外行动署
European Neighborhood Policy 欧洲睦邻政策
European Parliament 欧洲议会
Expeditionary diplomacy 远征外交
Federally Administered Tribal Areas（FATA） 联邦政府管辖部落区
Female Engagement Teams（FETs） 女性行动组
Foreign and Commonwealth Office（FCO） 外交和联邦事务部
Fort Hood 福德堡
forward presence 前沿存在
global commons 全球公共空间
global utilities 全球公共事业
globally connected domains 全球联通领域
HAMAS 哈马斯
Hizballah 黎巴嫩真主党

Horn of Africa	非洲之角
humanitarian assistance	人道主义援助
humanitarian crisis	人道主义危机
improvised explosive devices (IEDs)	简易爆炸装置
Independent Commission for Aid Impact (ICAI)	援助影响独立委员会
industrial control system	工业控制系统
instantaneous information system	即时信息系统
integrated cross-government strategy	综合跨政府战略
intellectual property rights	知识产权
Intelligence Liaison Unit (ILU)	情报联络组
intelligence, surveillance, and reconnaissance (ISR)	情报、监视与侦察
International Alert	国际警戒机构
International Defence Training	国际防务培训
International Development Secretary	（英国）国际发展大臣
International Security Assistance Force (ISAF)	国际安全援助部队
International Telecommunication Union (ITU)	国际电信联盟
Internet Governance Forum	互联网治理论坛
Internet Service Providers (ISPs)	互联网服务提供商
Iridium satellite	“铱”卫星
Joint Force	联合部队
judicial review and oversight	司法审查和监督
Lashkar-e Tayyiba (LT)	虔诚军
Lord's Resistance Army	圣主抵抗军
military commission	军事法庭

Millennium Development Goal	千年发展目标
Ministry of Defence (MOD)	(英国) 国防部
National Guard force	国民警卫队
National Security Agency (NSA)	国家安全局
national-level filters and firewall	国家级过滤网和防火墙
NATO Command Structure	北约指挥体系
NATO Defence Planning Process (NDPP)	北约防务规划程序
NATO Office of Security	北约安全办公室
NATO-Russia Council (NRC)	北约—俄罗斯理事会
Nigerian-based Boko Haram	尼日利亚博科圣地
non-governmental organizations (NGOs)	非政府组织
North Atlantic Council	北大西洋理事会
nuclear armed regime	核武装政权
nuclear arsenal	核武库
nuclear parity	核平衡
nuclear terrorism	核恐怖主义
Official Development Assistance (ODA)	官方开发援助
open-source software	源代码软件
Operation Active Endeavour (OAE)	“积极进取行动”
Operation Ocean Shield (OOS)	“海洋盾牌行动”
Organised Crime Strategy	有组织犯罪战略
Oxfam	乐施会
Partnership Action Plan against Terrorism (PAP-T)	《反恐怖主义伙伴行动计划》
Partnership for Peace (PfP)	和平伙伴关系

Peace Support Operations Training Centre	支持和平作战训练中心
prevention partnership	预防冲突伙伴关系
Programme of Diplomatic Excellence	“外交卓越”项目
Provincial Reconstruction Teams	省级重建队
Quadrennial Defense Review（QDR）	《四年防务评估报告》
radio frequency spectrum	无线电频谱
Regional Africa Standby Forces	地区非洲待命部队
remotely-piloted platform	远程操控平台
resiliency testing	弹性测试
right of self-defense	自卫权
Saferworld	更安全世界协会
satellite communications transponders	卫星通信转发器
satellites in orbit	在轨卫星
Science for Peace and Security（SPS）Programme	和平与安全科学（SPS）计划
science，technology，engineering，and mathematics（STEM）	科学、技术、工程及数学
seamless landscape	无缝平台
Secretary of Defense	国防部长
Secretary of Homeland Security	国土安全部长
Small Business Innovation Research（SBIR）	小型企业创新研究
Space Cadre	“太空骨干”
space situational awareness（SSA）	太空态势感知
space-faring nations	太空国家
Spending Review Period	开支审查阶段
Stabilisation Response Teams（SRT）	稳定反应小队

Stand-Off Explosives Detection Program (STANDEX)	“非接触式爆炸物探测项目”
state-run company	国有公司
strategic asset	战略资产
Strategic Defence and Security Review	战略防御与安全评估
strategic depth	战略纵深
strategic inflection point	战略转折点
supporting ground infrastructure	辅助性地面基础设施
supporting infrastructure	辅助性基础设施
tactics, techniques, and procedures (TTPs)	战术、技术与程序
targets of opportuniy	可能目标
Tehrik-e Tliban Pakistan	巴基斯坦塔利班运动
Terrorist Threat Intelligence Unit (TTIU)	恐怖威胁情报组
the 24th Air Force	第24航空队
the African Stand-by Force	非洲预备军
the African Union (AU)	非洲联盟
the Asia-Pacific Economic Cooperation Organization (APEC)	亚太地区经济合作组织（亚太经合组织）
the Association of Southeast Asian Nations (ASEAN)	东南亚国家联盟（东盟）
the Border Gateway Protocol	边界网关协议
the British Council	英国文化协会
theBudapest Convention on Cybercrime	《布达佩斯惩治网络犯罪公约》

The Building Stability Overseas Board	建立海外稳定理事会
The Cabinet Office	内阁办公厅
The Chairman the Joint Chiefs of Staff	参谋长联席会议主席/参联会主席
The Conflict Pool	冲突基金
The Council of Europe	欧洲委员会
TheDeauville Partnership	多维尔伙伴关系
The Defence Attaché network	武官网
The Economic Community of West African States（ECOWAS）	西非国家经济共同体
The European Union（EU）	欧洲联盟（欧盟）
The Financial Action Task Force	资金行动特遣队
The Foreign Secretary	（英国）外交大臣
The Goldwater-Nichols Reorganization Act	《戈德华特—尼科尔斯国防改组法》
The Group of Eight（G－8）	八国集团
The Heidelberg Institute for International Conflict Research	海德堡国际冲突研究所
The Home Office	（英国）内务部
The Institute for Public Policy Research	公共政策研究所
The International Action Network on Small Arms	国际小型武器防制网
The Istanbul Cooperation Initiative（ICI）	伊斯坦布尔合作倡议
Thc Japan Self-Defense Force	日本自卫队
The justice providers	司法机构

The Mediterranean Dialogue（MD）	地中海对话
The Meridian Conference	国际子午线会议
The Metropolitan Police	伦敦大都会警察局
The National Cyber Range	国家网络靶场
The National Transitional Council	全国过渡理事会
The North Atlantic Treaty Organization（NATO）	北大西洋公约组织（北约）
The Nuclear Posture Review	《核态势评估报告》
The Organization for Economic Cooperation and Development（OECD）	经济合作与发展组织（经合组织）
The Organization for Security and Cooperation in Europe（OSCE）	欧洲安全与合作组织（欧安组织）
The Organization of the American States（OAS）	美洲国家组织
The Overseas Development Institute	海外发展研究所
The Regional Development Banks	地区开发银行
The Regional Economic Community	地区经济共同体
The South American Defense Council	南美防务理事会
The Taliban	塔利班
The Trans-Sahel	泛萨赫勒地区
The United Nations（UN）	联合国
The United Nations Security Council（UNSC）	联合国安理会
The United States Agency for International Development	美国国际开发署
The United States Telecommunications	

Training Institute	美国电信培训学院
The Westminster Foundation for Democracy	威斯敏斯特民主基金会
The World Summit on the Information Society	信息社会世界峰会
Theater Security Cooperation	战区安全合作
theater strategy	战区战略
Theatre Missile Defence ad hoc Working Group	战区导弹防御特设工作小组
U. S. 10th Fleet	美军第 10 舰队
U. S. Coast Guard Cyber Command	美国海岸警卫队的网络司令部
U. S. Cyber Command (USCYBERCOM)	美国网络司令部
U. S. Fleet Cyber Command	美国海军的网络司令部
U. S. Marine Corps Forces Cyber Command	美国海军陆战队的网络司令部
United Nations Charter	联合国宪章
United States Strategic Command (USSTRATCOM)	美军战略司令部
upstream prevention	前期预防
Washington Treaty	《华盛顿条约》
Weapons of Mass Destruction (WMD)	大规模杀伤性武器
Weapons of Mass Destruction Initiative	“大规模杀伤性武器倡议”
Whitehall	（英国）白厅
Whole-of-government	政府一盘棋

二、日语部分

新たな時代の安全保障と防衛力に関する懇談会	新时代安全保障和防卫力量恳谈会
イージスBMDシステム	"宙斯盾"弹道导弹系统
ウラン濃縮施設	铀浓缩设施
海賊対処	应对海盗
拡大 ASEAN 国防相会議（ADMMプラス）	东盟防长扩大会议
拡大抑止	延伸威慑
核抑止	核威慑
基盤的防衛力構想	基础防卫力量构想
強襲揚陸艦	两栖攻击舰
緊急発進	紧急出动
軍縮	裁军
国際原子力機関	国际原子能机构
国際公共財	国际公共财产
国際連合（国連）平和維持活動	联合国维和行动
国連休戦監視機構	联合国停战监督组织
国連兵力引き離し監視隊	联合国脱离接触观察员部队
国家サイバーセキュリティ部	国家网络安全局
サイバー攻撃	网络攻击
シビリアン・コントロール	文民统制
上海協力機構	上海合作组织
政務三役	政务三役
即応予備自衛官	快速反应预备自卫官

大陸間弾道ミサイル（ICBM）	洲际弹道导弹
大量破壊兵器	大规模杀伤性武器
中央即応集団	中央快速反应部队
中期防衛力整備計画	中期防卫力量整备计划
統合運用体制	联合作战体制
動的防衛力	动态防卫力量
包括的核実験禁止条約	全面禁止核试验条约

三、韩语部分

100 일 전투	100 天战斗
150 일 전투	150 天战斗
1 차적인 방공임무	第一阶段的防空任务
21 세기 포괄적 전략동맹	21 世纪的全面战略同盟
24 시간 감시 및 조기경보체제	24 小时监视和预警体制
4 대 군사노선	4 大军事路线
5 세대 전투기	第五代战机
7・1 조치	7・1 措施
KJ－2000	空警－2000
NATO 의 동진 정책	北约（NATO）东进政策
UFG	乙支自由卫士
가고 싶은 군대 보람찬 군대	人人愿往、大有可为的军队
강성대국	强盛大国
검증합의서	验证议定书
결의안 1874 호	1874 号决议
경계협정서	警戒协定书
경보병사단	轻步兵师

경보병연대	轻步兵团
고농축우라늄 프로그램	高浓缩铀计划
공격용 헬기	武装直升机
공동환경 평가절차	环境共同评估程序
공정한 사회	公正的社会
관련약정 / 전략지시 제 2 호	相关安排/战略指示第 2 号
국가기반시설	国家基础设施
국가번영 기반	国家繁荣根基
국가비상사태시	国家紧急状态发生时
국가안보전략 2020	俄罗斯 2020 年前国家安全战略
국가중요시설	国家重要设施
국민과 함께 하는 국민의군대	与国民同在的国民军队
국방개혁 기본계획	国防改革基本计划
국방비전	国防远景
국방에서의 자위	国防自卫
국제 암거래	国际黑市交易
국제안보지원군	国际安全援助部队
국제평화유지활동	国际维和行动
국제해사국	国际海事局
국책사업	国家项目
군대다운 군대	合格军队
군복 입은 국민상	身着军装的国民形象
군사독트린	俄罗斯联邦军事学说
군사시설 테러 대응 매뉴얼	军事设施反恐指南
근로소집동원	劳力征集动员
근접항공지원작전	近距空中支援作战
급조폭발물	简易爆炸装置
기본운용능력	初始作战能力

기술면허취득자	技术证书获得者
기술인력동원	技术人力动员
기술자격취득자	技术资格获得者
기여외교	贡献式外交
넌-워너 수정안	纳恩—沃纳修正案
네트워크 중심전	网络中心战
능동적 개방	主动开放
단비부대	"甘霖"部队
달 탐사위성	探月卫星
당대표자회	党代表会议
대청해전	大青海战
대항군 모의시설	反航母模拟设施
더 공정한 국방	更为公正的国防
더 자율적이고 창의적 국방	更为自律富有创意的国防
동·서·남해	东海·西海·南海
동명부대	"东明"部队
동아시아전략구상	东亚战略构想
디도스 공격	分布式拒绝服务攻击
마라도	马罗岛
무수단	舞水端
무인정찰기	无人侦察机
무차별 포격	无差别炮击
미·일·호 3국 연합해상훈련	美日澳三国联合海上演习
미군 재편을 위한 로드맵	美军重新部署路线图
미래전	未来战争
미래지향적인 한미 군사동맹	面向未来的韩美军事同盟
민·관·군·경 통합방위태세	民·官·军·警综合防卫态势
민방위대	民间防卫队

방위비분담특별협정	防卫费用分担特别协定
배타적 경제수역	专属经济区
범국민 안보교육 네트워크	全民安全教育网络
범정부	跨政府部门
분산형 네트워크 조직	分散型网络组织
비대칭 전력	非对称军事力量
사이버 공격	网络攻击
사이버사령부	网络司令部
사이버전	网络战
사회적 책임을 다하는 국방	忠实履行社会责任的国防
상시	平时
새로운 동맹군사구조	新同盟军事结构
색출 및 인도	搜寻及引渡
서바이벌 장비	生存装备
서북 5 개 도서	西北 5 岛
서울 불바다	首尔火海
선군정치	先军政治
선진안보	一流安全
선진화를 통한 세계 일류국가	先进的世界一流国家
성숙한 세계국가	成熟的世界国家
속전속결전	速战速决战
수송부대 민간 위탁 업체	运输部队民间委托公司
수중전력	水下作战力量
시차별부대전개제원	分时段部队部署数据
신속대응 능력	快速反应能力
신속억제방안	灵活的威慑选项
신전략무기감축협정	新削减战略武器条约
신종플루	甲型 H1N1 流感

실용적 외교	实用外交
아·태지역 군고위급 회의	亚太地区军队高层会议
아덴만	亚丁湾
아세안 확대 국방장관회의	东盟国防部长扩大会议
아시아 안보회의	亚洲安全会议
아웃소싱	外包
안보구도	安全架构
안정화 작전	维稳作战
알 카에다	“基地”组织
양방향 방송	双向广播
양자·지·역·범세계적범주	双边性、地区性、全球性范畴
연성강국	软实力强国
연평도	延坪岛
연평도 포격	延坪岛炮击
연합 및 합동 작전수행능력	联合与合同作战遂行能力
연합·합동연습	联合·合同演习
연합권한위임사항	联合权限委任事项
연합방위 체제	联合防卫体制
연합사령부 해체 반대를 위한 서명운동	“反对解散联合司令部”签名活动
연합지휘통제통신체계	联合指挥控制通信体系
연합토지관리계획	联合土地管理计划
영원한 친구	永远的朋友
오쉬노부대	“朋友”（Ashena）部队
완전하고 검증 가능한 폐기	完全和可验证废除
용산기지이전계획	龙山基地转移计划
우리 민족끼리	我们民族在一起
우발사태	偶然事件

원거리 작전 능력	远程作战能力
원거리 투사 능력	远程投送能力
원심분리기	离心机，圆心分离机
유사특기	类似特长
의장 성명	主席声明
일원화	一元化
입체고속상륙작전	立体高速登陆作战
자국에 유리한 입장	“于本国有利”的立场
자유민주주의	自由民主主义
작전지휘권	作战指挥权
작전통제권	作战控制权
장거리 정밀타격 능력	远程精确打击能力
재난구호 연합훈련	救灾联合演习
재난대응 안전한국훈련	灾难应对・安全韩国演习
재래식 전력	常规作战力量
적소특기	岗位特长
전략공격작전	战略攻击作战
전략기획지침	战略规划指导方针
전략동맹 2015	战略同盟 2015
전략무기감축협정	削减战略武器条约
전략적 전환계획 수정 2 호	战略移交计划修定第 2 号
전략적·작전적·전술적 수준	战略・作战・战术层面
전력투사 중추기지	战略投送枢纽基地
전시작전통제권	战时作战控制权
전시작전통제권 전환 이후의 새로운 동맹군사구조 로드맵	战时作战控制权移交之后的新同盟架构路线图
전쟁지속능력	持久战能力
전투력증강	部队模块软件包

정보 기술 집약형	信息技术集约型
정보공유체계	情报共享体系
정보화 조건하 국지전 승리	打赢信息化条件下的局部战争
정부합동모의훈련	政府联合模拟演习
정예화된 선진강군	精锐、先进的强大军队
정전시·전시 작전기획	停战时・战时作战计划
정치·군사 합의 무효화	政治・军事协议无效化
정화함	"郑和"舰
제공작전	制空作战
좋은 이웃 영어 캠프	美邻英语营
좋은 이웃 프로그램	"美邻"计划
주체사상	主体思想
주한미군 위문협회	驻韩美军劳军组织
중심국가	中心国家
중증급성호흡기증후군	严重急性呼吸综合症（传染性非典型肺炎）
즉응 동원태세	快反动员态势
지도자 오리엔테이션 프로그램	领导人培训计划
지방재건팀	地方重建小组
지식정보보안 컨설팅 전문 업체	知识信息安全专业咨询公司
진(Jin)급 전략핵잠수함	"晋"（Jin）级战略核潜艇
천안함 공격	天安舰攻击
천안함 피격사건	天安舰被袭事件
천연두	天花
청해부대	"清海"部队
초국가적·비군사적 위협	跨国性和非军事性威胁
초대형 자연 재해	超大型自然灾害

초동조치 매뉴얼	先期行动手册
총수명주기체계	全寿命周期系统管理
충무계획	忠武计划
충무훈련	忠武演习
코브라골드훈련	“金色眼镜蛇”演习
콜레라	霍乱
탄저균	炭疽菌
탈레반 잔당	塔利班残余势力
테러와의 전쟁	反恐战争
통합방위사태	综合防卫事态
통합방위훈련	综合防卫演习
특수전	特种作战
평시작전통제권	平时作战控制权
평화사명	和平使命
포괄적 안보역량	综合性安全力量
하향식	自上而下地
한미 연합군사령부로부터 한국합참으로 전시작전통제권 전환이행을 위한 전략적전환 계획	落实从韩美联合军司令部向韩国参联会移交战时作战控制权的战略移交计划
한미 지휘관계 연합이행실무단 운영을 위한 관련 약정	韩美指挥关系联合落实工作组工作安排
한미국방협력지침	韩美国防合作指导方针
한미동맹 미래비전	韩美同盟未来展望
한미안보정책구상	韩美安全政策构想
한미안보협의회의	韩美安全磋商会议
합동부대	联合部队
합동작전 개념	联合作战概念

합참 주도-미 한국사령부 지원	参联会主导—美韩国司令部协助
항공모함 전투단	航空母舰战斗群
항공우주군	航空航天部队
항공차단작전	空中封锁作战
해상 수색 및 구조훈련	海上搜救演习
해양경계선 획정문제	海洋分界线划分问题
해외 재난	海外灾难
핵우산	核保护伞
헤이그미사일행동지침	防止弹道导弹扩散海牙行为准则
헬기탑재호위함	直升机护卫舰
호위대군	护卫队群
호혜적이고 성숙한 동맹	互惠成熟同盟
화상회의	可视会议
화폐개혁	货币改革
후방 교란	后方骚扰

图书在版编目（CIP）数据

2011年世界重要安全文件汇编/潘蔚娟主编．—北京：时事出版社，2012.4

ISBN 978-7-80232-517-3

Ⅰ.①2… Ⅱ.①潘… Ⅲ.①国家安全—文件—汇编—世界—2011 Ⅳ.①D523.3

中国版本图书馆CIP数据核字（2012）第043015号

出版发行：时事出版社
地　　址：北京市海淀区巨山村375号
邮　　编：100093
发行热线：（010）82546061　82546062
读者服务部：（010）61157595
传　　真：（010）82546050
电子邮箱：shishichubanshe@sina.com
网　　址：www.shishishe.com
印　　刷：北京百善印刷厂

开本：787×1092　1/16　印张：22.75　字数：295千字

2012年4月第1版　2012年4月第1次印刷

定价：56.00元

（如有印装质量问题，请与本社发行部联系调换）